# Bau-Vertrieb

von
Prof. Dr. Sammy Ziouziou
Beuth Hochschule für Technik Berlin

Oldenbourg Verlag München

Bibliografische Information der Deutschen Nationalbibliothek

Die Deutsche Nationalbibliothek verzeichnet diese Publikation in der Deutschen Nationalbibliografie; detaillierte bibliografische Daten sind im Internet über http://dnb.d-nb.de abrufbar.

© 2013 Oldenbourg Wissenschaftsverlag GmbH
Rosenheimer Straße 145, D-81671 München
Telefon: (089) 45051-0
www.oldenbourg-verlag.de

Lektorat: Dr. Stefan Giesen
Herstellung: Dr. Rolf Jäger
Titelbild: thinkstockphotos.de
Einbandgestaltung: hauser lacour
Gesamtherstellung: Grafik & Druck GmbH, München

Dieses Papier ist alterungsbeständig nach DIN/ISO 9706.

ISBN    978-3-486-71217-9
eISBN   978-3-486-71900-0

*Für Moritz und Ruben*

# Vorwort

Vertrieb oder Verkauf existiert in einer Frühform bereits seit Jahrtausenden. Seit Menschen miteinander handeln, spielen Verkaufs- oder Vertriebsaktivitäten eine große Rolle. Während fahrende Händler auf den Märkten der Antike oder denen des Mittelalters ihre Waren lautstark feilboten, stehen die heutigen Vertriebsaktivitäten sowohl ökonomisch, sozial als auch technisch in einem anderen Kontext. Der Vertrieb operiert klassischerweise an der Nahtstelle zum Kunden, auch daher begründet sich seine besondere Rolle innerhalb des Spektrums betrieblicher Funktionen. Insofern erscheint es auch nicht verwunderlich, dass die zahlreichen Facetten des Vertriebs eine hohe Publikationsdichte nach sich ziehen. Manche Literatur ist dabei stark operativ ausgerichtet, andere Werke haben eher den Charakter eines theoretischen und konzeptionellen Grundlagenwerks. Ebenso existieren zahlreiche Veröffentlichungen mit Branchenbezug, beispielsweise Automobil- oder Versicherungsvertrieb. Die unterschiedlichen Anspruchsgruppen wie Studierende, Forscher und Praktiker können demnach aus einer Vielzahl an Möglichkeiten schöpfen.

Das vorliegende Buch stellt innerhalb des oben aufgezeigten Literaturspektrums ein Novum dar. Erstaunlicherweise, ähnlich wie beim Thema Marketing, scheint die Bauwirtschaft in vertriebsfunktionaler Hinsicht für die Autorenschaft wenig Strahlkraft entwickeln zu können. Nach Recherchen des Autors und seines Mitwirkenden ist die existierende Literatur „Bau-Vertriebsfrei", was Fragen in vielfältiger Hinsicht aufwirft. Nun könnte man plausibel annehmen, dass ein für unser Land so gewichtiger Wirtschaftszweig grundsätzlich auch einen Anspruch auf eine der Branchenbesonderheiten angepassten Vertrieb erheben sollte, denn selbsterklärend ist das Phänomen der „Bau-Vertriebsfreiheit" nicht. Einige Erklärungsversuche dazu werden im ersten Kapitel entwickelt.

Positiv erwähnenswert ist allerdings, dass es einige wenige Autoren gibt, die sich aus einer stark operativen Perspektive mit der Akquisition von Bauprojekten beschäftigen, im Volksmund würde man jedoch sagen, dass man sie „an einer Hand abzählen" könne. Diesen Kollegen gebührt großer Respekt, weil sie damit eine wichtige Vorreiterrolle einnehmen. Auf der Basis dieser Analyse ist es das Ziel der vorliegenden Publikation, eine Grundlage für sämtliche Personen, die an dieser Thematik interessiert sind, anzubieten. Insbesondere richtet es sich an zwei Hauptpersonengruppen:

Zunächst ist das Buch an Studierende adressiert, die durch ihre Studienwahl automatisch einen besonderen Bezug zur Baubranche haben. Damit richtet es sich vornehmlich an Studierende des Bauingenieurwesens, des Wirtschaftsingenieurwesens mit der Ausrichtung Bauwirtschaft, der Betriebswirtschaftslehre und Studierende im Umfeld des Facility Managements. Die Auseinandersetzung mit innovativen bau-vertrieblichen Fragestellungen verhilft nicht nur zu einem besseren Verständnis der Materie, sondern setzt auch gleichzeitig positive Signale für einen potenziellen Arbeitgeber. Darüber hinaus bietet es denjenigen, die gerne ihren Horizont auch durch das Studium „exotischer" Felder des Marketings und des Vertriebs zu erweitern beabsichtigen, eine gute Einstiegsplattform.

Die zweite wichtige Zielgruppe ist die der Bau-Praktiker. Für diesen Personenkreis soll das Buch einen Orientierungsrahmen bieten, der es ihnen ermöglicht, ihre bisherigen vertrieblichen Aktivitäten kritisch zu überdenken und gegebenenfalls entweder durch graduelle Veränderungen oder durch signifikante Veränderungen Wettbewerbsvorteile für ihr Unternehmen zu erschließen. Wenn nur ein geringer Teil der in diesem Buch beschriebenen Ansätze eine Berücksichtigung in der Bau-Vertriebspraxis findet, hilft es nicht nur dem betroffenen Unternehmen, sondern letztendlich auch der ganzen Branche.

Der Aufbau des Buches ist bewusst einfach gehalten: Nach der Einführung folgt das Kapitel Zwei, in dem die Grundzüge des Vertriebs aufgezeigt werden. Kapitel Drei greift die „Fundamente" des Bau-Marketings auf, um ein Grundverständnis für das Folgekapitel Vier, Vertrieb in der Bauwirtschaft, zu schaffen. Das Buch schließt mit Kapitel Fünf, das ein Customer-Relationship Management System (CRM-System) im Einsatz zeigt.

Die Motivation, nach relativ kurzer Zeit des Erscheinens meines ersten Buches „Bau-Marketing" erneut ein zweites Werk zu schreiben, entstand im Wesentlichen aus der Erkenntnis, dass „Bau-Marketing" zwar den „Kopf" darstellt, ohne die entsprechende Umsetzungsdimension jedoch kaum Wirkung erzielen kann und somit „ein Kopf ohne Beine" wäre. An dieser Stelle möchte ich auch eine sehr persönliche Bemerkung machen: Den Rahmen bzw. die Vorlage für das entwickelte Vertriebsprozessmodell lieferten Diller, Haas und Ivens; aufgrund der quasi nicht vorhandenen Quellenlage eines bauspezifischen Vertriebs war ich ausschließlich auf die Auswertung der Interviews mit den Bauunternehmen angewiesen. Die enormen Schwierigkeiten, beispielsweise die des teilweise mangelnden Zugangs zu entsprechenden Knowhow-Trägern bzw. die der mangelnden Zitierfähigkeit einiger wichtiger Aspekte aus Gründen des wahrgenommenen Abflusses von Betriebsgeheimnissen habe ich eindeutig unterschätzt; auch daher hat sich der ursprüngliche Fertigstellungszeitpunkt verzögert. Ich freue mich deshalb umso mehr, dass Sie und ich das fertiggestellte Werk nun endlich in den Händen halten können.

Da ein solches Projekt ohne die Hilfe anderer Menschen und Institutionen nicht möglich gewesen wäre, möchte ich mich herzlich bei den folgenden Institutionen bedanken:

Bauer AG
Betriebswirtschaftliches Institut der Bauindustrie GmbH
Goldbeck GmbH
Hauptverband der Deutschen Bauindustrie e.V.
Hochtief AG
Leonhard Weiss GmbH & Co. KG
Nemetschek Bausoftware GmbH
rivera GmbH
Strabag AG, Köln
Wolff & Müller Holding GmbH & Co. KG

Auch bei meinem Verlag, dem Oldenbourg Verlag, möchte ich mich für die sehr fruchtbare und sehr konstruktive Zusammenarbeit in den vergangenen Jahren bedanken. Da ich über das Fachspezifische hinaus auch von anderen Seiten wertvolle Unterstützung genießen durfte, möchte ich mich auch bei meinen privaten Unterstützern bedanken. Zunächst bei meinen beiden Söhnen Moritz und Ruben, die ihren Vater während der Zeit des Schreibens noch weniger als ohnehin zu Gesicht bekamen, „Ihr Beiden, für Euer Verständnis ganz herzlichen Dank!"

Meiner Schwester Jasmina und Frau Jenny Fengler möchte ich für Ihre wertvolle und geduldige Korrekturarbeit sowie für die vielen hilfreichen Hinweise danken. Am Ende eines derartigen Projektes ist diese Form der Unterstützung eine spürbare Entlastung.

Auch meinem Mitwirkenden, Herrn Jannes Viebrock, möchte ich für seine Leistungen, die er neben seiner hauptberuflichen Tätigkeit als Führungskraft in der Bauwirtschaft zu erbringen hatte, danken.

Ein Großteil des Buches wurde in dem atmosphärisch sehr angenehmen Café „Fiaker" in Berlin-Moabit geschrieben; die beiden Betreiber Herr Iyadh Bouamama und Herr Kresimir Weller-Jozinovic kümmerten sich stets vorbildhaft um mein leibliches Wohl, sodass ich auch von dieser Seite die notwendige Unterstützung erhielt – nochmals ganz herzlichen Dank!

Sollten trotz mehrfacher Durchsicht dennoch Fehler in diesem Buch enthalten sein, so liegt die Verantwortung dafür ausschließlich bei mir. Für Hinweise auf diese oder für konstruktive Kritik bin ich dankbar.

Prof. Dr. Sammy Ziouziou,
Berlin im August 2012

# Inhaltsverzeichnis

# Abbildungsverzeichnis

# 1 Einführung

## 1.1 Zur Bedeutung des Vertriebs

Der Vertrieb ist für die meisten Unternehmen von besonderer Relevanz, da erst durch den Verkaufsabschluss der wirtschaftliche Austauschprozess – Ware oder Dienstleistung gegen Geld – zwischen den einzelnen Akteuren in der Wirtschaft stattfinden kann. In der Regel begründet erst der Eigentumsübergang der Leistungen eines Unternehmens die Verpflichtung des Kunden zur finanziellen Gegenleistung, ohne die Unternehmen in unseren modernen Volkswirtschaften nicht existieren könnten. Kaum jemand in den Betrieben macht sich über diese grundsätzliche Funktion Gedanken, da diese Aspekte als fast zu profan erscheinen. Vielmehr wird der Vertrieb in der Praxis unter anderen wichtigen Fragestellungen betrachtet: Erreicht der Vertrieb die gesetzten Ziele, z. B. die intern geplanten Umsatzziele, kann der Vertrieb das Verkaufsgebiet weitgehend abdecken oder wie ist das Input-Output-Verhältnis zwischen den eingesetzten Ressourcen etc. Jede dieser Fragen ist berechtigt und kann dem Unternehmen helfen, wichtige Informationen über den Vertrieb zu erhalten. Die Kernaufgabe des Vertriebs ist es, die von den Unternehmen erstellten Leistungen „an den Mann" oder „an die Frau" zu bringen. Um dieser Kernaufgabe in möglichst hohem Umfang zu entsprechen, sind im Vorfeld zahlreiche Wertschöpfungsaktivitäten bzw. Vorleistungen durch die Vertriebsorganisation zu erbringen.

Darüber hinaus kann der Vertrieb weitere wichtige Aufgaben für die Unternehmen übernehmen. Je nach Struktur der Vertriebsorganisation, z. B. Außendienst, sind die Mitarbeiter direkt an der Nahtstelle zwischen dem Kunden und der eigenen Unternehmung tätig und kennen die Kundenbedürfnisse aus tagtäglicher persönlicher Erfahrung; ein unschätzbarer Wert, über den sich längst nicht alle Unternehmen vollumfänglich bewusst sind. Unternehmen, die dieses Know-how professionell auswerten und die gewonnenen Erkenntnisse systematisch in ihre Produktentwicklungspolitik einfließen lassen, können gezielt einen Mehrwert für ihre Kunden schaffen, und das bei einem vertretbaren Aufwand.

Der Vertrieb ist die Komponente, die direkt im Markt operiert, insofern existiert häufig auch ein hohes Wissen über das Agieren des Wettbewerbs; nicht selten treffen sich die „Vertriebler" einer Branche auf Messen und/oder Ausstellungen oder bei anderen Gelegenheiten und tauschen sich dabei intensiv aus. Auch dieses Wissen über den Wettbewerb ist für die Unternehmen grundsätzlich von hoher Bedeutung.

Die vorangegangenen Ausführungen skizzieren die herausragende Stellung des Vertriebs für die Unternehmen, unabhängig davon, vor welchem Hintergrund man diese betrachten möchte. Ein weiterer Aspekt, der die Bedeutungszunahme des Verkaufs (Vertrieb und Verkauf werden in diesem Buch als Synonym behandelt) untermauert, ist die Veränderung der Märkte. Durch unterschiedliche Faktoren wie die politischen Veränderungen in Osteuropa vor 20 Jahren, die rasante Entwicklung der Informations- und Kommunikationstechnik, die uns unter anderem das Internet und den Mobilfunk bescherten, rücken Märkte zusammen und werden zudem transparenter. Die Erschaffung des gemeinsamen Euro-Währungsraums beispielsweise ermöglicht eine deutlich höhere Transparenz der unterschiedlichen Faktorkosten für die Kunden, was sich im Kaufverhalten der Verbraucher und der Unternehmen teilweise deutlich widerspiegelt. Der generelle Wandel von so genannten Verkäufer- zu Käufermärkten, bei denen die Käufer in der komfortableren Position sind, weil ein Warenüberangebot existiert, hat die Wertigkeit des Verkaufs nachhaltig erhöht.

Die unterschiedlichen Bereiche des Vertriebs werden durch eine Klammer zusammengehalten – durch das Management von Informationen. Informationen über den Kunden, über Veränderungen in Auslandsmärkten, über Wettbewerber oder beispielsweise über gesetzliche Änderungen werden zusammengefasst und dienen häufig als Grundlage für unternehmerische Entscheidungen. Es dürfte klar sein, dass ein Sinnzusammenhang zwischen der Qualität der Informationsbeschaffung sowie der Informationsverarbeitung und der Qualität der Managemententscheidung existiert: Je präziser und frühzeitiger die notwendigen Informationen dem Unternehmen im Vergleich zum Wettbewerb zur Verfügung stehen, desto treffsicherer sind die Entscheidungen des Managements, zumindest generell. Das zielgerichtete Beschaffen und Auswerten von marktrelevanten Informationen bildet eine der tragenden Säulen des Vertriebs und schafft, neben anderen Faktoren, die Plattform für das Entwickeln und Ausschöpfen von Wettbewerbsvorteilen.

Insofern ist ein professionelles Vertriebsmanagement ohne ein ebenso professionelles Informationsmanagement nicht denk- und realisierbar.

## 1.2      Warum Bau-Vertrieb

Sicherlich kann man fragen, ob und wenn ja, warum die Bauwirtschaft ebenfalls einen eigenen Vertriebsansatz benötigen sollte. Um diese Frage adäquat beantworten zu können, ist es hilfreich, die bisherigen „Vertriebsstrukturen" in der Bauwirtschaft kurz zu beleuchten.

Das Leistungsspektrum der deutschen Bauwirtschaft umfasst im Wesentlichen die Planung, Erstellung, Sanierung und die Erhaltung von Gebäuden und infrastrukturellen Einrichtungen jedweder Art. Branchenhistorisch finden Angebot und Nachfrage in der Form zusammen, dass die Nachfrager einen definierten Leistungsumfang ausschreiben, auf den sich die interessierten Bauunternehmen in einem Bieterverfahren bewerben. Dieses Verfahren beruht auf der grundsätzlichen Annahme, dass durch die technische Spezifikation der Leistungen sämtliche Anbieter eben jene technisch vergleichbare qualitative Leistung abliefern. Demzufolge können sich die Angebote nur über den Preis differenzieren. Bei aller möglichen Kritikwürdigkeit an diesem Verfahren fanden Angebot und Nachfrage über viele Jahre hierdurch in ausreichender Form zueinander. Die Konsequenz für die Bauanbieter: Sie konzentrieren sich häufig darauf, ihre Projektakquisitionsaktivitäten so zu steuern, dass ein angestrebtes Niveau an Auftragseingang sichergestellt ist, um die eigenen Kapazitäten ausreichend auszulasten. Die Bauanbieter konnten und können je nach Marktsituation und Projekttyp auskömmliche bis weniger auskömmliche Preise durchsetzen, was dazu führt, dass die Bauunternehmen in einer schwierigen Marktsituation dazu tendieren, zunächst mit niedrigen Angebotspreisen „ins Rennen" zu gehen, um den Zuschlag bzw. den Auftrag zu erhalten. Der Konflikt beginnt jedoch nach Auftragseingang, wenn der Kunde (Auftraggeber) mit seinem Lieferanten (Bauunternehmen) oftmals erbittert um die Durchsetzung von Nachträgen ringt. Der Absicht des Bauunternehmers, das Gesamtpreisniveau anzuheben, um „nachträglich" auch insgesamt eine angemessene Entlohnung zu erhalten, steht das Gefühl des Kunden gegenüber, unehrlich behandelt und möglicherweise „über den Tisch gezogen worden" zu sein – eine Ausgangssituation, die man sicherlich als suboptimal bezeichnen kann. Die insgesamt in der deutschen Bauwirtschaft häufig anzutreffende konfliktäre Kultur strahlt somit auch teilweise auf das Kunden-Lieferanten Verhältnis ab. Dass diese Vorgehensweise nicht dem klassischen Vertriebsansatz entspricht, ist offensichtlich.

Seit der deutschen Wiedervereinigung Anfang der 90er Jahre durchlebt die deutsche Bauindustrie jedoch einen dramatischen Strukturwandel, der von massiven Nachfrageeinbrüchen und unübersehbaren Auswirkungen auf die Bauunternehmen begleitet wurde. Im Zeitraum von einer Dekade ging fast jeder zweite Arbeitsplatz am Bau verloren und viele Unternehmen mussten Insolvenz anmelden. Das traditionelle Geschäftsmodell, wie oben beschrieben, führte zu intensiven Preiswettbewerben, infolgedessen viele Unternehmen ihre Substanz empfindlich schmälerten. Die betroffenen Bauunternehmen waren gezwungen neue Wege zu gehen und neue Leistungsangebote für den Markt zu entwickeln. Als Konsequenz erwirtschaften die heutigen Bauunternehmen einen relativ hohen Anteil ihrer Bauleistungen durch so genannte „baunahe" Dienstleistungen, wie z. B. durch das Facility-Management, durch Energie- und Finanzdienstleistungen oder durch den Betrieb der zuvor errichteten Anlagen.

Diese Neuausrichtung vieler Baudienstleister erforderte eine strukturierte und dezidierte Auseinandersetzung mit den veränderten Marktbedingungen, um auf dieser Basis neue Märkte und Marktsegmente zu identifizieren, die sie bedienen konnten. In diesem Zusammenhang überprüften die Unternehmen Ihr Leistungsangebot vor allem auch unter Rentabilitätsgesichtspunkten, was in vielen Bereichen zu Umstrukturierungen führte. Infolgedessen wurden manche Unternehmensbereiche ausgebaut, während andere konsequent reduziert bzw. veräußert wurden. Die sukzessive Veränderung des Leistungsprogramms und das damit verbundene Vordringen in nicht-klassische Baubereiche unterstützten den Einzug des Marketings in die meisten Bauunternehmen. Die stringente Anwendung einer marktorientierten Betrachtung des Unternehmensumfelds verhalf vielen Unternehmen ihre strategischen Positionierungen nachhaltig erfolgreich auszubauen. Mittlerweile bauen und betreiben die Bauunternehmen Flughäfen, Krankenhäuser, planen und finanzieren Großprojekte im Ausland, renovieren und betreiben Schulen etc.

In diesen Segmenten ist eine dem klassisch reaktiven Baumuster folgende Marktbearbeitung undenkbar. Überdies sind die Anforderungen der Investoren an die Bauunternehmen deutlich gestiegen: Kapitalgeber erwarten heute eine umfangreiche Berichterstattung über geplante zukünftige Unternehmensaktivitäten, um ihr Risiko besser bewerten und managen zu können.

Allerdings muss auch das klassische Bauprojektgeschäft den heute gestiegenen Ansprüchen genügen; so reicht es nicht mehr aus, sich auf die technischen Dimensionen der Leistung zu fokussieren, die Kunden erwarten zunehmend eine deutlich stärkere Berücksichtigung wirtschaftlicher Fragestellungen aus ihrer spezifischen Perspektive. Bereits bei der Planung von Bauvorhaben, wie z. B. bei einem Bürogebäude, sind spätere Nutzungsmöglichkeiten und deren wirtschaftliche Konsequenzen zu berücksichtigen.

Unabhängig davon, welcher oder welche der beschriebenen Faktoren ausschlaggebend ist oder sind, fest steht: Die deutsche Bauwirtschaft muss ihre Kompetenzen in Bezug auf Marketing und Vertrieb deutlich ausbauen, will sie nicht von der Entwicklung des Vertriebs in anderen Branchen völlig abgehängt werden – gleichwohl trifft dies nicht auf sämtlich existierende Unternehmen zu.

Wer sich intensiv mit dem Geschehen auf den Baumärkten befasst, kann bereits heute ein verändertes Verhalten vieler Baudienstleister beobachten; so beschäftigt beispielsweise das Bauunternehmen Goldbeck Mitarbeiter, die eindeutig als „Verkaufsingenieure" tätig sind und somit das Aufgabenspektrum klar akzentuieren. Aber auch andere Unternehmen stellen die Kundeninteressen in den Vordergrund und passen ihre Organisationsstruktur deren Bedürfnissen an.

Einer nicht repräsentativen Recherche des ZIOUZIOU Instituts für Bau-Marketing zufolge existiert folgender plausibler Ursache-Wirkungszusammenhang zwischen Vertriebs- und Marketingorientierung eines Bauunternehmens und der erzielten Rendite: Je höher und professioneller die Marketing- und Vertriebsaktivitäten, desto höher ist die Wahrscheinlichkeit, eine ausreichende Rendite zu erwirtschaften. Demzufolge erscheint es fast unverständlich, dass sich die Branche bisher in diesem Bereich so zurückhaltend entwickelte. Selbst der ehemalige Präsident des Hauptverbands der Deutschen Bauindustrie gestand in einem Interview, dass die Baubranche „noch zu technikorientiert" und dass der Vertrieb „nicht gerade die stärkste Seite" dieses Wirtschaftszweiges sei (HB 27./28.052011).

Die bisherigen Ausführungen lassen die Notwendigkeit für ein eigenes, den branchenspezifischen Anforderungen gerecht werdendes Bau-Vertriebsmanagement deutlich erkennen, hier fassen wir die Gründe dafür gerne noch einmal zusammen:

- Starke Zunahme an baunahen Dienstleistungen in den letzten 15 Jahren
- Traditionelles Akquirieren reicht nicht mehr aus, um der gestiegenen Wettbewerbsintensität erfolgreich zu begegnen
- Gestiegene und komplexere Kundenanforderungen
- Professionellere Marktbearbeitung führt in der Tendenz zu höheren Gewinnen

## 1.3     Die Besonderheiten der Baubranche

Obwohl die Bauwirtschaft in den meisten entwickelten Volkswirtschaften zwischen fünf und acht Prozent zur Entstehung des Bruttosozialprodukts beiträgt, wird diesem Wirtschaftszweig relativ wenig Aufmerksamkeit geschenkt. Im Blickpunkt des öffentlichen Interesses stehen häufig eher Unternehmen aus anderen Industriebereichen, wie der Automobilindustrie, der Unterhaltungselektronik oder aus dem Chemie- und Pharmabereich. In diesem Abschnitt werden die allgemein weniger bekannten, aber für die Branche spezifischen Strukturen erläutert. Insbesondere werden der Produktionsprozess, die Faktoren für die Nachfrage nach Bauleistungen, das Produkt „Baudienstleistung" und die unterschiedlichen Marktbedienungsformen beschrieben.

Der Produktionsprozess lässt sich grundsätzlich in 3 Phasen einteilen: in die Phase vor der Bauausführung bzw. die Angebotsphase (Phase 1), die Bauausführungsphase oder Auftragsabwicklung (Phase 2) und in die Phase nach Fertigstellung des Bauwerks (Phase 3). Da die einzelnen Bauwerke technisch gesehen Unikate sind, weil sich z. B. der Kundenwunsch, die geologischen Gegebenheiten oder die rechtlichen Voraussetzungen mit jedem Bauwerk ändern, sind die technischen Anforderungen zum Teil sehr anspruchsvoll. Dies hat zu einem relativ hohen Grad an Spezialisierung geführt, und ist auch in den drei genannten Phasen deutlich erkennbar. So sind in der Angebotsphase unter anderem unterschiedliche Planungsabteilungen, Ingenieurbüros, und staatliche Genehmigungsstellen daran beteiligt, die rechtlichen, wirtschaftlichen und technischen Voraussetzungen für die beabsichtigte Errichtung eines Bauwerks zu schaffen. Erst nach erfolgreichem Abschluss dieser ersten Phase kann zur zweiten Phase übergegangen werden, d. h. dem Beginn der Bauausführung. Auch hier ist, je nach Komplexität und technischen Erfordernissen, ein relativ hoher Grad an Spezialisierung zu beobachten. Bei größeren und anspruchsvollen Bauprojekten, z. B. beim Flughafenbau, sind häufig mehrere hundert Nachunternehmer beschäftigt. Diese Nachunternehmer werden von einem Generalunternehmer gesteuert, der wiederum dem Auftraggeber oder Kunden gegenüber verantwortlich ist. Abbildung 1.1 stellt die für die Bauindustrie übliche Hierarchie dar:

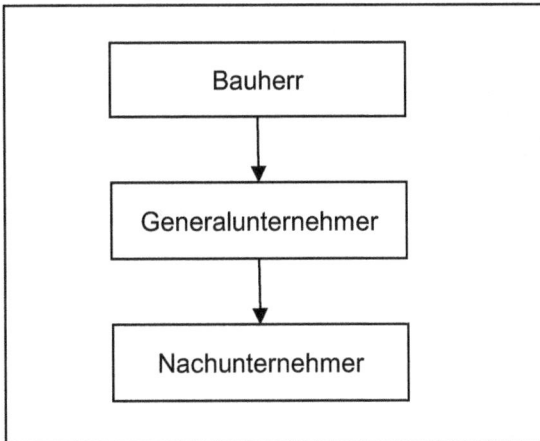

Abb. 1.1:    Hierarchie im Bau

Die Abläufe während der Bauphase sind besonders bei größeren Bauwerken sehr komplex und stellen hohe Anforderungen an alle Beteiligten. In der Regel ist mit der Errichtung des Bauwerks für die Generalunternehmen der Auftrag beendet. Zur dritten Phase gehören u. a. das Betreiben der Bauwerke, wie das eines Flughafens, oder etwa das so genannte Facility Management, das grundsätzlich sämtliche technischen und infrastrukturellen Dienstleistungen rund um den Betrieb eines Bauwerkes umfasst. Auch in dieser dritten Phase ist häufig eine hohe Spezialisierung festzustellen. Die oben kurz skizzierten Phasen des Bauablaufs zeigen deutlich den Projektcharakter in der Bauwirtschaft auf. Die Dominanz von Projekten in dieser Branche hat unterschiedliche Auswirkungen auf die Unternehmen. Typisch für das Kunden-Lieferanten Verhältnis bei Projekten ist der Diskontinuitätscharakter, d. h. nach Fertigstellung des Bauwerks (Phase 2) ist das Kunden-Lieferanten Verhältnis zunächst auf unbestimmte Zeit beendet. Dieser eher zyklische Produktionsablauf schafft für das bauausführende Unternehmen teilweise erhebliche Probleme. Diese hängen mit der Planung effizienter Ressourcennutzung und dem Vorhalten der entsprechenden Ressourcen für die Projekte zusammen. Die Reaktionszeit, um notwendige Anpassungen an die jeweilige Auftragssituation vorzunehmen, ist für die Unternehmen relativ kurz, auch daher wird ein erheblicher Teil der Wertschöpfungskette ausgelagert und an Nachunternehmer vergeben. Da die einzelnen Bauprojekte, speziell im Auslandsbau, einen relativ hohen Anteil an der Gesamtleistung der Bauunternehmung ausmachen können, kann das Risiko für die Firmen in Einzelfällen sehr hoch sein. Die Risiken für Bauunternehmen erwachsen vor allem aus der Phase der Angebotsbearbeitung, d. h. aus der Kalkulation für das Bauprojekt und aus der Vertragsgestaltung.

Eine fehlerhafte Kalkulation kann zu einer fehlerhaften Ermittlung des Angebotspreises führen, und je nach Höhe kann dies zu erheblichen negativen Folgen für das betroffene Unternehmen führen. Eine unzureichende Vertragsgestaltung kann ebenfalls zu negativen wirtschaftlichen Folgen führen, wenn z. B. die Risiken vertragsrechtlich einseitig bei der Bauunternehmung angesiedelt sind. Während der Auftragsabwicklung sind mangelhafte Bauausführung oder mangelnde Termintreue und die daraus resultierenden Vertragsstrafen die Hauptrisiken für die Unternehmen.

Ein wesentlicher Unterschied zwischen Bauunternehmen und klassischen Produktionsunternehmen wird bei der Nachfrage nach Bauleistung deutlich. Die Baunachfrage wird im Wesentlichen durch makroökonomische Faktoren bestimmt, z. B. durch die Höhe des Zinsniveaus, durch die Staatsnachfrage oder durch die Investitionstätigkeit der privaten Industrie. Die Bauunternehmen haben nur geringe Einflussmöglichkeiten, um die Nachfrage zu stimulieren. Die in der Konsumgüterindustrie üblichen Marketinginstrumente sind bei Bauunternehmen nur sehr begrenzt einsetzbar, daher verzichten viele Baufirmen auf eine Marketingabteilung. Eine Möglichkeit, die Nachfrage zu beleben, besteht im Anbieten von Finanzierungsinstrumentarien. Hierbei finanziert das Bauunternehmen mit geeigneten Institutionen, wie etwa mit Banken, das Bauprojekt vor und erhält im Anschluss an die Fertigstellung über einen bestimmten Zeitraum eine Nutzungsgebühr. Es existieren sehr unterschiedliche Modelle; ein häufig genanntes ist das so genannte BOT-Model (Build-Operate-Transfer), bei dem die Bauunternehmen nach Fertigstellung des Bauwerks zu Betreibern dieser Einrichtung werden. Generell kann man jedoch sagen, dass die Möglichkeiten der Bauunternehmen die Nachfrage zu stimulieren eher begrenzt sind.

Das Endprodukt der Bauleistung ist in der Regel ein Bauwerk, z. B. ein Gebäude, ein Flughafen oder ein Staudamm. Wie bereits erwähnt, hat sich die Fertigungstiefe der meisten Generalunternehmen in den letzten Jahren stark reduziert, sie umfasst in den meisten Fällen heute deutlich weniger als 50 % der gesamten Wertschöpfungsaktivitäten. Die Leistung der Generalunternehmen bezieht sich zunehmend auf das Management der Bauaktivitäten, so genanntes Construction Management, während die eigentliche Bauausführung an Nachunternehmer vergeben wird. Das bedeutet, dass die Generalunternehmer die Leistungserstellung der Nachunternehmer koordinieren und überwachen. Bei grenzüberschreitenden Aktivitäten der Generalunternehmer wird die Baudienstleistung in der Regel gemeinsam mit Nachunternehmern des jeweiligen ausländischen Marktes erbracht, sofern das entsprechende Knowhow vorhanden ist. Da das Endprodukt immobil und nicht lagerfähig ist, muss die Leistungserstellung am Ort des Bedarfs stattfinden, d. h. die Bauunternehmen müssen den Kunden an den jeweiligen Ort des Bedarfs folgen. Grundsätzlich trifft dies auch auf die zu erbringenden Dienstleistungen zu, obwohl durch den technischen Fortschritt zunehmend viele Dienstleistungen, etwa Planungsdienstleistungen, ortsunabhängig erstellt werden können. Die Tatsache, dass in der Bauwirtschaft die Leistungserstellung am Ort des Bedarfs erfolgt, prägt auch die Form des Auslandsengagements der Baufirmen. Aufgrund der Immobilität des Endprodukts sowie der meisten Halbfertigprodukte existiert kein Export von Endprodukten der Bauleistungen, sondern es findet ein Transfer von Service statt. Das bedeutet, dass die Baufirmen in der Regel eine kleine Mannschaft in das Zielland entsenden, die in der Angebotsphase unterstützend tätig ist. Nach Auftragserteilung werden ebenfalls Fachkräfte, sogenannte Expatriates, entsandt, um das Projekt abzuwickeln. Die Arbeiten werden zum überwiegenden Teil von lokalen Nachunternehmern ausgeführt. Diese Form der Bedienung eines Auslandsmarktes ist mit herkömmlichem Export vergleichbar. Beim Projektexport gibt es verschiedene Varianten, z. B. mit ausländischen und internationalen Partnern, in unterschiedlichen Beteiligungsformen etc. Lizenzfertigung ist sehr unüblich in der Bauwirtschaft und wird daher hier auch nicht behandelt. Eine weitere Form des Auslandsengagements sind ausländische Direktinvestitionen (ADI). ADI werden in der Regel im Rahmen unterschiedlicher Formen als Beteiligung an bereits existierenden lokalen Unternehmen getätigt, nur in Ausnahmefällen werden neue Unternehmen gegründet.

## 1.4 An wen sich das Buch richtet – und wie man es richtig benutzt

Das vorliegende Werk richtet sich an zwei Zielgruppen gleichermaßen: An Studierende und an Bau-Praktiker.

Innerhalb der Zielgruppe der Studierenden sollen hier vor allem diejenigen erreicht werden, die aufgrund der Ausrichtung ihres Studienfachs mit vertrieblichen Prozessen der Bauwirtschaft in Berührung kommen können, somit vorrangig Studierende des Bauingenieurwesens, des Wirtschaftsingenieurwesens mit Schwerpunkt Bau, anderer baubetrieblicher Fächer und Betriebswirte, die in die Bauwirtschaft einsteigen wollen.

Darüber hinaus sollen sich die Bau-Praktiker bzw. die Bau-Praktikerinnen aus mittelständisch geprägten Bauunternehmen und aus der Bauindustrie besonders angesprochen fühlen. Die Baufachkraft, die im Alltagsgeschäft zwar die Notwendigkeit erkennt, die Vertriebsarbeit weiter zu professionalisieren, aber aufgrund des enorm engen Zeitrahmens häufig nur „kleine Lösungen" entwickeln kann, soll durch die Inhalte und durch die Strukturierung des vorliegenden Werks profitieren. Hinzu kommt, dass kein geeignet strukturierter Leitfaden für einen Bauvertrieb existiert, der als Grundentwurf für einen praxisorientierten Vertriebsansatz dienen kann.

Bei der Konzeption dieses Buches legte der Autor einen besonderen Wert darauf, diese Lücke zu schließen und der Führungskraft einen Gesamtrahmen „Bau-Vertrieb" anzubieten. Obwohl die einzelnen Prozessschritte in der Gesamtwertschöpfungskette detailliert aufgezeigt werden, können auch als Einstieg zunächst nur Teile des „Bau-Vertriebsrahmens" übernommen und in die Praxis umgesetzt werden.

Der Autor empfiehlt einen Gesamtansatz, um die sich daraus ergebenden Potenziale für den Bauunternehmer möglichst vollumfänglich auszunutzen. Es empfiehlt sich daher, das Werk zunächst in seiner Gesamtheit durchzuarbeiten, und sich dann, je nach Verfügbarkeit von Zeit und anderen Ressourcen, mit einzelnen Aspekten, die von besonderer Wichtigkeit sind, erneut zu beschäftigen.

Um die Erstellung eines Gesamtkonzepts seitens der Bauunternehmen zu unterstützen, werden Tools angeboten, die die Strukturierung und die Orientierung erleichtern sollen.

# 2 Grundzüge des Vertriebs

## 2.1 Einführung

In diesem Kapitel werden die Grundzüge bzw. die wichtigen Elemente des Vertriebs ange-sprochen, um für den Leser eine notwendige Auswahl aus der vieldimensionalen und fast unüberschaubaren Literaturvielfalt anzubieten. Diese Auswahl des Autors ist sehr konzen-triert und verkürzt dadurch zwar das Spektrum möglicher relevanter Aspekte, hilft aber, sich die wesentlichen Konzepte und Grundüberlegungen zu erschließen.

Zunächst werden die Hauptprozessstufen des Vertriebs erläutert, bevor die Grundzüge des Kundennutzenmanagements sowie organisationale und personale Themen des Vertriebs aufgezeigt werden. Auch wenn diese Aspekte hier aus Gründen der besseren Verarbeitbar-keit künstlich getrennt behandelt werden, ist es wichtig zu erkennen, dass diese grundsätzlich ineinandergreifen und sich gegenseitig beeinflussen. So strahlen organisationale Entschei-dungen auf die Personalpolitik ab, oder die Vertriebsprozessstufen der Unternehmen auf das Kundennutzenmanagement. Beispielsweise setzt die Ausgestaltung der einzelnen Vertriebs-aktivitäten den Rahmen für das Handeln des Außendienstes, je engmaschiger die Verfahren organisiert sind, desto weniger Freiheit verbleibt beim einzelnen Außendienstmitarbeiter. Wenn Verkaufsgebiete neu strukturiert und organisiert werden, werden die Interdependenzen deutlich: Je nach Landsmannschaft kann man nur bestimmte Personen in bestimmte Gebiete entsenden; einen typisch bayrischer Vertriebsmitarbeiter mit bisher überwiegenden Klein-unternehmerkunden kann man nicht ohne Weiteres in ein sozial völlig anderes Milieu, z. B. eine norddeutsche Metropole wie Hamburg entsenden. Umgekehrt kann man Menschen aus urbanen Umfeldern nicht einfach „aufs Land schicken". Das Erkennen dieser Zusammen-hänge ist eine wichtige Voraussetzung für die Führungskräfte im Vertrieb, um situativ ange-messene Entscheidungen herbeiführen zu können.

## 2.2 Die Hauptprozessschritte des Vertriebs

In der Betriebswirtschaftslehre kristallisierte sich in den letzten Jahren ein Trend heraus, wirtschaftswissenschaftliche Phänomene als Prozesse bzw. als einzelne Prozessschritte dar-zustellen. Wesentlich geprägt wurde diese Betrachtungsweise von Michael Porter, dem Har-vard Ökonomen, der sich in seinen Arbeiten vor allem mit der Entwicklung von Wettbe-werbsvorteilen in Unternehmen, aber auch jenen von Nationen beschäftigte. Mit dieser spezi-fischen Betrachtung betriebswirtschaftlicher Abläufe sind Vor- und Nachteile verbunden. Als Vorteil gilt die Transparenz von komplexen Aktivitäten, die ein Verstehen und Nach-vollziehen leichter möglich macht, da sowohl eine Gesamt- als auch eine Teilperspektive eingenommen werden kann, die auch die wichtigen Verknüpfungen und Schnittstellen er-kennbar werden lässt.

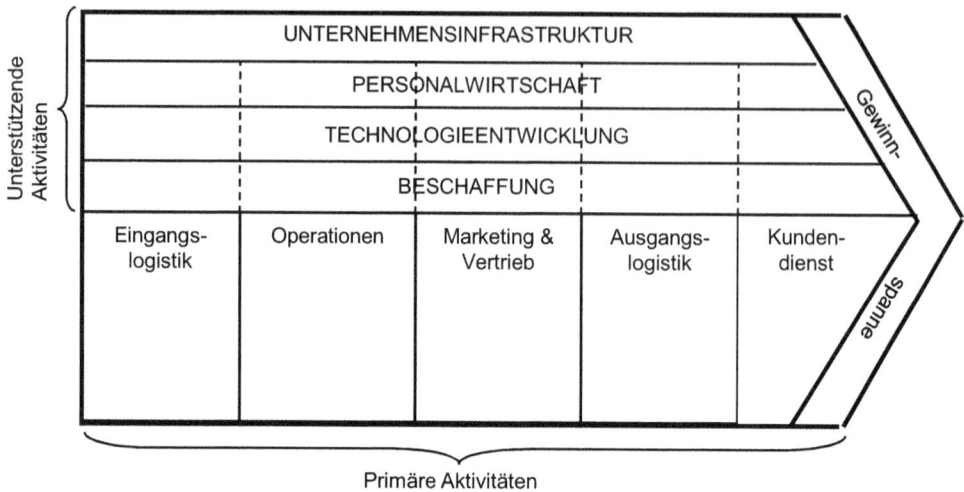

Abb. 2.1:    Porters Wertschöpfungskette

Die überwiegende Anzahl an Präsentationen, gerade von Unternehmensberatern, stützt sich häufig auf diese prozessualen Darstellungen. Neben den erwähnten Vorteilen können auch betrachtungsspezifische Nachteile auftreten. Diese können beispielsweise definitorischer Natur sein, d. h. wie definiere und begrenze ich eine Wertschöpfungsaktivität, oder in welcher Konkretisierung bzw. Detailliertheit soll diese Prozessdarstellung ausgestaltet werden.

Der Autor dieses Buches stützt sich ebenfalls auf die prozessorientierte Betrachtungs- und Darstellungsweise, weil die Vorteile dieses Ansatzes aus Autorenperspektive deutlich überwiegen. Der große Vorteil der Anschaulichkeit und damit der Verständlichkeit einer strukturierten, vertrieblichen Vorgehensweise war für diese Entscheidung ausschlaggebend. Zur Verständlichkeit sei angefügt, das in diesem Werk grundsätzlich die Perspektive des Leistungen/Produkte vertreibenden Unternehmens eingenommen wird.

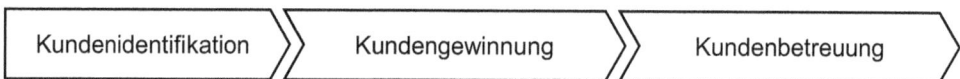

Abb. 2.2:    Hauptprozessstufen des Vertriebs (in Anlehnung an Diller/Haas/Ivens)

Der Vertrieb kann grundsätzlich in drei Hauptphasen unterteilt werden: In die Phase der Kundenidentifikation, in die der Kundengewinnung und in die der Kundenbetreuung. In die erste Phase fallen sämtliche Aktivitäten, deren Ziel das Aufspüren, das Herausfiltern und das Präzisieren potenzieller Kundengruppen beinhaltet. In dieser Hauptprozessstufe werden Informationen über potenzielle Kunden, für die die eigenen Dienstleistungen relevant sein könnten, verdichtet, sodass die gewonnenen Erkenntnisse als Basis für weitere Entscheidungen des Unternehmens genutzt werden können. Beispiel: Ein Unternehmen, das spezielle Software herstellt und das jetzt ergänzend zum bestehenden Leistungsangebot Schulungen für allgemeine Software anbieten möchte, muss sich in enger Abstimmung mit dem Marketing zunächst informieren, welche Kundengruppen grundsätzlich dafür in Frage kommen können: Frauen, die nach einer Babypause an die aktuellen IT-Programme herangeführt werden sollen, ältere gewerbliche Arbeitnehmer, die in Ihren Unternehmen neue Aufgaben übernehmen werden und dafür PC Kenntnisse benötigen oder arbeitslose Personen, die ihre IT-Qualifikationen für ihre spezifische Situation verbessern möchten. Diese grundsätzlichen Zielgruppen kommen möglicherweise aus unterschiedlichen Gründen nur teilweise in Betracht, weil sich beispielsweise die meisten gewerblichen Arbeitnehmer der Bedeutung der IT für ihre neue Position nicht vollumfänglich bewusst sind oder weil sich beispielsweise die überwiegende Anzahl der Arbeitslosen keine kostenintensive IT-Schulung leisten kann und will, zumal die Bundesagentur für Arbeit andere Qualifizierungsmaßnahmen finanziell fördert. Die dabei erforderlichen Schritte zur Erlangung der Informationen können dabei entweder von dem Unternehmen in eigener Regie, von externen, auf diese Aufgaben spezialisierten Dienstleistungsunternehmen (Datenbankrecherchen, Adress- und Auskunftsdateien) oder jeweils anteilig in einem Mix erbracht werden. Die Art der Organisation dieser Aktivitäten kann grundsätzlich einen Einfluss auf die Qualität der Ergebnisse bzw. auf die Kostenverläufe für die Informationsgewinnung haben. Die Unternehmen agieren dabei im Spannungsfeld zwischen intern verfügbaren inhaltlichen Kompetenzen und der Bereitschaft, die nicht verfügbaren Kompetenzen hinzuzukaufen.

Die Ergebnisse der Kundenidentifikationen formen die Ausgangsbasis der nächsten Hauptstufe, der Kundengewinnung. Während die Kundenidentifikation die notwendigen Voraussetzungen für eine zielgerichtete Vorgehensweise im Herausfiltern lukrativer Kunden schaffen soll, ist das Ziel der Kundengewinnung der Abschluss des Kaufvertrags. In dieser Stufe müssen sämtliche, dem Kaufabschluss vorausgehende Maßnahmen geplant und ggf. umgesetzt werden. Dazu gehören die ausreichende Vorbereitung der Kontaktaufnahme, beispielsweise telefonisch oder schriftlich, sowie die Vorbereitungen zur Durchführung des ersten Kunden- bzw. Verkaufsgesprächs.

Im Anschluss an den formalen Kaufabschluss beginnt die dritte Phase, die der Kundenbetreuung. In diesem Stadium, in vielen Fällen in der Bedeutung für nachhaltige Kundenbeziehungen unterschätzt, sollen die Unternehmen die Kunden in der „Nach-Kauf-Phase" angemessen betreuen und bei auftretenden Problemen adäquat begleiten. Der Ausfall einer Produktionsmaschine eines Lieferanten beim Kunden erfordert aus seiner Perspektive erwartungsgemäß eine zeitnahe Reaktion des Herstellers, um den durch den Ausfall verursachten Schaden so gering wie möglich zu halten.

Die Ausgestaltung der einzelnen Prozesse auf den jeweiligen Prozessebenen (Haupt- und Unterprozesse) hängt von unterschiedlichen Umfeldfaktoren ab. Je nach Branche können die Vorgehensweisen differieren; so ist die Kundenidentifikation im Kraftwerksbau anderen Rahmenbedingungen unterworfen als im Bankenprivatkundengeschäft. Auch innerhalb einer Branche können durchaus deutliche Unterschiede in der Arbeitsweise des Vertriebs bestehen. So wird das Haftpflichtgeschäft von Versicherungen im Hinblick auf die Muster der Kundenidentifikation bei Geschäftskunden andere Prozesse beinhalten als bei Privatkunden.

Die Einflussfaktoren auf die Vertriebsprozesse sind in Abb. 2.3 dargestellt, demnach ergeben sich vier Haupteinflussgrößen: Branchenspezifisches Geschäftsmodell, kundenspezifische Erwartungen, wettbewerbs- und unternehmensspezifische Vorgehensweise.

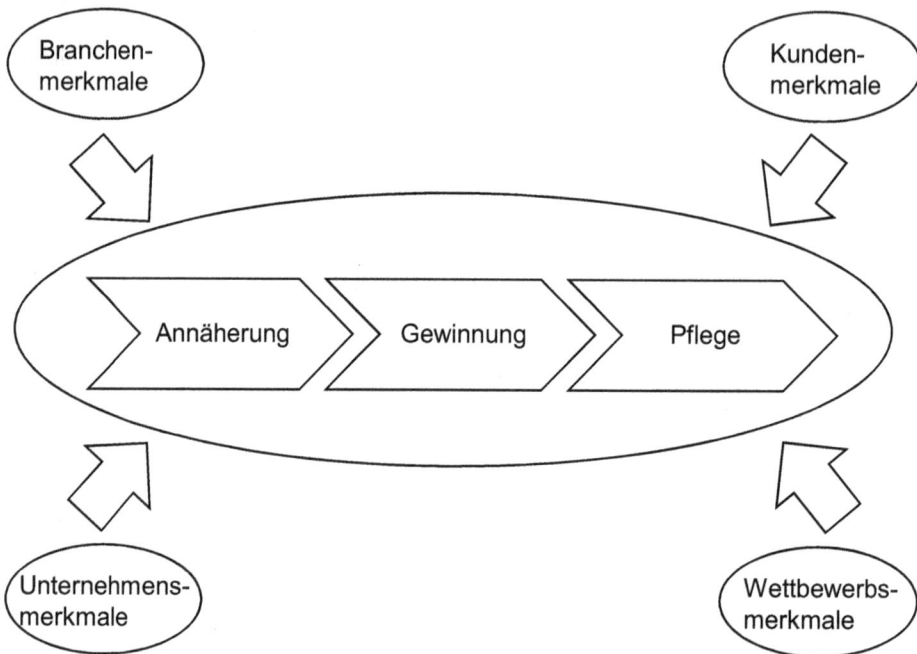

Abb. 2.3:    Einflussfaktoren auf den Vertriebsprozess (in Anlehnung an Diller/Haas/Ivens)

## Branchenspezifisches Geschäftsmodell

Jede Branche in Deutschland und in anderen Staaten hat in ihrer Historie unterschiedliche Entwicklungen durchlaufen, deren Prägung sich auf das Geschäftsmodell und auf die Strukturen auswirken. Davon können die Vertriebsprozesse nicht unberührt bleiben.

In Deutschland ist ein relativ hoher Anteil der Unternehmen im technisch anspruchsvollen Umfeld tätig; Maschinenbau, Automobilwirtschaft und die chemische Industrie liefern immer komplexere Lösungen für technisch anspruchsvolle Probleme. Dass sich dies aufgrund der Erklärungsbedürfnisse der Kunden in Form eines intensiveren Austauschs in der Kundengewinnungsphase auswirkt, ist logisch und plausibel. Hier geht es vorrangig um die Prüfung, ob das Leistungsangebot in seinen vielfältigen technischen Facetten den geforderten Eigenschaften entspricht. Bei wenig komplexen Massengütern spielen vor allem konditionenpolitische Aspekte wie Preis und Lieferzeiträume eine kaufentscheidende Rolle, da die Leistungsmerkmale der unterschiedlichen Wettbewerber nicht wesentlich differieren. Unter diesen Rahmenbedingungen ergibt sich für die jeweiligen Vertriebsorganisationen die Herausforderung, neben technischen Differenzierungen, emotionale oder konditionale Aspekte in der Wahrnehmung des Kunden aufzubauen.

## Kundenspezifische Erwartungen

Die Erwartungen der Kunden üben häufig auch einen Einfluss auf die Ausgestaltung des Vertriebs aus. Die Unternehmen müssen sich intensiv mit den Erwartungen ihrer Kunden auseinandersetzen, um diese entsprechend bedienen zu können. Der Anspruch eines Kunden kann von unterschiedlichen Faktoren abhängen: Vom wirtschaftlichen Umfang der Geschäfte aus Kundenperspektive, von der Dauer der Geschäftsbeziehung und von der Art der Kundenstruktur. Wenn beispielsweise eine Warenhauskette einen Großteil des Jahresbudgets ihrer

Instandhaltungsaufträge an ein darauf spezialisiertes, mittelständisches Unternehmen vergibt, erwartet dieser Kunde (die Warenhauskette) allein aufgrund der hohen wirtschaftlichen Bedeutung für ihn, dass er eine besondere Behandlung erfährt. Dies bezieht sich in diesem Fall sowohl auf die Schnelligkeit der Auftragsbearbeitung als auch auf insgesamt kulantes Verhalten. Jeder kennt die Situation vom Hörensagen: Ein Kunde hat gerade ein für das eigene Budget relativ teures Auto gekauft und nach kurzer Zeit liegt ein Motorschaden vor. Der Kunde erwartet unabhängig von der rechtlichen Situation, allein aufgrund des subjektiv empfundenen hohen Kaufpreises, dass zeitnah eine entsprechende Kulanzregelung erfolgt. Über diese eher psychologisch bedingten Erwartungen muss sich der Lieferant zumindest grundsätzlich im Klaren sein.

Auch die Dauer der Geschäftsbeziehung übt einen oftmals unbewussten Einfluss auf die Erwartungen der Kunden aus. Grundsätzlich gilt: Je länger die Geschäftsbeziehung existiert, desto höher sind die Käufererwartungen. Langjährige Kunden erwarten beispielsweise nicht die üblichen Weihnachtspräsente, die jeder Neukunde erhält, sondern ein wertvolleres Geschenk – im Grunde eine Form von Exklusivbehandlung. Wenn beispielsweise ein langjähriger Kunde eines Bauunternehmens eine Änderung von unbedeutenden Details benötigt, erwartet er eine faire Lösung und nicht den Einstieg in ein professionelles Nachtragsmanagement.

Die Interpretation der Situation des Zulieferers aus Kundensicht fließt ebenfalls in die Erwartungshaltung ein. Ein Beispiel: Wenn ein Vertriebsmitarbeiter eines Bauunternehmens zu seinen Kunden auf die Baustelle fährt, kann der Typ des Dienstwagens eine wichtige Rolle spielen. Deutsche Premiummarken wie z. B. Porsche, Mercedes oder BMW eignen sich sehr gut, unbewusste Emotionen zu wecken. Je größer der Wagen, desto größer werden die Gestaltungsmöglichkeiten aus Kundenperspektive eingeschätzt, auch wenn dies sachlich nicht richtig wäre. Wenn es in dieser Situation zwischen dem Kunden und dem Vertriebsmitarbeiter zu Dissonanzen über nicht eingehaltene Absprachen seitens des Bauunternehmers kommt, zeigt die Erfahrung, dass diese Emotionen bzw. Assoziationen einen Einfluss auf die Erwartungshaltung des Kunden haben. „Ein großes Auto fahren, aber meine wichtigen Belange nicht ausreichend berücksichtigen" ist ein häufiges Credo in derartigen Situationen. Insofern müssen sich die Unternehmen darüber bewusst sein, dass sie durch viele Signale häufig unbewusst zur Erwartungshaltung ihrer Kunden beitragen.

Unterschiedliche Kundenstrukturen können zu unterschiedlichen Erwartungshorizonten führen. Geschäftskunden werden tendenziell durch ihre tagtägliche Tätigkeit eine andere Erwartung generieren als Privatkunden, welches das folgende Beispiel verdeutlichen soll: wenn ein Privatkunde zu einem Automobilhändler geht, führt er ein für sich quasi einmaliges und somit sehr wichtiges Geschäft durch. Er wird vermutlich erwarten, dass er umfangreich und sehr individuell beraten wird. Der Geschäftskunde hat möglicherweise einen anderen Fokus, hier können wirtschaftliche Aspekte durchaus einen deutlich anderen Stellenwert haben. Insofern sind kundenstrukturspezifische Erwartungen im Gesamtkontext auch von hoher Wichtigkeit.

**Wettbewerbsspezifische Vorgehensweise**
Auch der Wettbewerb beeinflusst die vertriebliche Ausrichtung seiner Mitbewerber und somit, zumindest auch teilweile, die der Branche. Beispielsweise können die Konditionen von Wettbewerbern („Buy now – pay later" – jetzt kaufen und später bezahlen) nicht folgenlos für das eigene Geschäft bleiben, zumal die modernen Kommunikationsmittel diese In-

formationen schnell durch das System transportieren. In der Bauwirtschaft existieren Projekte, deren erfolgreiche Realisierung für jedes Bauunternehmen in der spezifischen Sparte für die Zukunft sehr wichtig sein kann. Wenn sich an diesen Ausschreibungen auch noch Wettbewerbsunternehmen beteiligen, ist es schwer zu legitimieren, nicht ebenfalls anzubieten. Wenn die großen Automobilhersteller eigene Finanzierungsinstitute zur Absatzstimulierung ihrer Produkte etablieren, kann sich ein in dieser Branche tätiges Unternehmen nicht anders verhalten als diese Vertriebskomponente ebenfalls aufzugreifen. Die in der Bauwirtschaft seit Jahren praktizierte arbeitsteilige Verfahrensweise zwischen General- und Nachunternehmen wurde zunächst von einigen Unternehmen nicht nur wegen des hohen Grads an Spezialisierung deutlich ausgebaut, sondern auch, um bei Ausschreibungen und Vergabeverhandlungen durch eine Kostenoptimierung höhere Erfolgsaussichten zu erreichen. Diese „Vertriebspolitik durch die Hintertür", eigene gewerbliche Mitarbeiter abzubauen und sich stattdessen die Leistungen von anderen Bau-Nachunternehmen kostenoptimiert einzukaufen, ist mittlerweile Standard in der Branche. Selbst Unternehmen, die in anderen Konstellationen als Nachunternehmer tätig werden, „untervergeben" Aufträge in anderen Situationen. Für jedes Unternehmen ist die Vertriebspolitik des Wettbewerbs wichtig, weil diese eine Wirkung auf die Kundengruppen entfaltet und über diesen Weg als Kundenanforderung das eigene Unternehmen erreicht. Ein weiteres Beispiel: Der Bauzulieferer Hilti führte vor einigen Jahren ein so genanntes „Flottenmanagement" ein, eine Variante, bei der die Kunden eine „Flotte" von Geräten mieten können; wobei zum Zeitpunkt der Einführung einer der Hauptwettbewerber Bosch nicht über ein derartiges Preissystem verfügte. Es dauerte nur wenige Jahre, bis auch Bosch und die anderen Wettbewerber ein ähnliches System im Markt etablierten.

**Unternehmensspezifische Vorgehensweise**

Unternehmensspezifische Faktoren beeinflussen die Vertriebspolitik auf der Ebene der „harten" und der „weichen" Faktoren. Zu den harten Faktoren zählen u.a. die Unternehmensgröße sowie die Finanzkraft, zu den weichen Faktoren zählen Unternehmens- und Kundenmanagementkultur.

Die Unternehmensgröße und die Finanzkraft eines Unternehmens haben tendenziell einen großen Einfluss auf die Vertriebspolitik, da man erfahrungsgemäß davon ausgehen kann, dass große und finanzstarke Unternehmen über ausreichende Ressourcen verfügen, die notwendigen Strukturen auf- und auszubauen. Eine häufig von KMU genannte Limitierung ihrer Vertriebsaktivitäten liegt darin begründet, dass diese nicht über ausreichende Finanzmittel verfügen, um ihre gewünschten vertrieblichen Expansionen zu finanzieren. Ein Beispiel: Ein KMU im Spezialmaschinenbau kann manche Auslandsmärkte nicht ausreichend bedienen, weil es nicht über genügend Außendienstkapazitäten verfügt. Je spezifischer die Produkte bzw. Dienstleistungen sind, desto erklärungsbedürftiger sind sie bzw. desto personalintensiver muss der Außendienst organisiert sein, was bei KMU klassischerweise zu Engpässen führt.

Die Unternehmens- bzw. Kundenmanagementkultur verbirgt sich hinter vielen Entscheidungen über die Vertriebspolitik, auch wenn die weichen Faktoren nicht als solche dafür benannt werden. Kleinere, eigentümergeführte Unternehmen haben in der Regel einen persönlichen Bezug zu ihren Kunden, was in der Rückkopplung häufig Einfluss auf Vertriebsentscheidungen haben kann. So kann beispielsweise aufgrund der Unternehmenspolitik in Fällen, in denen dies aus rechtlicher Sicht nicht notwendig ist, eine kundenfreundliche Kulanz erfolgen, weil dies der Unternehmensphilosophie vom zufriedenen Kunden entspricht.

Die unternehmensspezifischen Faktoren sind vielfältig und hier nur skizziert worden; festzuhalten bleibt, dass die auf Unternehmensebene angesiedelten Faktoren innerhalb der aufgezeigten Einflussgrößen einen sehr deutlichen Einfluss auf die Vertriebspolitik haben.

## 2.3 Kundennutzenmanagement

Kundennutzenmanagement ist eine Wortkonstellation, die zwar relativ „holprig" klingt, die dafür jedoch exakt beschreibt, worum es im Marketing bzw. im Vertrieb geht, daher wird sie in diesem Zusammenhang verwendet: Im Zentrum der Betrachtung des Kundennutzenmanagements steht der, wie auch immer zu definierende, Kundennutzen. Dieser kann in unterschiedlicher Form entstehen, wichtig ist, dass er den Nutzen darstellt, der sich aus der Kundenperspektive ergibt und nicht den aus der Verkäufersicht. Damit ist die Beurteilungsperspektive klar: Der Kundennutzen kann nur aus der Sicht des Kunden definiert werden. Mögliche Nutzendimensionen können sich aus einer Kundenproblemlösung auf materieller oder immaterieller Ebene ergeben. Eine solche Problemlösung auf materieller Ebene kann ein Fahrzeug oder ein Gebäude sein, das für den Kunden das Problem der Mobilität löst (Fahrzeug) oder das Problem einer notwendigen physischen Infrastruktur zum Wohnen (Gebäude). Nutzendimensionen können vielschichtig sein, so kann man je nach Differenzierung zwischen Kernnutzen und Zusatznutzen unterscheiden. Beim Fahrzeug liegt der Kernnutzen in der Möglichkeit zur individuellen Mobilität, darüber hinaus bieten beispielsweise Produkte von deutschen Premiumherstellern wie Mercedes oder Porsche die Möglichkeit, einen emotionalen Zusatznutzen zu stiften. Von dem Besitz oder der Nutzung eines derartigen Autos gehen immer auch positive emotionale Aspekte aus; wer beispielsweise einen Porsche fahren kann, der hat es sichtbar „geschafft", denn jeder weiß, dass Fahrzeuge dieser Kategorie für Normalverdiener kaum erschwinglich sind. Insofern besteht hier eine Nutzenkombination, wobei nicht sicher ist, welche Nutzenkomponente, Kern- oder Zusatznutzen, für die Kaufentscheidung überwiegt. In vielen Fällen setzt mancher Hersteller ganz bewusst auf die Zusatznutzenkomponente, liefert den potenziellen Kunden jedoch genügend scheinbare Kernnutzenargumente wie bessere Verarbeitung, höhere Sicherheit etc., um somit eine akzeptablere Entscheidungslegitimation „mitzuliefern". Aber auch auf immaterieller Ebene existieren zahlreiche Leistungen, die für die Kunden Problemlösungen darstellen können. Ob es sich um eine steuerliche oder um eine anwaltliche Beratung handelt, stets ist die Lösung eines Problems – in diesen Fällen steuerliche oder juristische Optimierung von Ansprüchen des Kunden – Ausgangspunkt für die Entwicklung eines Nutzens. Analog kann man auch bei immateriellen Leistungen, also Dienstleistungen, ebenso von Kernnutzen und von Zusatznutzen sprechen. Während sich der Kernnutzen beispielsweise bei den erwähnten Leistungen eben auf jene Optimierung der jeweiligen Situationen bezieht, besteht ein Zusatznutzen darin, sich kompetenten Rat und damit Sicherheit gegenüber den Anspruchsgegnern „einzukaufen". Unabhängig davon, ob es sich um Sach- bzw. Dienstleistungen oder Kombinationsformen handelt, sämtlichen Leistungen muss eine Nutzendimension zu Grunde liegen.

Diller/Haas/Ivens (2005) stellen die Wertschöpfung als Nutzenstiftung in den Vordergrund. Demnach entsteht die Wertschöpfung erst beim Kunden, der für die bereitgestellten Problemlösungen einen Preis zahlt, der über dem Wert sämtlicher Wertschöpfungsvorleistungen liegt und somit die gesamte Wertschöpfung finanziert.

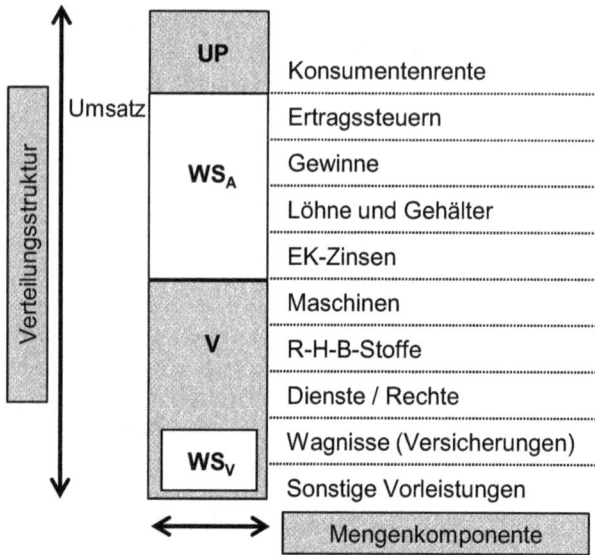

Abb. 2.4:     Wertschöpfungskomponenten (aus Diller/Haas/Ivens, S. 34)

Die Wertschöpfung eines Produktes entsteht grundsätzlich aus der Differenz der Vorleistungswertschöpfung und dem Zuwachs an Wert, den das eigene Unternehmen leistet. Diese oftmals als vertikale Beziehung dargestellte Form kann folgendermaßen verdeutlicht werden: Ein Bäcker benötigt zur Herstellung von Brötchen Vorprodukte wie Butter, Mehl, Milch, Hefe, Zucker etc. Diese Produkte wurden bereits von seinen Lieferanten veredelt, die ihrerseits Vorprodukte bezogen hatten. Der Bäcker produziert nun mit Hilfe seines Backofens, seiner Gesellen, seiner weiteren Infrastruktur eine Anzahl von Brötchen, die er in der Regel über seinen Verkaufsladen veräußert. Die Wertschöpfung des Bäckers ist nun die Bereitstellung frischer Brötchen, die er mit Hilfe der Vorwertschöpfungen kreiert hat. Je spezifischer und arbeitsteiliger die Produkte sind, desto komplexer sind die Wertschöpfungsprozesse; häufig sind sie derartig komplex, dass ein Kunde diese maximal zwei Stufen zurückverfolgen kann.

In der Bauwirtschaft existieren multiple komplexe Wertschöpfungsprozesse. Wenn man sich die „Herstellung" eines neuen Flughafens, wie aktuell beim Großprojekt Flughafen Berlin Brandenburg International (BBI) zu beobachten, vergegenwärtigt, bei dem jahrelange, umfangreiche Planungsleistungen und Genehmigungsverfahren erforderlich sind bis der erste Spatenstich erfolgen kann, gewinnt man einen vagen Eindruck, wie komplex derartige Wertschöpfungsaktivitäten sein können und wie stark die Prozesse bisweilen ineinander greifen können. Beim klassischen Häuslebauer ist dies zwar weniger komplex, aber strukturell durchaus vergleichbar: Ein Unternehmen macht die Ausschachtungsarbeiten, ein anderes den Rohbau, und zahlreiche Unternehmen aus unterschiedlichen Gewerken bewältigen den Ausbau (Fliesenleger, Heizung & Sanitär, Schreiner etc.).

Für die Unternehmen ist es wichtig, dass ihre Wertschöpfung in Verbindung mit den bezogenen Vorleistungen für den Kunden ein solches Nutzenniveau darstellt, dass er einen Preis zu zahlen bereit ist, der sowohl die Kosten der einzelnen Wertschöpfungen als auch einen angemessenen Gewinn abdeckt. Die Zahlungsbereitschaft der Kunden ist insgesamt in den letzten Jahren aufgrund unterschiedlicher Faktoren tendenziell nicht wesentlich gestiegen. Dazu beigetragen haben die deutlich erhöhte Vergleichstransparenz für die Konsumenten, aber auch die relativ geringe Nettolohnentwicklung der Arbeitnehmer in der Bundesrepublik. Hinzu kommt, dass sich, unterstützt von einigen Unternehmen, eine Kultur teilweise völlig unangemessenen Niedrigpreiskonsums („Geiz ist geil") herausgebildet hat, die die Leistungen der Unternehmen überwiegend über den Preis differenziert. Insofern sehen sich viele Unternehmen gezwungen, ein konsequent kostenorientiertes Wertschöpfungsmanagement zu praktizieren. Dies lässt sich anhand zahlreicher Beispiele belegen: Die Automobilhersteller und deren Zulieferer verlagerten ihre arbeits- und damit kostenintensiven Produktionsstätten seit Anfang der 90er Jahre in die mittel- und osteuropäischen Staaten (MOE-Staaten), da die Arbeitskosten bzw. die Lohnstückkosten trotz einer geringeren Produktivität zu Beginn dennoch deutlich unter dem westdeutschen Lohnniveau lagen. Viele der als Outsourcing bekannten Modelle haben einen vergleichbaren Motivhintergrund: Das eigene Unternehmen kann sich durch die Auslagerung von Nicht-Kern-Aktivitäten auf seine Kernkompetenzbereiche konzentrieren, das gebundene Kapital und die Gemeinkosten sinken; die so gewonnenen Kostenvorteile kann das Unternehmen als Preisvorteil an den Kunden weiterleiten, die Gewinnmarge erhöhen oder eine Kombination aus beiden Varianten vornehmen. Die Kostenerwägungen haben in vielen Fällen dazu geführt, dass die Unternehmen weltweit stark arbeitsteilige Wertschöpfungsaktivitäten aufgebaut haben; allerdings können hieraus auch Nachteile resultieren. Das relativ aktuelle Beispiel von Toyota und anderen japanischen Produktionsunternehmen nach der Katastrophe von Fukushima im März 2011 führte zu deutlichen Drosselungen der weltweiten Produktion bis hin zu temporären Werksschließungen, da die notwendigen Einbauteile aus Japan nicht geliefert werden konnten.

Wertschöpfungskettenmanagement sollte jedoch nicht ausschließlich unter Kostengesichtspunkten gesehen werden. Primär geht es darum, ein strukturiertes Verfahren zur Erbringung einer Leistung, die möglichst zielgenau den erforderlichen Kundennutzen generiert, zu gestalten. In den meisten Fällen komplexerer Lösungsangebote entwickeln die Unternehmen eine Gesamtnutzenkonfiguration, die sich aus unterschiedlichen Teilnutzendimensionen zusammensetzt. Ein Beispiel: Der Käufer eines Fahrzeuges erwartet von der Vertriebsorganisation des Herstellers häufig ein Nutzenbündel: Zum einen wird eine kompetente und auf die spezifischen Bedürfnisse des Kunden ausgerichtete Fahrzeugberatung erwartet. Darüber hinaus soll das Unternehmen optimale Finanzierungsangebote offerieren. Zuverlässigkeit und Liefertreue werden ohnehin vorausgesetzt. Bei Reparaturen wird nicht nur eine ausreichende Fachkompetenz, sondern auch eine kundenfreundliche, d. h. auch preislich kundenorientierte Reparatur- und Wartungspolitik gewünscht. Freundlichkeit und eine angemessene Beratungsinfrastruktur (z. B. ansprechende Verkaufsräume oder gute Verkehrsanbindung) sowie ein ausreichendes „Sich-Zeit-Nehmen für den Kunden" gehören oftmals zu den unausgesprochenen, teilweise unbewussten Vorstellungen. Die aufgezeigten Teilnutzendimensionen werden von den Kundengruppen jeweils auf einem unterschiedlichen Qualitätsniveau in der eigenen Erwartungsmatrix angesiedelt. Die so genannten „Billigflieger" haben ihre sonst branchenübliche Nutzenkonfiguration neu definiert und geben beispielsweise Speisen und Getränke nur gegen Aufpreis aus, d. h. der Kernnutzen „schneller persönlicher Lufttransport" ist im relativ niedrigen Kaufpreis enthalten. Die weiteren Nutzendimensionen sind entweder nur begrenzt oder gegen Aufpreis abrufbar. Diller/Haas/Ivens (2005) identifizieren unterschiedliche Möglichkeiten, die Wertschöpfung auszuweiten:

*Vertikales Upgrading:* Durch ein geschicktes Preismanagement können noch nicht gehobene Ertragspotenziale gehoben und dadurch insgesamt ein Wertschöpfungswachstum erzeugt werden.

*Marktwachstum*: Durch Wachsen der Marktvolumina wird ein mengenmäßiges Wertschöpfungswachstum ausgelöst. Grundsätzlich können sämtliche Anbieter bei einem Marktwachstum profitieren, in der Regel partizipieren die Wettbewerbsunternehmen jedoch unterschiedlich stark von derartigen Entwicklungen.

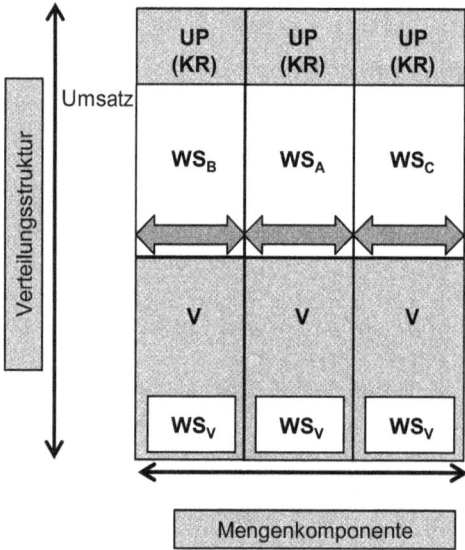

Abb. 2.5:    Wertschöpfung durch Mengenwachstum (aus Diller/Haas/Ivens, S. 36)

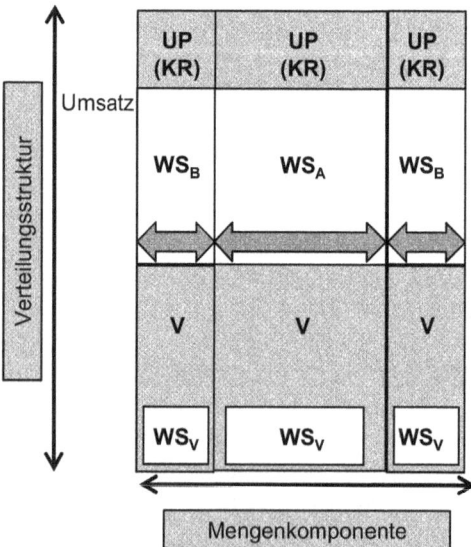

Abb. 2.6:    Wertschöpfungssteigerung zu Lasten der Wettbewerber (aus Diller/Haas/Ivens, S. 36)

Darüber hinaus können durch ein professionelles Beschaffungsmanagement weitere Wertschöpfungspotenziale gehoben werden. Dieses Konzept wurde einer breiten Öffentlichkeit erstmalig bekannt, als Volkswagen in den frühen 90er Jahren den Chef-Einkäufer von General Motors, Ignacio Lopez, als Konzernvorstand für Beschaffung abwarb. Sein Konzept, die Zulieferunternehmen preislich unter Zugzwang zu setzen bei gleichzeitiger „Hilfe", sämtliche Prozessabläufe betriebswirtschaftlich zu optimieren, führte zeitnah zu deutlichen Einsparungen auf der Beschaffungsseite und somit zu deutlichen Wertschöpfungssteigerungen für Volkswagen. Einsparpotenziale beim Einkauf (reduzierte Beschaffungsstückkosten) können generell durch Einkaufsmengen, d. h. durch skalenökonomische Effekte oder durch ein geschicktes Verhandlungsmanagement und durch eine Kombination beider Ansätze erschlossen werden. Diller/Haas/Ivens (2005) bezeichnen dies als „rücklastige Wertsteigerung". Analog zur Optimierung vorgelagerten Wertschöpfungsmanagements existiert auch ein Optimierungsansatz für nachgelagerte Aktivitäten, die „vorlastige Wertsteigerung". Diese Form der Wertsteigerung setzt bei einer preispolitischen Verbesserung an, beispielsweise durch Preisdifferenzierung.

Um die Nutzenpotenziale möglichst vollumfänglich zu erschließen, ist eine umfassende Kenntnis der Kaufprobleme des Kunden erforderlich. Zu dieser Thematik wurden unterschiedliche Konzepte mit unterschiedlichen Akzenten und unterschiedlichen Konkretisierungstiefen entwickelt. Das Modell von Diller/Haas/Ivens (2005) umfasst sechs Phasen (Abb. 2.7).

**Kaufanregung**
Die Anregung zum Kauf kann aus verschiedenen Situationen erwachsen. Häufig entstehen Bedarfsmomente aus offensichtlichen Kontexten wie einem leergegessenen und leergetrunkenen Kühlschrank nach einem schönen Abend mit Freunden. Ebenso häufig kommt es vor, dass man auch durch spontane Impulse, wie z. B. durch ein Gespräch mit einem Kollegen über günstige Urlaubsziele, Kaufanregungen erhält. In vielen Fällen sind dem potenziellen Käufer seine Bedürfnisse wenig oder kaum bewusst – für den Verkäufer eine große Chance, durch gezielte „Aufklärung" die Grundlage und den Umfang etwaiger Bedürfnisse zu erkennen und durch eigene und darauf zugeschnittene Leistungsangebote einen „Fuß in die Tür" zu bekommen. Unter Umständen können sich durch ausführliche Gespräche zwischen Verkäufer und potenziellem Kunden die ursprünglichen Motive oder Kaufauslöser verändern, weil beide durch das Sprechen und gezielte Nachfragen die Möglichkeit haben, aus einem eher unbedachten Bedürfnisimpuls eine ausgereifte Bedürfnisplattform herauszudestillieren. Je durchdachter und spezifischer eine Problemlösung für den Kunden, desto höher ist das Maß an Wertschöpfung für ihn, was seine Zahlungsbereitschaft grundsätzlich steigert. Bei gezielten Initiativen zur Sammlung kaufentscheidungsrelevanter Informationen greifen die suchenden Kunden häufig auf so genannte Meinungsmultiplikatoren zurück, das können beispielsweise beim Kaufwunsch eines PCs Fachzeitschriften sein, oder als IT-kompetent eingestufte Freunde und Bekannte. Zunehmend stärker werden Internetforen genutzt, um sich über bestimmte Produkte und die Erfahrung mit ihnen zu informieren, was vertriebsseitig nicht mehr zu vernachlässigen ist.

| Kunden-prozess | Kaufanregung | Alternativen-suche | Alternativen-auswahl | Bezug / Inbetrieb-nahme | Gebrauch | Verkauf / Erneuerung |
|---|---|---|---|---|---|---|
| Kunden-probleme | • Neue Bedarfslage erkennen<br>• Latente Bedürfnisse spezifizieren<br>• Bedürfnisprioritäten setzen | • Kenntnis der Produktsysteme<br>• Anbieter<br>• Produktvarianten<br>• Preise<br>• Konfiguration komplexer Produkte | • Präferenzbildung<br>• Optimierung | • Transport<br>• Installation<br>• Einübung | • Funktions-ausschöpfung<br>• Optimierung<br>• Pflege/Wartung<br>• Reparatur<br>• Verwaltung | • Terminierung<br>• Verkaufspreis<br>• Käufersuche<br>• Deinstallation<br>• Entsorgung |
| Lösung des Kunden-management | • Kunden-Aktivierung<br>• Kunden-Information | • Angebots-information<br>• Markttransparenz<br>• Checklisten<br>• Preisspiegel<br>• Konfiguration | • Beratung<br>• Konfigurationshilfen | • Zustellung<br>• Schulung<br>• Handwerker-Service | • Hotline<br>• Kundendienst<br>• Schulungen<br>• Koop. Aktionen | • Gebrauchtmarkt-Service<br>• Preispflege<br>• Entsorgungs-Service |

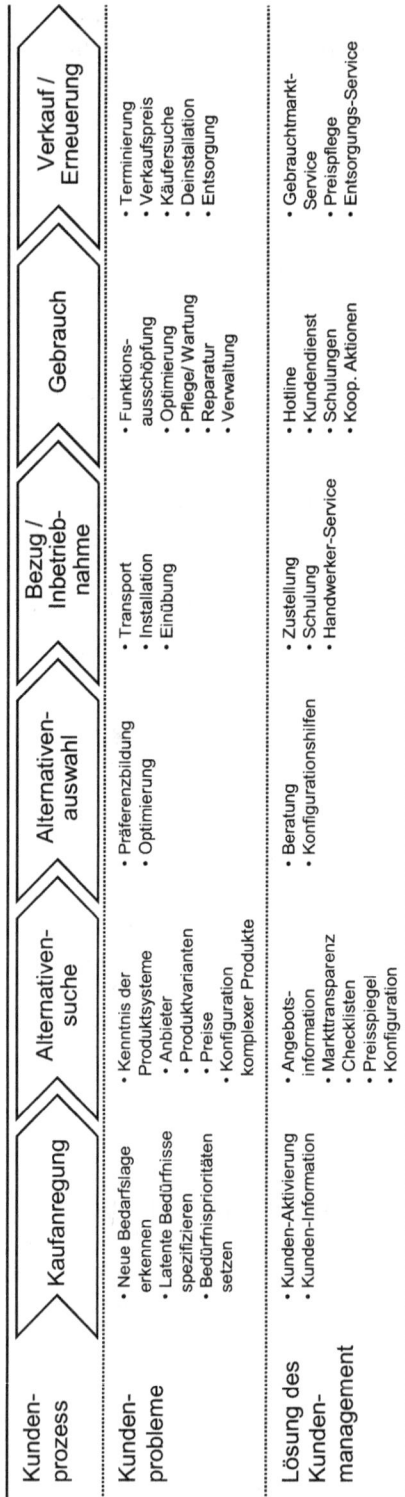

Abb. 2.7:   Kundenprobleme als Ansatzpunkte für das Kundenmanagement (aus Diller/Haas/Ivens, S. 39)

**Alternativensuche**

Je nach Wichtigkeit des Kauf- bzw. des Interessenobjekts beginnt für die Kunden eine Suche nach den unterschiedlichen Möglichkeiten und Optionen. Die meisten Menschen kennen es auch aus dem eigenen Erleben: Zunächst hat man eine vage Vorstellung von dem, was man benötigt. Dann informiert man sich bei Freunden und Bekannten, im Internet oder in Fachgeschäften. Im Verlauf dieses Prozesses gewinnt man auch ein größeres Maß an Klarheit über die eigenen Bedürfnisse und die entsprechenden Produktlösungen, und je größer die Informationsbasis ist, desto zielgenauer kann man bei der weiteren Informationsgewinnung vorgehen. Grundsätzlich gilt: Mit steigender Bedeutung des Kaufs für den Käufer steigt auch der Informations- und Suchbedarf. Die Bedeutung erwächst vor allem aus dem Risiko eines Fehlkaufs, d. h. nach dem Kauf festzustellen, dass man doch lieber ein anderes Produkt oder ein anderes Fabrikat gekauft hätte. Während dieses Risiko für Erwachsene beispielsweise bei Einwegfeuerzeugen oder einem Eis relativ gering ist, liegt dies beim Kauf eines Fahrzeugs oder einer Immobilie verständlicherweise deutlich höher, da das eingesetzte Kapital in der Regel eine Höhe erreicht, bei der man man eine derartige Transaktion nicht in unbegrenzter Häufigkeit tätigen kann. Dieses Wissen führt zu einer höheren Suchintensität. In der Betriebswirtschaftslehre spricht man im Rahmen dieses Entscheidungsproblems auch von „kognitiven Dissonanzen", was nichts anderes bedeutet, als dass sich nach einer Festlegung Zweifel an der Richtigkeit der getroffenen Entscheidung einstellen können. Die Hersteller versuchen teilweise, diese emotionalen Momente aufzufangen und setzen einen Teil ihres Kommunikationsaufwandes gezielt dafür ein, diesen Kunden eine positive Bestätigung für Ihre Entscheidung zu liefern.

**Auswahlentscheidung**

In dieser Phase geht es um die Festlegung der Auswahl, welches Kaufobjekt favorisiert wird. Je komplexer das Kaufobjekt, beispielsweise ein Walzwerk des Düsseldorfer Unternehmens SMS Siemag AG für ein chinesisches Stahlunternehmen, desto aufwändiger werden die notwenigen Zusatzkonfigurationen, auch wenn sich der chinesische Kunde bereits entschieden hat. In dieser Phase gilt es, sämtliche Ansprüche auch vertraglich ausreichend zu definieren, damit es später nicht zu „bösen Überraschungen" kommt.

**Warenbezug und Inbetriebnahme**

Wenn die Kaufmodalitäten gemeinsam definiert und vertraglich geregelt sind, kann die Ware geliefert und ggf. installiert werden. Bei einfachen Kaufsachverhalten wie einem Buchkauf über Amazon wird dieses Produkt einige Tage später per Post zugestellt; eine Inbetriebnahme wäre das Lesen desselben. Bei anspruchsvollen Produkten im Industriegüterbereich folgt dem Kauf die Versendung bzw. die Inbetriebnahme: Um beim Beispiel von SMS Siemag zu bleiben, müssten dann sämtliche Teile, die nicht vor Ort hergestellt oder bezogen werden könnten, aus Deutschland nach China transportiert werden, je nach Transportkosten und Terminierung per Schiff, Bahn oder Flugzeug. Wenn die Einzelkomponenten vor Ort sind, müssen diese aufgebaut und in Betrieb genommen werden, oftmals ein Teil der zu erbringenden Leistung des Verkäufers. In der Regel werden bei diesen Geschäften noch umfangreiche Schulungsleistungen für die Bedienermannschaft in China erbracht werden müssen, um diese zu befähigen, die möglichst störungsfreie Aufrechterhaltung des Betriebs zu gewährleisten.

**Betrieb und Gebrauch**

In dieser Phase können die Verkäufer ihre Kunden mit Aktualisierungen und Wartungsleistungen unterstützen. Bei manchen Handyherstellern werden kostenlose Softwareupdates eingespielt oder bei Bedarf Serviceleistungen erbracht. Im Industriegüterbereich werden technische Neuerungen, je nach ökonomischer Situation, durchgeführt und somit die Wertschöpfung auch nach dem Kauf möglichst hochgehalten. Die Betriebsphase ist eine sehr gute Gelegenheit, in der Regel ohne Wettbewerb, die eigene Leistung im Alltag jenseits von Hochglanzbroschüren zu dokumentieren und den Kunden jeden Tag aufs Neue zu überzeugen. Im Gegensatz zu manchen Vertriebsansätzen sollte dieser Phase aus der Verkäuferperspektive eine große Bedeutung beigemessen werden.

**Wiederverkauf und Erneuerung**

Am Ende der technischen oder wirtschaftlichen Nutzungsdauer steht die Überlegung an, auf welche Art und Weise das Produkt ersetzt werden soll. Bei Privatnutzern wird, je nach Kenntnisstand, die Phase der Kaufanregung etc. einsetzen; bei Betrieben ergibt sich häufig die Frage, wie mit dem auszurangierenden Produkt umgegangen werden soll, welcher Restwert sich zum Stichtag ergibt und welche Vermarktungsmöglichkeiten grundsätzlich bestehen.

Die sechs skizzierten Phasen haben eher einen grundsätzlichen Bezug; im Einzelfall kann die Bedeutung der unterschiedlichen Kaufprozesse je nach Kunde deutlich variieren. Was klar zu erkennen ist: Jede dieser unterschiedlichen Situationen bietet Ansatzpunkte für Anbieter, einen Kundennutzen zu generieren, auch in der Vorkaufphase. Erfolgreiches Kundennutzenmanagement setzt demnach voraus, sich dezidiert mit den relevanten Teilsituationen im erweiterten Verkaufsumfeld auseinanderzusetzen, um über diese doppelte Betrachtungsperspektive auch die mögliche Nutzenbasis sowie die potenzielle Wertschöpfungsbasis zu erweitern.

## 2.4     Vertriebsorganisation

### 2.4.1     Allgemeines

Die Organisation des Vertriebs umfasst multiple Bereiche, die von Diller/Haas/Ivens (2005) als „Gestaltungsdimensionen der Verkaufsorganisation" bezeichnet werden. Im Grundsatz geht es um die organisatorische Regelung der notwendigen Aspekte, um die Voraussetzung für eine dauerhaft funktionierende Verkaufsorganisation zu schaffen.

Zunächst wird hier ein Überblick gegeben (Abb.2.8), im Abschnitt 2.4.2 wird detaillierter auf diese Thematik eingegangen.

| Gestaltungsdimensionen der Verkaufsorganisation | | | | | |
|---|---|---|---|---|---|
| Aufgaben-analyse und –synthese (Stellen-bildung) | Strukturie-rung und Dimensio-nierung | Konfiguration (hierarchi-sche Gliederung) | Formalisie-rung von Prozessen | Standardisie-rung von Prozessen | Schnitt-stellen-management |

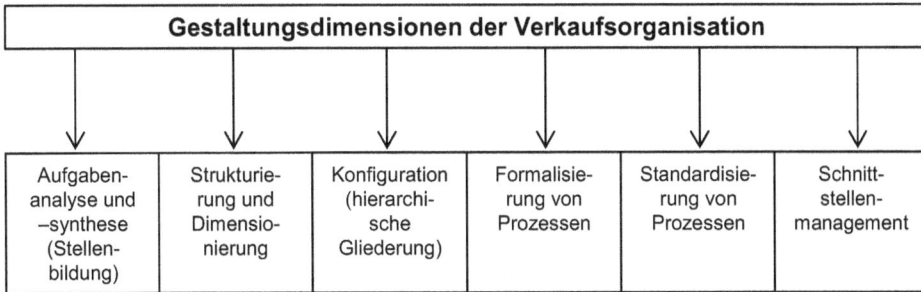

Abb. 2.8:   Gestaltungsdimensionen der Verkaufsorganisation (aus Diller/Haas/Iven, S. 302)

**Aufgabendefinition und -analyse**

Zunächst ist es wichtig, die relevanten Aufgabenbereiche, die in engem Zusammenhang mit dem Kundennutzenmanagement stehen, zu definieren bzw. abzustecken. Dabei bewegt sich die Unternehmung zwischen zwei Polen: Einerseits entstehen durch die Bündelung unterschiedlicher Aufgaben so genannte „Spezialisierungsvorteile", wie beispielsweise durch die Zusammenfassung der Auftragsbearbeitung in einer Abteilung. Andererseits müssen diese Zusammenfassungen auch betriebswirtschaftlich darstellbar sein, was bedeutet, dass die Auslastung der entsprechend bereitgestellten Kapazitäten zumindest nach wirtschaftlichen Maßstäben ausreichend sein muss. Da die Wirtschaft in zunehmendem Maß dynamisiert, müssen diese Faktoren ständig im Hinblick auf Effektivität und Effizienz überprüft werden.

**Strukturierung**

Nach der Aufgabendefinition und Analyse stellt sich die Frage nach der möglichen Strukturierung. Das zielt sowohl auf die Abwägung zwischen unterschiedlichen Organisationsformen als auch auf die Ressourcenausgestaltung ab, d. h. in welcher Organisationsform sollen welche personellen (z. B. Anzahl der Verkäufer, oder Sachressourcen, Anzahl an Räumen und Fahrzeugen für den Vertrieb) und Sachressourcen zur Verfügung gestellt werden.

**Hierarchiegestaltung**

Die Frage der Hierarchiegestaltung umfasst die hierarchische Einbindung der Verkaufsorganisation innerhalb der Gesamtorganisation, vor allem auch die Anzahl der Leitungsebenen, die daraus resultierende Leitungsspanne sowie die entsprechenden Entscheidungskompetenzen.

**Formalisierung und Standardisierung von Prozessen**

Um eine einheitliche inhaltliche und qualitative Ausführung der Aufgaben zu gewährleisten, ist es erforderlich, diesbezügliche organisatorische Regelungen sowie Qualitätsstandards zu definieren.

**Schnittstellenmanagement**

Je komplexer die Aufgaben und die Vertriebsorganisation, desto mehr Schnittstellen entstehen grundsätzlich. Schnittstellen sind die „Brücken" oder „Übergänge" zwischen zwei Organisationseinheiten oder Aufgabenbereichen, an deren Grenzen die jeweilige Verantwortung der Bereiche endet. Schnittstellenmanagement ist sehr wichtig, da hier häufig eine Quelle für Fehler liegt. Das Risiko, dass beispielsweise Informationen nicht rechtzeitig oder unvollständig weitergegeben werden, wird insbesondere durch Schnittstellen erhöht. Beispielsweise kann ein Außendienstmitarbeiter bei der Auftragseingabe die Zahlungsmodalitäten einen Fehler einbauen, was definitiv zu Irritationen auf der Kundenseite führen wird und ggf. auftragsgefährdend wirken kann.

Die angesprochenen unterschiedlichen Bereiche und Aspekte, die für den Erfolg der Vertriebsorganisation entscheidend sind, werden üblicherweise in der Unternehmenspraxis nicht in der hier beschriebenen Trennung gemanagt, vielmehr gehen sie ineinander über und bedingen sich gegenseitig. Hinzu kommt, dass einige der Aspekte wie „Hierarchiegestaltung" und „Strukturierung" bzw. Ressourcenausstattung nicht nur objektiv und unpersönlich diskutiert werden, sondern in vielen Fällen von sozialen und psychologischen Faktoren beeinflusst werden. Ein Beispiel: Die Entscheidungskompetenzen, die ein Außendienstmitarbeiter im Hinblick auf Preisnachlässe beim Kunden hat, sind häufig Teil einer internen Diskussion, genauso wie die „Dienstwagenregelung"; vielfach leiten Mitarbeiter ihren Wert für das Unternehmen und auch den innerhalb des Gefüges der Vertriebsmannschaft von der auch äußerlich erkennbaren Ausgestaltung dieser Dimensionen ab.

## 2.4.2    Grundzüge der Vertriebsorganisation

Bevor die unterschiedlichen Gestaltungsformen der Organisation aufgezeigt werden, sind zunächst die Ziele, die die Grundlage für die Ausgestaltung bilden, festzulegen. Diese sind stets aus der Organisationsperspektive zu definieren, grundsätzlich bilden Effektivität und Effizienz den Rahmen. Effektivität im Vertrieb bedeutet, dass die Zielerreichung störungsfrei gewährleistet werden kann. Zielsetzung kann dabei die Stabilisierung oder die Steigerung der Kundenzufriedenheit sein, das Erreichen sämtlicher definierter Kundengruppen oder beispielsweise Bedienung neuer Segmente.

Die *Effektivitätsanforderungen* bzw. die Zielsetzungen sind demnach das Zusammenwirken der einzelnen Organisationselemente in der Form zu steuern, dass die notwendigen Informationen und Prozesse ohne größere Reibungsverluste auf dem definierten Qualitätsniveau einen positiven Wertbeitrag leisten und die Absatzziele des Unternehmens erreicht werden können.

Die *Effizienz* bezieht sich auf das Verhältnis zwischen In- und Output und drückt sich in der Wirtschaftlichkeit der Operationen aus. Die Wirtschaftlichkeit von Vertriebsprozessen kann von der Ausgestaltung des Vertriebskanals abhängen: Beispielsweise operieren zahlreiche Unternehmen heutzutage über mehrere Absatzkanäle, was in der Marketingwissenschaft auch als „Multi-Channel-Marketing" bezeichnet wird. Unterschiedliche Absatzkanäle verursachen üblicherweise auch unterschiedliche Kosten, d. h. dass eine Unternehmung stets auch überdenken muss, über welchen Kanal sie die Kunden versorgt. Ein Bauzulieferer, der erklärungsbedürftige Güter wie spezielle Dämmstoffe für Sonderanwendungen vertreibt, muss bei einem Erstkauf eines Kunden den Außendienst einsetzen, um die Vorteile der Materialien überzeugend darstellen zu können. In vielen Fällen wird der Außendienst in diesen Situationen von Anwendungstechnikern begleitet, die die Verarbeitbarkeit und den Nutzen direkt in der Anwendung beim Kunden demonstrieren. Hat der Kunde den Nutzen und die technische Verarbeitbarkeit verstanden, ist der relativ kostenintensive Außendienst zumindest für die Nachbestellung der Materialien nicht weiter erforderlich, diese kann für den Dämmstoffzulieferer kostengünstiger über eine Telefonhotline oder über das Internet abgewickelt werden. Dieses Beispiel verdeutlicht, dass die Unternehmen im Spannungsfeld zwischen der Erforderlichkeit (Effektivität) für die Kunden, in diesem Fall der Erklärungsbedürftigkeit und den Wirtschaftlichkeitsaspekten (vertretbarer Aufwand) agieren. Hinzu kommt, dass die Kunden in der Regel auch die Möglichkeiten des Vertriebs durch die Wettbewerber kennen, was ebenso zu berücksichtigen ist.

**Funktionale Organisation**

Die funktionale Organisation zeichnet sich durch die Ausrichtung nach funktionsbezogenen Gesichtspunkten aus, d. h. dass die Mitarbeiter nach bestimmten Funktionen (z. B. Vertriebs-innendienst, Vertriebsaußendienst, Auftragsbearbeitung, Bonitätsprüfung etc.) in einem Organisationsgefüge agieren. Mit dieser Organisationsform geht ein relativ hoher Spezialisierungsgrad einher, der sich erst ab einem Mindestauslastungsvolumen legitimiert.

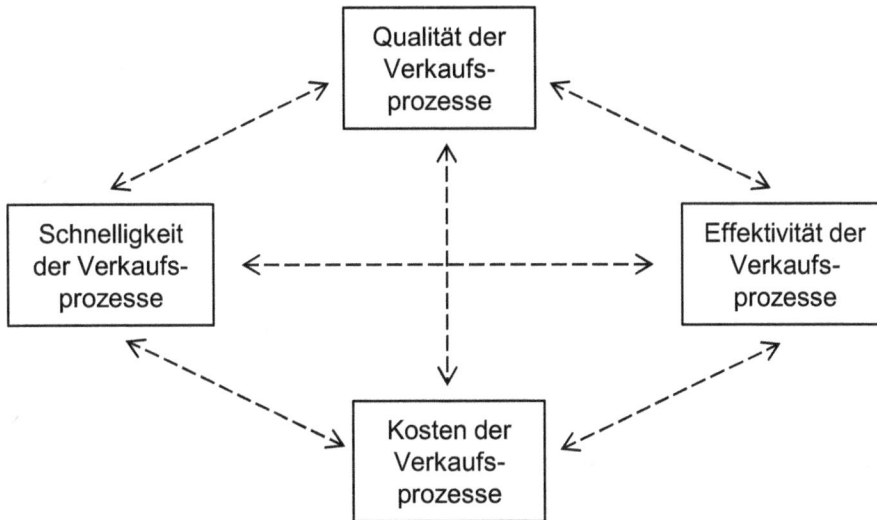

Abb. 2.9:     Magisches Zielviereck der Verkaufsorganisation (aus Diller/Haas/Iven, S. 307)

Aus der Unternehmensperspektive wird häufig in unternehmenseigene (herstellereigene) und unternehmensfremde (herstellerfremde) Verkaufsorgane unterschieden.

Herstellereigene Verkaufsorganisationen sind Teil des Unternehmens und unterliegen in der Regel der Weisungsbindung durch die eigenen Hierarchieebenen. Herstellerfremde Organisationsformen stehen zwar in vertraglichem Verhältnis zu dem Hersteller, unterliegen jedoch nicht direkt dieser Einbindung.

Die herstellereigenen Elemente werden häufig in Innendienst und Außendienst unterteilt, wobei dies lediglich eine recht oberflächliche Differenzierung darstellt. Besonders der Verkaufsinnendienst erfuhr in den letzten Jahren tendenziell einen Bedeutungszuwachs für die unternehmenseigenen Vertriebsaktivitäten. Dies ist auf unterschiedliche Faktoren zurückzuführen; einerseits begünstigen die neu geschaffenen Möglichkeiten, die sich durch die enorme Entwicklung im Bereich der Informations- und Kommunikationstechnologie ergeben, diese Akzentuierung. Andererseits spielt die ebenfalls gewachsene Kostensensibilität, die sich auch auf den Vertriebsaußendienst erstreckt, eine tragende Rolle in dieser Entwicklung. Unternehmen müssen ihre Vertriebsprozesse kontinuierlich an aktuelle Entwicklungen anpassen, was auch kostengünstigere Organisationsvarianten zur Erstellung der vertrieblichen Aufgaben mit einschließt. Der Verkaufsinnendienst im Investitionsgüterbereich wickelt im Wesentlichen die folgenden Aufgaben ab:

- Aufnahme und Beantwortung von Kundenanfragen allgemeiner Art
- Beratung bei spezifischen Fragestellungen
- Annahme von Auftragsbestellungen
- Annahme, Weiterleitung oder ggf. Bearbeitung von Beschwerden
- Unterstützung bei Vertriebskommunikationsaufgaben
- Unterstützung bei Kundenzufriedenheitsbefragungen
- Aktive Verkaufsunterstützung
- Untersuchung und Bewertung der Kundenbonität
- Administrative Steuerung/Unterstützung der Pflege der elektronischen Kundendatenbasis

Das oben genannte Aufgabenspektrum des Verkaufsinnendienstes zeigt auf, wie eng die Verzahnung zwischen Außen- und Innendienst bisweilen gestaltet werden kann und auch, dass sich diese Grenzen beider Bereiche in vielen Fällen verwischen. Ebenfalls werden die Charakteristika einer funktionalen Organisation deutlich sichtbar; jede der aufgezeigten Aufgaben entspricht einer speziell zuzuordnenden Funktion. Eine wichtige Tragsäule des Verkaufsinnendienstes sind dabei die Call Center, die sich in den vergangenen Jahren einer steigenden Verbreitung erfreuen, unabhängig ob es sich um klassische Konsum- oder Investitionsgüterhersteller handelt, die diese einrichten bzw. betreiben. Je nach Ausstattung der IT-Infrastruktur können die Mitarbeiter und Mitarbeiterinnen Anrufe oder E-Mails bzw. Faxe entgegennehmen oder direkt das Vertriebsgeschäft durch aktive Kundenansprache mit Verkaufsintention unterstützen.

Der Außendienst arbeitet anders als der Verkaufsinnendienst nicht ortsgebunden, seine Aufgabe ist im Schwerpunkt die Kunden vor Ort aufzusuchen und die Verkaufsgespräche zu führen. Im Investitionsgüterbereich bedeutet das, die Kunden am Ort ihrer Arbeitsverrichtung aufzusuchen, sei es im Büro oder auf Projekten. Innerhalb der Bauwirtschaft finden häufige „Vertreterbesuche" direkt beim Kunden auf der Baustelle statt, was Vor- und Nachteile in sich birgt. Auch vorher fest vereinbarte Gesprächstermine können durch eine nicht vorhersehbare Dynamik, beispielsweise eine massive Beschwerde des Bauherrn am Tag des Termins dazu führen, dass die Gespräche nicht in dem erwarteten Kontext stattfinden. Das Nachsehen hat in derartigen Situationen der Verkäufer, der diese Situation nicht kontrollieren und lediglich einen neuen Besuchstermin vereinbaren kann. Andererseits hat der Kunde einen relativ geringen An- und Abreiseaufwand, was seine Bereitschaft zu einem Verkaufsgespräch grundsätzlich erhöht. Darüber hinaus kann der Verkäufer die jeweilige Situation des Kunden vor Ort „authentisch" erleben, was ihm zahlreiche wichtige Informationen liefern kann. Beispielsweise erfährt der Verkäufer, wie der Kunde organisiert ist, wie die Stimmung in der Unternehmung ist, wie möglicherweise das Verhältnis zwischen Auftraggeber (oder Kunde) ist und wo Problemfelder liegen können, die dem Kunden selbst nicht vollumfänglich bewusst sind. Der wichtigste Grund für den Einsatz des Verkaufsaußendienstes ist, dass über diese persönliche Vorgehensweise eine Vertrauensbasis geschaffen werden soll, die in vielen Fällen verkaufsentscheidend sein kann. „Wenn man sich mal in die Augen geschaut hat, weiß man, wer der andere ist und wie er tickt", ist ein von Außendienstlern häufig zu geäußertes Argument.

Zu den herstellerfremden Verkaufsorganen zählen klassisch die Absatzmittler und die Absatzhelfer. *Absatzhelfer* sind in der Regel selbstständige Institutionen und treten wie Makler auf, die Angebot und Nachfrage gegen eine Provision zusammenzubringen versuchen. Dabei geht der Absatzhelfer nicht selber ins Obligo, d. h. er übernimmt grundsätzlich keinerlei mit dem originären Geschäft in Verbindung stehende Risiken. Beispielsweise ist die Frage, ob die angebotenen Dienstleistungen oder Waren den zugesicherten und kommunizierten Eigenschaften entsprechen, für ihn nach Vertragsabschluss nicht primär relevant; das Gleiche gilt für Transport oder Finanzierungsrisiken. Zu den Absatzhelfern zählen unter anderem Handelsvertreter, Agenten, Kommissionäre, Intermediäre und externe Call Center oder externe Verkaufsberater. Vielfach vertreiben Handelsvertreter im Auftrag des Herstellers die Waren, und erhalten dafür eine Provision. Der Vorteil für die Unternehmen, sich eines Absatzhelfers zu bedienen, liegt darin begründet, dass er dadurch für seine Vertriebsaktivitäten keine Fixkostenblöcke aufbauen benötigt. Die Vertriebskompetenz ist beim Absatzhelfer verortet, was ggf. für die Hersteller problematisch sein kann. Wenn der Absatzhelfer verschiedene Produktlinien unterschiedlicher Herstellerunternehmen vertreibt, wird er sich mit hoher Wahrscheinlichkeit besonders den Produktlinien zuwenden, die ihm den größten Vorteil versprechen. Dies kann sich auf die Provisionshöhe, die zu verkaufende Menge oder auf andere Aspekte beziehen.

*Absatzmittler* zählen zwar ebenso zu den herstellerfremden Verkaufsorganen, sie sind jedoch enger mit den Herstellern verflochten und fügen sich vielfach in die gesamte Herstellerwertschöpfungskette ein. In vielen Bereichen, beispielsweise beim gemeinsamen Marktauftritt, arbeiten Hersteller und Händler eng zusammen.

**Matrixorganisation**

Die starke inhaltliche Ausrichtung der funktionalen Organisation bewirkt, dass sich die Mitarbeiter im Rahmen ihrer Kompetenzen stark auf einen Themenkomplex, wie z. B. Auftragsfinanzierung, spezialisieren. Dies hat den Vorteil eines jeden Spezialistentums in sich, bewirkt allerdings auch häufig, dass die Mitarbeiter die Welt aus ihrem Blickwinkel betrachten und sich eine gewisse Überbewertung des eigenen Metiers einstellen kann. Hinzu kommt, dass die funktionale Verkaufsorganisation durch die Funktionsabgrenzung zu der beschriebenen Schnittstellenproblematik beitragen kann. Diller, Haas, Ivens (2005) sprechen in diesem Zusammenhang von der Gefahr, dass sich diese Einheiten zu „Funktionssilos" entwickeln können.

Die Problematik, die sich aus den Schnittstellen ergibt, kann durch eine als Korrektiv wirkende Dimension der funktionalen Organisation hinzugefügt werden. Das bedeutet, dass Arbeitsteams gebildet werden, deren Funktionsbereiche sich überlagern können, um so eine breitere Basis für eine themen- bzw. funktionsübergreifende Organisation zu ermöglichen. Ein Beispiel: Ein potenzieller Kunde, aktuell noch ein Interessent aus dem Bereich des Spezialmaschinenbaus benötigt eine spezifische Getränkeabfüllmaschine. Für dieses anspruchsvolle Projekt benötigt der Interessent zeitgleich die zusammengefasste Kompetenz mehrerer Funktionsbereiche des Getränkemaschinen-Herstellers. Im vorliegenden Fall sind dies vornehmlich Forschung und Entwicklung, Produktion, Logistik, Verkauf und Finanzierung. Durch die Bündelung der unterschiedlichen Expertisen in einem Team wird versucht, die komplexen und verschiedenen Bereiche betreffende Funktionskompetenzen zu bündeln, um im direkten Austausch und durch die diversen Rückkopplungsprozesse zeitnah ein insgesamt abgestimmtes Leistungsbündel zu erstellen.

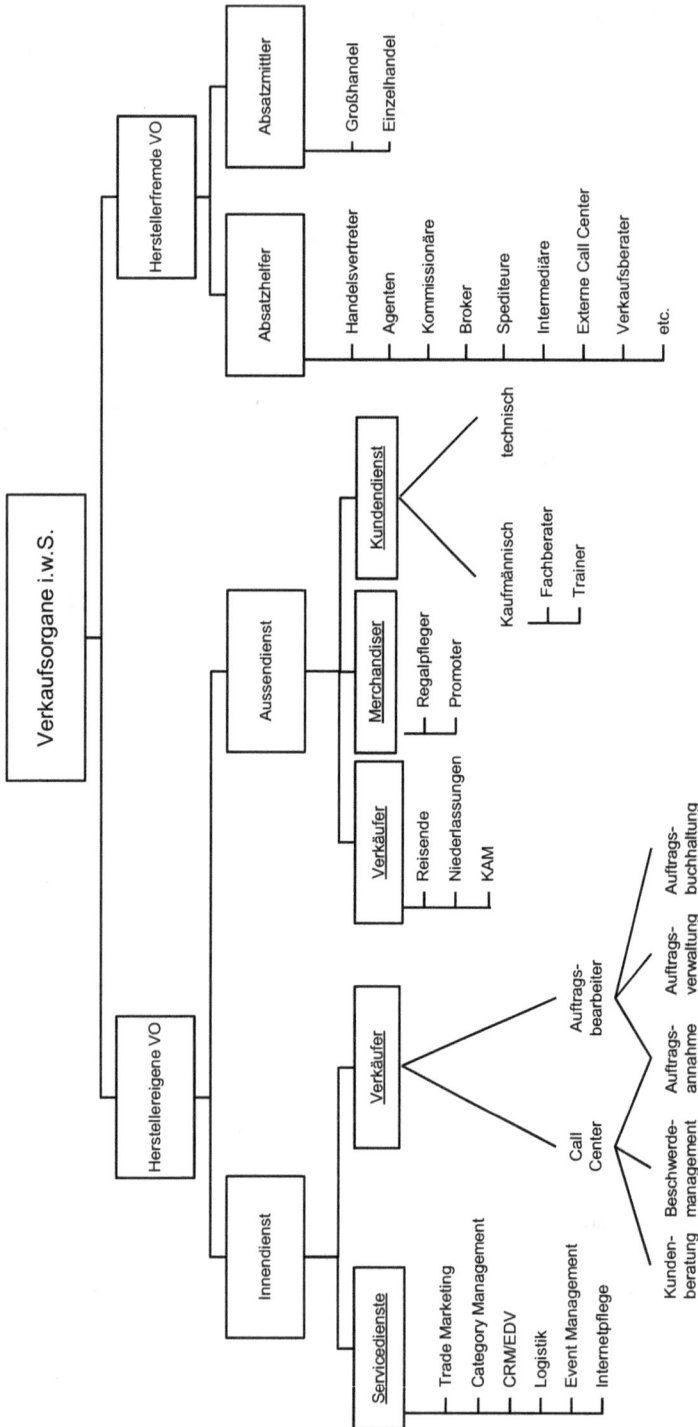

Abb. 2.10:   Verkaufsorgane im industriellen Kundenmanagement (aus Diller/Haas/Iven, S. 309)

Die betriebswirtschaftliche Erfahrung zeigt vielfach, dass sich deutlich verbesserte Ergebnisse einstellen, wenn man Teams interdisziplinär zusammensetzt und gemeinsam an komplexen Aufgaben arbeiten lässt. Diese oftmals auch als cross-funktionale Teams bezeichnete
Organisationsform kann entweder auf einer permanenten oder auf der Grundlage eines temporären Engagements basieren. Grundsätzlich zeigt die Erfahrung, dass bei stark standardi-
sierten Leistungen der rein funktional ausgerichteten Organisationsform der Vorzug gegeben
wird, da die internen Abstimmungsprozesse zur Freisetzung des kreativen Potenzials als
nicht ausreichend notwendig erachtet werden. Die entstehenden Zielkonflikte bei einer Matrixorganisation können für die Mitarbeiter eine besondere Herausforderung bedeuten, auch
weil die hierarchische Unterstellung, beheimatete Fachabteilung (Funktionsabteilung) sowie
Organisations- oder Projektleitung im Hinblick auf Loyalitätskonflikte ein Risikopotenzial
birgt.

**Prozessorganisation**
Eine weitere Variante der organisationalen Gestaltung neben Funktional- und Matrixorganisation ist die Prozessorganisation. Bei dieser Form werden organisatorische Einheiten für
jeweils abgegrenzte Teilprozesse innerhalb eines Gesamtprozesses gebildet. Diller/Haas/
Ivens 2005 fassen die Charakteristika der Prozessorganisation wie folgt zusammen:

- Eine Prozess- statt einer Funktionsgliederung der Verkaufsaktivitäten
- Die Ausrichtung der einzelnen Prozessschritte entlang der Wertschöpfungskette aus
  Kundennutzenperspektive
- Präzise In- und Output Definition
- Die Prozesse werden zur besseren Verankerung von einem „Prozesseigner" verant-
  wortet, der sowohl Input als auch Output auf der Basis von Budget- und Ergebnisver-
  antwortung steuert
- Die Prozesse werden durch eine entsprechende prozessorientierte IT-Infrastruktur
  unterstützt

(In Anlehnung an Diller/Haas/Ive (2005))

Die Prozessorganisation kann demnach als Weiterentwicklung der funktionalen bzw. der
Matrixorganisation angesehen werden. Die Art und Weise, wie die Funktionen ihren Niederschlag in der prozessorientierten Organisation finden kann, ist in Abb. 2.11 festgehalten:

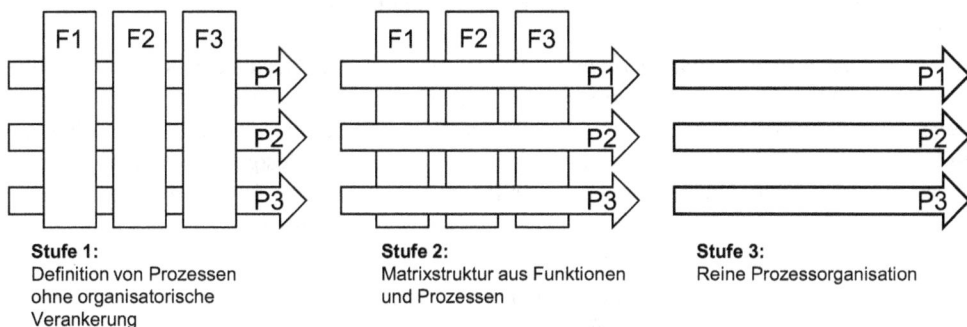

**Stufe 1:**
Definition von Prozessen
ohne organisatorische
Verankerung

**Stufe 2:**
Matrixstruktur aus Funktionen
und Prozessen

**Stufe 3:**
Reine Prozessorganisation

Abb. 2.11:   Entwicklungsstufen der Prozessorganisation (aus Diller/Haas/Iven, S. 314)

Die primäre Ausrichtung an Prozessen und Teilprozessen leistet einen wesentlichen Beitrag: Die Schnittstellenthematik effektiver zu managen. Die Beiträge der unterschiedlichen Unternehmensfunktionen fließen, je nach Prozessdefinition als Input ein, dass über die prozessuale Transformation bzw. Leistungserstellung das Output generieren soll. Je nach Kundensegment können die Prozesse unterschiedlich definiert werden und teilweise können diese Prozessschritte auch zwischen unterschiedlichen Kunden stark variieren. Beispielsweise wird der Verkaufsprozess eines Immobilienentwicklers für einen seiner Großkunden anders ausgestaltet sein als der für die zahlreichen Kleinkunden.

Zusammenfassend kann man konstatieren: Der dominierende Vorteil dieser Organisationsform ist das weitaus verbesserte Management diverser Schnittstellen, wobei diese nicht ausschließlich durch organisationsspezifische Maßnahmen bewältigt werden können. Die Orientierung anhand einzelner Prozessschritte führt überdies zu einer höheren Transparenz, was eine effektivere und effizientere Ressourcenzuordnung ermöglicht.

### 2.4.3    Außendienst

Der Organisation des Außendienstes fällt im Rahmen des Kundennutzenmanagements eine zentrale Rolle zu. Je nach Branche und Unternehmen kann die Bedeutung des Außendienstes als Organisationsform unterschiedlich ausfallen; bei erklärungsbedürftigen Gütern liegt die Wertigkeit im Allgemeinen sicherlich höher als bei klassischen Low-Involvement Produkten wie z. B. bei Einwegfeuerzeugen, falls diese Branchen überhaupt über einen solchen verfügen.

In Anlehnung an Diller/Haas/Ivens (2005) bieten sich drei grundsätzliche Gestaltungsbereiche des Außendienstes an: Die Außendienstdimensionierung, die Außendienststruktur und der Außendiensteinsatz.

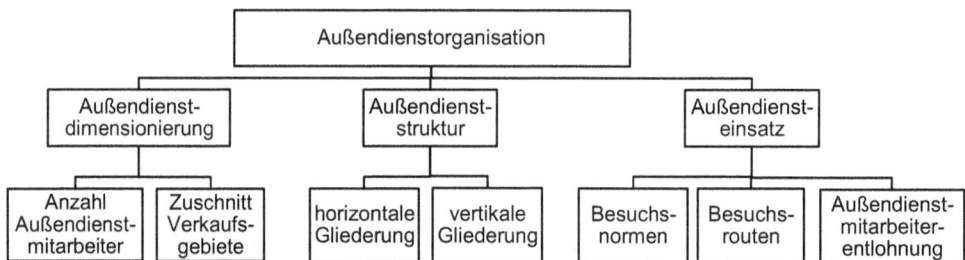

Abb. 2.12:    Aktionsparameter der Außendienstorganisation (aus Diller/Haas/Iven, S. 320)

Die *Dimensionierung des Außendienstes* bezieht sich auf die Anzahl der Außendienstmitarbeiter (ADM) sowie auf die regionale Absteckung des Verkaufsgebietes. Beide Aspekte stehen in engem Sinnzusammenhang zueinander. Die Anzahl der ADM steht in Abhängigkeit zu den Erfordernissen, die letztendlich vom Unternehmen festgelegt werden. Darüber hinaus spielen externe Faktoren wie die Kundenerwartungen sowie das Agieren des Wettbewerbs ebenfalls eine Rolle bei der unternehmerischen Entscheidung, wie viele ADM man benötigt.

Unternehmen, die bereits über einen Außendienst verfügen und die vor der Wahl stehen, neue ADM einzustellen, prüfen häufig im Vorfeld, ob die existierende Mannschaft mögliche Zusatzaufgaben nicht auch ohne Personalaufstockungsmaßnahmen bewerkstelligen kann.

Erst wenn klar ist, dass weitere Aufgaben nur durch die Einstellung eines neuen Mitarbeiters abgedeckt werden können, werden potenzieller Aufwand und Ertrag eines oder mehrerer neuer ADM gegeneinander abgewogen. Der zu bewertende Aufwand setzt sich beispielsweise aus dem Gehalt, Zusatzzahlungen, Lohnnebenkosten, Schulungs- und Einarbeitungskosten, Ausstattungskosten für Kfz, PC, Notebook, etc. zusammen. Der zu erwartende Ertrag wird aus den Umsätzen bzw. den Wertbeiträgen, die dieser zusätzliche ADM erwirtschaftet, gebildet. Hinzu kommt, dass sich die Kosten tendenziell zeitnah, die Erträge jedoch zeitlich eher gestreckt einstellen. Diese „Zwischenfinanzierung" geht ebenfalls zu Lasten des einstellenden Unternehmens.

Die Entscheidung zur Grenzziehung und Zuweisung des Verkaufsgebiets erfolgt überwiegend nach dem Prinzip, sämtliche Verkaufsgebiete vergleichbar zu gestalten. Diese Vergleichbarkeit bezieht sich im Wesentlichen auf die räumliche Ausdehnung sowie auf das Kunden- und Umsatzpotenzial. Die meisten Unternehmen streben an, Verkaufsgebiete auch miteinander im Hinblick auf Kundendurchdringung und auf getätigte Umsätze wettbewerblich zu behandeln, um die Dynamik bzw. um die „Schlagzahl" der ADM zu erhöhen. Die Akzeptanz der Mitarbeiter für diese Vorgehensweise ist jedoch nur gegeben, wenn die strukturelle Vergleichbarkeit tatsächlich existiert. Ein Beispiel: Ein ADM, dessen Verkaufsgebiet in einer strukturschwachen ländlichen Gegend liegt, wo wenig Kunden angesiedelt sind und die Erreichbarkeit sehr zeitaufwändig ist, kann sich kaum mit einem ADM vergleichen, der sich in einer westdeutschen Großstadt wie Düsseldorf mit vielen Kunden und relativ kurzen Wegen bewegt. Da die ADM stark erfolgsabhängig vergütet werden, hat der „benachteiligte ADM" geringere Chancen, sein Einkommen deutlich zu verbessern und eine möglichst hohe Bonuszahlung zu erreichen. Dieser ADM wird ständig mit den Gebietsstrukturdefiziten argumentieren, wenn seine Leistungen bewertet werden. Für das innere Gefüge einer Vertriebsmannschaft ist es von größter Bedeutung, dass die Mitarbeiter sich ausreichend gerecht behandelt fühlen, da ansonsten die Leistungsanreize von den ADM nicht ausreichend akzeptiert werden.

Innerhalb der *Außendienststruktur* wird festgelegt, nach welchen Kriterien sich dieser ADM thematisch organisieren bzw. aufstellen sollte. Die häufig gewählten Kriterien sind Produkt- und Marktorientierung sowie Kundentypologien. Zur Veranschaulichung: Versicherungsunternehmen gliedern ihren Außendienst häufig nach Kundentypologien, d. h. Privat- oder Geschäftskunden, oder Gewerbe- und Industriekunden. Diese Aufteilung bewirkt, dass eine Spezialisierung auf diese Klienten und Gruppen und deren Bedürfnisse stattfinden kann. Bei komplexen Produktlinien kommen häufig produktorientierte Gliederungen zur Anwendung, bei einem Automobilunternehmen wären das z. B. Nutzfahrzeuge, SUVs, Cabrios etc. In der Bau- und Immobilienbranche wird häufig nach Nutzertypen bzw. Kundentypologie differenziert, z. B. Gewerbe- oder Wohnimmobilien. In vielen Fällen wird die Außendienststruktur regional ausgerichtet, d. h. nach Marktgegebenheiten. Die Gebietsorientierung beim Außendienst ist stark verbreitet, da sie sich auch auf anderen Ebenen finden lässt und somit eine „historische" Verankerung hat. Beispielsweise bietet die politische Strukturierung in den drei Ebenen Kommunen, Bundesländer und den Bund einen guten Orientierungsrahmen. Häufig orientieren sich die Unternehmen auch an den Branchengepflogenheiten.

Sämtliche Strukturierungsansätze tragen Vor- und Nachteile in sich, die sich jedoch je nach Unternehmen und Branche unterschiedlich stark auswirken können. Im Folgenden werden sowohl Vor- als auch Nachteile kurz skizziert, um sich diese zumindest auf einer allgemeinen Ebene vergegenwärtigen zu können.

## Produktorientierte Außendienstorganisation

### Vorteile einer produktorientierten Außendienstorganisation

- Hohes technisches Niveau des Außendienstes
- Tendenziell guter Kundenzugang sowie hohe Akzeptanz
- Hohes Potenzial, frühzeitig Signale des Marktes aufzugreifen
- Grundsätzlich hohes Produktinnovationspotenzial

Eine produktorientierte Außendienstorganisation bedingt eine ausreichende Komplexität der Produkte, was sehr häufig im Investitionsgüterbereich gegeben ist. Je komplexer die Produkte, desto spezialisierter müssen die ADM sein. Das führt dazu, dass der Außendienst inhaltlich eher fragmentiert ausgerichtet ist und es einer notwendigen Klammer bedarf, die Organisation geschlossen und zielgerichtet zu führen. Die hohe Innovationsdynamik in Verbindung mit hoher Spezialisierung bedeutet für die Außendienstorganisation, dass im Vergleich zu alternativen Organisationsorientierungen ein relativ hoher Weiterbildungs- und Qualifizierungsaufwand erforderlich ist.

Aber nicht nur die produktinhaltliche Komplexität kann die Unternehmen motivieren, die Außendienstorganisation produktorientiert auszugestalten, auch die Komplexität und ggf. die Heterogenität der Produktpalette führt häufig zu dieser Ausrichtung. Ein Beispiel: Das Unternehmen GE, ein so genannter Mischkonzern, managt unterschiedliche Geschäftsbereiche und Produktlinien, von Finanzprodukten über Antriebstechnik für die Luftfahrtindustrie bis hin zu medizintechnischen Lösungen. Dass die Vertriebsorganisation sich demzufolge produktorientiert ausrichtet, erscheint logisch; kein ADM kann über ausreichend tiefe Kenntnisse in sämtlichen dieser Gebiete verfügen.

### Nachteile einer produktorientierten Außendienstorganisation

- Relativ hoher Aufwand durch hohen Personalansatz
- Relativ hoher Steuerungs- und Koordinationsbedarf
- Hohe Anforderungen an die technische und kaufmännische Kompetenz des Verkaufspersonals

Grundsätzlich ist der Steuerungs- und Koordinationsaufwand dieser Außendienstorganisation relativ hoch, da die technische Komplexitäten in den zahlreichen Entscheidungen berücksichtigt werden muss; zudem werden im Investitionsgüterbereich häufig Unikatlösungen für die Kunden entwickelt, was in vielen Fällen sehr personalintensiv ist. Ein weiteres Manko aus einer betriebswirtschaftlichen Perspektive stellt der hohe Personalansatz dar, der proportionalen Eingang in die Gesamtkostenstruktur findet. Dieser ist nur zu rechtfertigen, wenn diesen höheren Kosten auch proportional höhere Wertschöpfungen gegenüberstehen.

**Marktorientierte Außendienstorganisation**

**Vorteile einer marktorientierten Außendienstorganisation**
- Die Begrenzung des Gebiets ermöglicht geringere Reiseaufwendungen
- Räumliche Kundennähe begünstigt flexible Reaktionsmöglichkeiten bei Sondersituationen
- Regionalspezifische Übereinstimmung zwischen Einkäufer und Verkäufer erhöhen potenzielle Erfolgsaussichten

Die marktorientierte Außendienstorganisation ist die dominierende Form innerhalb der möglichen Optionen. Bei dieser Gestaltungsvariante werden sämtliche Verkaufsaktivitäten in der definierten Region zusammengefasst und gegenüber anderen Regionalmärkten klar abgegrenzt. Die Fokussierung auf ein Gebiet bzw. auf einen (Regional-)Markt ermöglicht eine gute Durchdringung des Marktes und begünstigt grundsätzlich durch die überschaubare räumliche Distanz ein zeitnahes Reagieren, besonders im Falle von Sondersituationen.

Den grundsätzlichen Vorteilen stehen auch Nachteile gegenüber, die wie folgt zusammengefasst werden können:

**Nachteile einer marktorientierten Außendienstorganisation**
- Die Begrenzung des Gebiets begünstigt eine mangelnde Berücksichtigung übergeordneter Interessen
- Bei längeren Stehzeiten auf den Außendienstpositionen kann sich eine Regionalmarktsozialisation herausbilden („Tunnelblick")

Die wesentlichen Nachteile ergeben sich aus einer häufig zu starken Konzentration auf die Interessen, die innerhalb des Verkaufsgebietes angesiedelt sind. Oftmals geht diese Verhaltensweise mit einem mangelnden Verständnis für übergeordnete Sachverhalte einher, was die Bereitschaft zur Kooperation grundsätzlich begrenzt. Ein Beispiel: Ein Bauzulieferer, der bundesweit agiert und seine Verkaufsgebiete analog zur politischen Struktur (bundesländerbezogen) organisiert hat, wird bei einem überregionalen Kunden, der in Bayern seinen Hauptsitz hat und der demzufolge von der Außendienstorganisation Bayern betreut wird, bei einem Auftrag, der regional dem Verkaufsgebiet Berlin/Brandenburg zuzuordnen ist, einen Kompromiss für die Verteilung der dadurch getätigten Umsätze und der Provisionen vornehmen müssen. Üblicherweise gilt zwischen den Gebieten ein so genannter Gebietsschutz, auch um das „Wildern" in fremden Revieren zu unterbinden und dadurch notwendige Konfliktpotenziale bereits im Vorfeld zu entschärfen. Während die Niederlassung Bayern in diesem speziellen Fall keine Leistung erbringen würde, aber aufgrund des Gebietsschutzes „Anspruch" auf die entsprechenden Provisionen hätte, ginge die Niederlassung Berlin/Brandenburg trotz einer Leistung „leer aus". Die ADM aus diesem Verkaufsgebiet würden diese Vorgehensweise grundsätzlich wenig begrüßen und sich lieber auf Aufgaben konzentrieren, die ihnen persönlich Umsätze brächten, insofern müssten hier für beide Parteien tragfähige Lösungen gefunden werden.

Ein weiterer Nachteil bei einer zu langen „Verweildauer" in einem Gebiet ist, dass die Mitarbeiter ihre Aufgabenumwelt zu stark aus der Gebietsperspektive beurteilen, die nicht immer die repräsentative Situation widerspiegeln muss.

**Kundenorientierte Außendienstorganisation**
Bei dieser dritten der vorgestellten Organisationsvarianten wird die gesamte Außendienstorganisation auf die Kunden bzw. nach Kundentypologien ausgerichtet. Diese Typologien können nach unterschiedlichen Kriterien zusammengefasst werden: nach Unternehmensgröße, nach Branchenzugehörigkeit, in private oder kommerzielle Kunden oder nach weiteren Aspekten. Die Vorteile einer solchen Organisationsform liegen klar in der kundenspezifischen Ausrichtung und der daraus resultierenden Möglichkeit, profunde Kenntnisse der Kundenbedürfnisse aufzubauen.

**Vorteile einer kundenorientierten Außendienstorganisation**
- Tiefes Verständnis der Kundenbedürfnisse kann aufgebaut werden
- Individuelle Kundenbetreuung möglich
- Dadurch hohes Kompetenzpotenzial für zielgerichtete Wertschöpfung

Diese können, im besten Fall, wie eine Eintrittshürde gegenüber Wettbewerbern genutzt werden. Intensives Know-How der Kundensituation ermöglicht ein besseres Verständnis auf der Anbieterseite, was grundsätzlich zielgenauere Entwicklung entsprechender Problemlösungen begünstigt. Insofern kann, bei geschicktem Management, ein sich selbst positiv verstärkender Mechanismus in Gang gesetzt werden. Zusätzlich besteht bei dieser Form der Außendienstgestaltung die Möglichkeit, aufgrund der intensiven Kundenkontakte ein Vertrauensverhältnis aufzubauen, was sich ebenfalls positiv auf die Kaufentscheidung auswirken kann.

Mit dieser Orientierung sind selbstverständlich auch Nachteile verbunden. In diesem Zusammenhang sind als erstes die relativ hohen Kosten zu nennen, die mit einer Spezialisierung auf die einzelnen Kundengruppen einhergehen. Ein weiterer Aspekt kommt hinzu: Je nachdem, wie breit und komplex das Produktprogramm für einzelne Kunden ist, ist ein ADM mitunter überfordert, sämtliches erforderliches Produktwissen präsent zu haben. Aber auch organisatorisch kann es schwierig sein, eine anspruchsvolle Großorganisation zu betreuen, wenn zahlreiche Anforderungen durch das Unternehmen gestellt werden.

**Nachteile einer kundenorientierten Außendienstorganisation**
- Tiefes Verständnis der Kundenbedürfnisse kann aufgebaut werden
- Individuelle Kundenbetreuung möglich
- Dadurch hohes Kompetenzpotenzial für zielgerichtete Wertschöpfung

Die kundenorientierten Außendienstorganisationen werden vor allem in hochkonzentrierten Märkten gewählt, deren wenige aber wichtige Kunden auch aufgrund der wettbewerblichen Außendienststrukturen diese Betreuungsintensität erwarten. Eng an diese Vorgehensweise ist das Key Account Management (Groß- oder Schlüsselkundenmanagement) angelehnt. Nach Diller/Haas/Ivens (2005) zielt das Key Account Management darauf ab, sämtliche Transaktionen zu betreuen, die die Beziehung des Kunden betreffen. Dies macht selbstverständlich nur dann Sinn, wenn die Umsätze des Schlüsselkunden dies legitimieren, d. h., dass sie für das Unternehmen oder für die Außendienstorganisation von signifikanter Bedeutung sein müssen. Ein Beispiel: Für die Volkswagen AG wäre die Bundeswehr ein Großkunde, was zu außendienstorganisatorischen Maßnahmen wie der Einrichtung eines „Schlüsselkundenmanagements Bundeswehr Servicegesellschaft" führen könnte. Wichtig beim Key Account Management ist das erfolgreiche Zusammenspiel unterschiedlicher Funktionen. In diesem Zusammenhang werden häufig die Informationsfunktion, die Koordinations- und die Kontrollfunktion genannt (Diller/Haas/Ivens 2005).

**Mischformen von Außendienstorganisationen**

Wie in vielen anderen Situationen innerhalb der Betriebswirtschaftslehre werden die vorgestellten und gegeneinander klar abgrenzbaren Modelle in der Praxis nicht immer in der klassischen Form umgesetzt; vielfach kommen Mischformen zum Einsatz. Außendienstorganisationen, die prinzipiell als markt- oder regionalorientierte Formen konzipiert sind, können durch ein angehängtes Key Account Management zusätzlich kundenorientierte Organisationsstrukturmerkmale aufweisen. Ebenso können markt- und produktorientierte Strukturen miteinander verknüpft werden, was z. B. bei Kosmetikunternehmen oftmals zur Anwendung kommt.

Das innere Hierarchiegefüge der Außendienstorganisation wird ebenfalls im Rahmen der *Außendienststruktur* festgelegt. Wie jede andere Organisationseinheit benötigen Vertriebsorganisationen institutionalisierte Führungskomponenten, die die notwendigen Planungs-, Steuerungs-, Umsetzungs- und Kontrollaufgaben wahrnehmen können. Dies betrifft primär die Anzahl der Leitungsebenen sowie den Umfang der Leitungsspanne auf den jeweiligen Hierarchieebenen. Die Ausgestaltung von Außendienststrukturen wird im nächsten Abschnitt detaillierter behandelt werden.

# 2.5 Personalführung im Vertrieb

## 2.5.1 Allgemeines

Personalführung ist ein sehr weites Themenfeld, dem man sich aus unterschiedlichen Perspektiven nähern kann. Viele Aspekte können dem Bereich Personal zugeordnet werden, beispielsweise sämtliche, die im Zusammenhang mit der Führung und Steuerung, mit der Personalauswahl und -entwicklung wieder mit der Personalentlohnung stehen. Für das vorliegende Werk werden lediglich die vertriebsrelevanten Teilbereiche beleuchtet; eine detaillierte Betrachtung würde den Rahmen sprengen. Innerhalb des vorgegebenen Kontextes sind die folgenden, teilweise zusammengefassten Teilaspekte der Personalführung wichtig: Ziele und Aufgabenbereiche sowie Instrumente und Systeme.

Die Personalführung im Vertrieb unterliegt besonderen Rahmenbedingungen, die die Personalführung in diesem Funktionalbereich von dem anderer zwar nicht im Hinblick auf die Existenz von Besonderheiten, wohl aber inhaltlich, deutlich unterscheidet. Diller/Haas/Ivens (2005) identifizieren vor diesem Hintergrund unter anderem die Dynamik der Umfeldbedingungen, die hohe Aufgabenflexibilität, die Mess- und Zuordnungsmöglichkeit der Erfolgs- oder Fehlleistung sowie die Vielfalt der Interessen im internationalen Vertriebsumfeld.

**Hohe Umweltdynamik**

Ein sehr stark ausgeprägtes Merkmal ist die hohe Umweltdynamik, die sich unter anderem besonders intensiv im Vertrieb auswirkt. Die Produktlebenszyklen, innerhalb derer sich die Produkte finanzieren und einen Gewinn beitragen sollen, werden immer kürzer, die meisten Produkte werden immer komplexer und die Innovationszyklen erfahren eine zunehmende Beschleunigung. Beispielsweise lagen die Entwicklungszeiträume in der Automobilindustrie in den 1980er Jahren bei ca. zehn Jahren, heute liegen diese ungefähr bei der Hälfte der Zeit. Wenn man aus einer Alltagserlebensperspektive reflektiert, wie rasant sich die Kommunikationsmöglichkeiten geändert haben, wird die Beschleunigungsintensität besonders deutlich: Bis Anfang der 1980er Jahre hatten die meisten Privathaushalte ein Telefon in Form eines Festnetzanschlusses; in den meisten Firmen wurden Telefaxgeräte erst in der zweiten Hälfte der 1980er Jahre eingesetzt. Ein Mitarbeiter, der „unterwegs" war, konnte demzufolge nicht direkt erreicht werden. Heutzutage sind wir permanent per E-Mail und Handy erreichbar, zumindest als „Aufnahme- und Ablagestation" für zu hinterlassene Nachrichten (Mailbox; Anrufbeantworter, Mailpostfach). Das führt dazu, dass sich die Erwartungen hinsichtlich einer „angemessenen" Reaktionszeit deutlich verändert haben; wenn eine Mail nach drei Tagen noch nicht beantwortet wurde, erscheint uns (der Autor schließt sich da nicht aus) dies als inadäquat lange Antwortzeit. Die hohe Umweltdynamik ist bereits im Bereich Forschung & Entwicklung (F&E) erkennbar; vielfach werden Produkte häufig mit so genannten „Kinderkrankheiten" in den Markt eingeführt, sodass der Kunde die Testphasen der Leistung übernimmt und somit einen Teil der F&E Aufwendungen schultert. Dies hat zumindest den vordergründigen Vorteil für den Vermarkter, dass die Produkte eine schnellere „Marktreife" erreichen und dass sich die Zeitperiode für den Finanzmittelrückfluss streckt. Im Informations- und Kommunikationsumfeld ist dies besonders häufig zu beobachten.

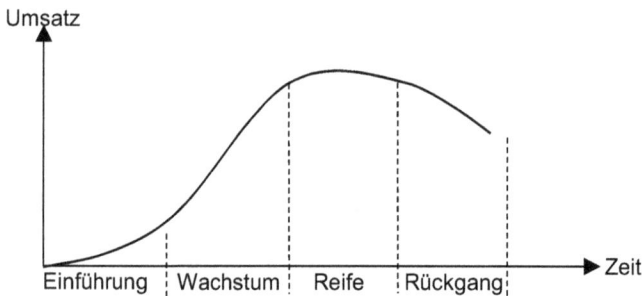

Abb. 2.13:   Produktlebenszyklus

Diese Beschleunigungskultur trifft sämtliche Wirtschaftsfelder, der Vertrieb und das Marketing bewegen sich jedoch im Epizentrum dieser Entwicklung. Die Verkürzung der Produktlebenszyklen verkürzt auch die oben bereits angesprochene Zeitperiode der finanziellen Rückflüsse, ein Sachverhalt, dem die Unternehmen nur durch eine Anpassung an die neuen Geschwindigkeiten begegnen können. Die Treiber, die diese Entwicklung begünstigen, sind die fortschreitende Technik vor allem in den Informations- und Kommunikationstechnologien, die relativ hohe Transparenz, sowie die Dynamik, die aus Wettbewerbsverhalten und Kundenanforderungen resultieren. Manche Autoren fügen an dieser Stelle noch die Globalisierung an, und wiederum andere sehen die zunehmende Ökonomisierung als Ursache.

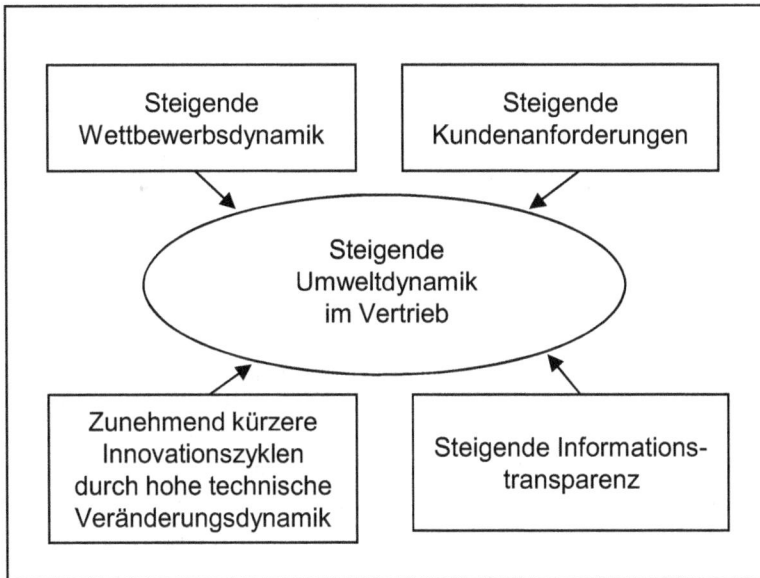

Abb. 2.14:    Treiber der Umweltdynamik im Vertrieb

Für den Vertrieb bedeutet die hohe Dynamik, dass vermeintliche Wettbewerbsvorteile eines Produkts oder einer Leistung schnell obsolet werden können. Da die Kunden und die Wettbewerber ebenfalls von dieser Beschleunigung erfasst werden, konfigurieren sich neue Erwartungskulturen. Kunden erwarten eine hervorragende und umfangreiche Leistung zu günstigen Preisen verbunden mit einer hohen Flexibilität der Konditionen. Die insgesamt gestiegene Erwartungshaltung führt auch zu neuen Loyalitätsmustern; Kunden, die jahrelang treu waren, sind zunehmend eher bereit, für geringe Preis- oder Leistungsunterschiede den „bewährten" Lieferanten zu wechseln.

**Hohe Aufgabenflexibilität**
Ein weiterer Gesichtspunkt der besonderen Herausforderungen des Vertriebs ist die relativ hohe Aufgabenflexibilität. Da sich der Vertrieb aus seinem Selbstverständnis auch als operativer Problemlöser versteht, sind die Vertriebsmitarbeiter gehalten, zeitnah auf auftretende Kundenprobleme zu reagieren. Da diese nicht immer vorhersehbar und zeitlich planbar sind, agieren ADM und das gesamte Vertriebsmanagement häufig zusätzlich unter einem hohen Zeitdruck. Auch inhaltlich sind die Angehörigen des Vertriebs ständig gehalten, sich auf dem neuesten Stand zu bewegen, was allgemeine Entwicklungen, Kundenbedürfnisveränderungen und Wettbewerbsveränderungen betrifft. Zudem unterliegt die Vertriebstätigkeit ohnehin einer Grunddynamik, sich jeden Tag auf neue Menschen (Kunden) einzustellen, teilweise individuelle Lösungen zu entwickeln und sich in unterschiedlichen sozialen Konstruktionen wie einem Einkaufsteam auf Kundenseite erfolgreich zu behaupten. Ein Beispiel: Ein ADM, bei dessen Kundenbesuch spontan zusätzlich der Produktionsleiter und der Vertriebschef zum Verkaufsgespräch hinzustoßen, muss sofort in der Lage sein, zu improvisieren. Das bedeutet, dass er die verschiedenen Interessen verstehen, das Gesamtsozialgefüge begreifen, und auch noch verkäuferisch erfolgreich argumentieren können muss. Dieses Kompetenzprofil stellt insgesamt hohe Anforderungen an die Kräfte im Vertrieb.

**Mess- und Zuordnungsmöglichkeit der Erfolgs- oder Fehlleistung**

So alt wie der Verkauf ist auch das Problem der Leistungsmessung bzw. das der Zuordnung von Erfolgsfaktoren, allerdings verstärkt es sich mitunter in einer zunehmend arbeitsteiligen Welt. Die Grundlage für Erfolg oder Misserfolg liegt selten ausschließlich bei einem Mitarbeiter oder bei einer Abteilung begründet. In der Regel ist es ein Zusammenwirken unterschiedlicher Personen und Funktionalbereiche des Unternehmens. Da die meisten Vergütungssysteme für Vertriebsangehörige eine spürbare erfolgsabhängige Gehaltskomponente beinhalten, ist es nachvollziehbar, dass eine entgangene Vergütung oder die anderweitige Erfolgszuordnung zu Interessenkonflikten und, in Folge dessen, zu Friktionen führen kann. Die Tendenz, dass der Erfolg „viele Väter" hat und der Misserfolg „eine arme Waise" ist, ist hinlänglich aus der militärischen Führungshistorie bekannt. In diesem Zusammenhang verweisen Diller/Haas/Ivens (2005) auf ein gravierendes, damit verbundenes Problem: Die Risikopräferenz. Ein Erfolg im Vertrieb oder im Marketing ist ohne das Eingehen von Risiken nicht möglich; Risiken bergen allerdings nicht nur Erfolgs-, sondern auch Misserfolgspotenziale. Ein Beispiel: Allgemein wird die Flopprate bei Produktneueinführungen auf ca. 70 Prozent geschätzt. Ein Unternehmen, das bisher ausschließlich als Zulieferer für herkömmliche Energieversorgungsunternehmen tätig war, muss vor dem Hintergrund der aktuellen Energiewende in Deutschland zeitnah neue Geschäftsfelder und neue Leistungen entwickeln oder bereitstellen. Dies ist vor dem Hintergrund, dass die zukünftige Entwicklung nicht genau abzuschätzen ist, automatisch mit Risiken behaftet. Wenn nun die F&E Abteilung, die Marketingabteilung und der Vertrieb neue Lösungen entwickeln und diese nicht ausreichend erfolgreich zu vermarkten sind, ist der ausgebliebene Erfolg nicht eindeutig zuzuordnen, für den Vertriebsmitarbeiter bedeutet es jedoch zumindest eine wirtschaftliche Einbuße, grundsätzlich gilt dies nicht für die anderen Bereiche, außer für die dort angesiedelten Führungskräfte, die ebenfalls einer erfolgsorientierten Vergütung unterliegen. Es ist leicht vorstellbar, dass diese Situation ein relativ hohes Konfliktpotenzial aufweist.

**Vielfalt der Interessen im internationalen Vertriebsumfeld**

Die zunehmende Verflechtung der Weltwirtschaft wirkt sich auch im Vertriebsumfeld aus. Allen Angleichungstendenzen zum Trotz variieren die Bedürfnisse und Geschmäcker der Konsumenten in unterschiedlichen kulturellen Kontexten, und das zum Teil erheblich. Während aus einer übergeordneten betriebswirtschaftlichen Perspektive eine Standardisierung der Produkte vorteilhaft erscheint, ist dies aus einer Kunden- und damit Vertriebssicht nicht unbedingt erstrebenswert. Gerade im internationalen Umfeld ist häufig eine ausreichende Differenzierung für die Regionalmärkte erforderlich, was von der Gesamtunternehmensleitung nicht immer vollumfänglich nachvollzogen werden kann. Dies stellt für das internationale Vertriebsmanagement eine enorme Herausforderung dar; hier gilt es, eine ausreichende Ausgewogenheit zwischen zahlreichen regionalmarktspezifischen Anforderungen und der davon abgeleiteten Interessenlage der Gesamtunternehmen herzustellen.

## 2.5.2    Ziele und Aufgabenbereiche

Die Ziele für die Personalführung im Vertrieb variieren von Unternehmen zu Unternehmen, allerdings lassen sich in Anlehnung an Diller/Haas/Ivens (2005) vier Basisziele herausarbeiten.

Das erste Ziel bezieht sich auf die *Gewinnung von ausreichend kompetenten Mitarbeitern* für die Leistungserstellung innerhalb des Kundennutzenmanagements. Die Faktoren, die die

Unternehmen in die Lage versetzen, ihrer Vertriebsmannschaft dauerhaft talentierte Mitarbeiter zuzuführen, sind mannigfaltig und unterliegen häufig der sehr individuellen Unternehmenssituation. Dennoch kann man einige der typisch positiven Einflussgrößen nennen: Für junge Vertriebsnachwuchskräfte sind das Image des Arbeitgebers, die beruflichen Entwicklungsperspektiven, die internationalen Einsatzmöglichkeiten, die Attraktivität der Vergütung sowie die Vereinbarkeit von Beruf und Familie wichtig. Zudem sollte die Arbeit sinnstiftend sein und Spaß machen. Für berufserfahrene Kräfte spielen zudem Arbeitsplatzsicherheit und das allgemeine Leistungsniveau eine wichtige Rolle. Diese Betrachtungsperspektive nimmt ihren Anfang im Unternehmen und erstreckt sich bis in das externe Umfeld Arbeitsmarkt, weshalb auch von einer Inside-Out Perspektive gesprochen wird.

Der genau entgegengesetzte Ansatz (Outside-In) verbirgt sich hinter dem zweiten Ziel. Hier geht es darum, bei den Mitarbeitern eine Kultur zu verankern, *kundenorientiert zu denken und zu handeln*. Die Vermittlung einer derartigen Haltung, die sich letztendlich in einer dementsprechenden Handlung auswirkt, ist ein Instrument zur Steigerung oder Verstetigung der Qualität. Die Aufgabe der Personalführung ist es, über ein internes Marketing die Mitarbeiter so von der Sinnhaftigkeit ihrer Tätigkeit zu überzeugen und zu begeistern, dass sie sich hundertprozentig mit dem Unternehmen identifizieren. Diese emotionale Aufladung der Vertriebsmitarbeiter soll auf die Kunden überspringen und zu einer höheren Kundenloyalität führen.

Die ersten beiden Basisziele sind auf der Effektivitätsebene angesiedelt, das dritte Ziel des Vertriebspersonalmanagements stellt einen Bezug zur Effizienz her. Im Rahmen des Kundennutzenmanagements sollen die *Prozesse möglichst kostenoptimiert* abgewickelt werden, was bedeutet, dass die Vertriebsproduktivität der Mitarbeiter auf hohem Niveau gehalten oder gar gesteigert werden soll. Dies kann über eine größere Aufgabenbewältigung innerhalb eines definierten Zeitraums sein oder die Reduzierung von wenig produktiven Aktivitäten wie Korrekturarbeiten. Die ständige Überprüfung der Vertriebsprozesse ist dabei eine zwingende Voraussetzung, der Trend zum Outsourcing auch bei vertriebsbezogenen Tätigkeiten, basiert häufig auf derartigen Überlegungen. Die konsequente Umsetzung des dritten Ziels (Effizienzziel) birgt einen Konflikt in sich: Zwar sollen Mitarbeiter und Kunden höchst zufrieden sein – allerdings darf die Erreichung dieser Ziele nicht viel kosten. Das bedeutet, dass ein vernünftiger und nachhaltiger Weg gefunden werden muss, diese Zielkonflikte miteinander zu „versöhnen".

Die Personalführung muss heute zunehmend in der Lage sein, auch Grundfragen der Ethik für die Mitarbeiter ausreichend befriedigend zu beantworten. Hier können sich ebenfalls Zielkonflikte entwickeln: Wird die eigene Umsatzentwicklung im Vertriebsalltag zum Maß aller Dinge erhoben, können die Kundenbedürfnisse in Wahrheit keine Rolle mehr spielen, auch wenn dies anderslautend postuliert wird. In einer informationsorientierten Gesellschaft lassen sich unethische Machenschaften zwar immer noch weitgehend verschleiern, allerdings ist das Risiko gewachsen, dass derartige Aktivitäten ihren Weg an die Öffentlichkeit finden. Ein Beispiel: Das soziale Netzwerk Facebook wurde in jüngster Zeit bezichtigt, wichtige private Daten seiner Nutzer kommerziell zu nutzen, ohne dass dies mit den Kunden abgestimmt gewesen wäre; im Gegenteil, von einem ehemaligen Kunden wurde berichtet, dass das Unternehmen seinen Kunden gegenüber diesen Sachverhalt ganz bewusst zu verschleiern bemüht sei. Unabhängig von der Realität kann unethisches Verhalten im Fall der Entdeckung und der Veröffentlichung einen schweren Glaubwürdigkeits- und damit Imageschaden hervorrufen.

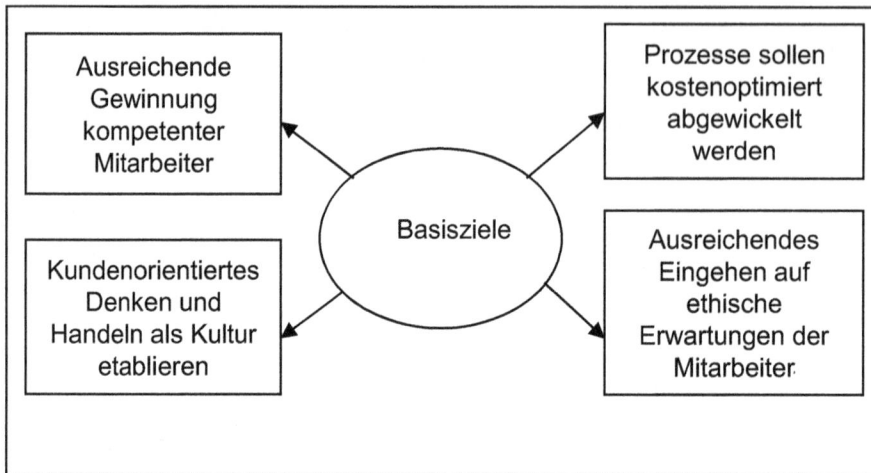

Abb. 2.15:    Vier Basisziele der Vertriebspersonalführung

Die vorgestellten Basisziele korrespondieren eng miteinander und müssen von den Führungskräften im Vertrieb ständig im Zusammenhang betrachtet und ausgewogen gemanagt
werden. Sicherlich kann je nach Situation, dem einen oder anderen Ziel zu Lasten, einem
anderen der Vorrang gegeben werden, allerdings wirkt sich Unglaubwürdigkeit schnell auf
die Mitarbeiterzufriedenheit und damit auch teilweise auf die Kundenzufriedenheit aus. Ein
Beispiel: Mitarbeiter, die in so genannten „Sonntagsreden" von ihren Vorgesetzten über die
Bedeutung der Mitarbeiter- und Kundenorientierung informiert werden, die jedoch im
Arbeitsalltag eine diametral entgegengesetzte Erfahrung machen, werden schnell frustriert
und vollziehen nicht selten die „innere Kündigung". Sowohl diese Haltung als auch die Alternative, das Unternehmen zu verlassen, können vom Kunden wahrgenommen werden, was
definitiv nicht zielkonform zu Ziel 2 („kundenorientiertes Denken und Handeln der Mitarbeiter") ist. Für die Personalführung sind zwei Aspekte von extrem hoher Relevanz: Die Basisziele müssen formuliert und kommuniziert werden, fast noch wichtiger erscheint es jedoch,
dass diese Werte auch glaubwürdig im Unternehmen von Vorgesetzten vorgelebt werden.

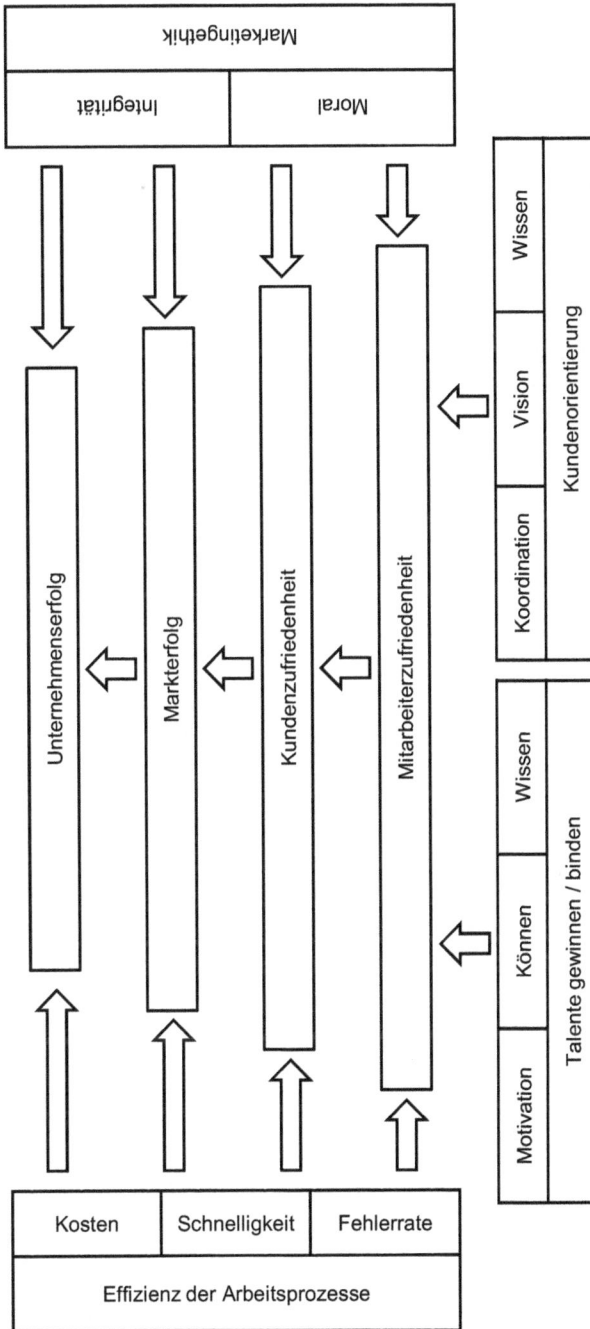

Abb. 2.16:  Zielsystem der Personalführung im Kundenmanagement (aus Diller/Haas/Iven, S. 419)

Die dargestellten Ziele führen nach Diller/Haas/Ivens (2005) zu den folgenden Aufgabenbereichen:

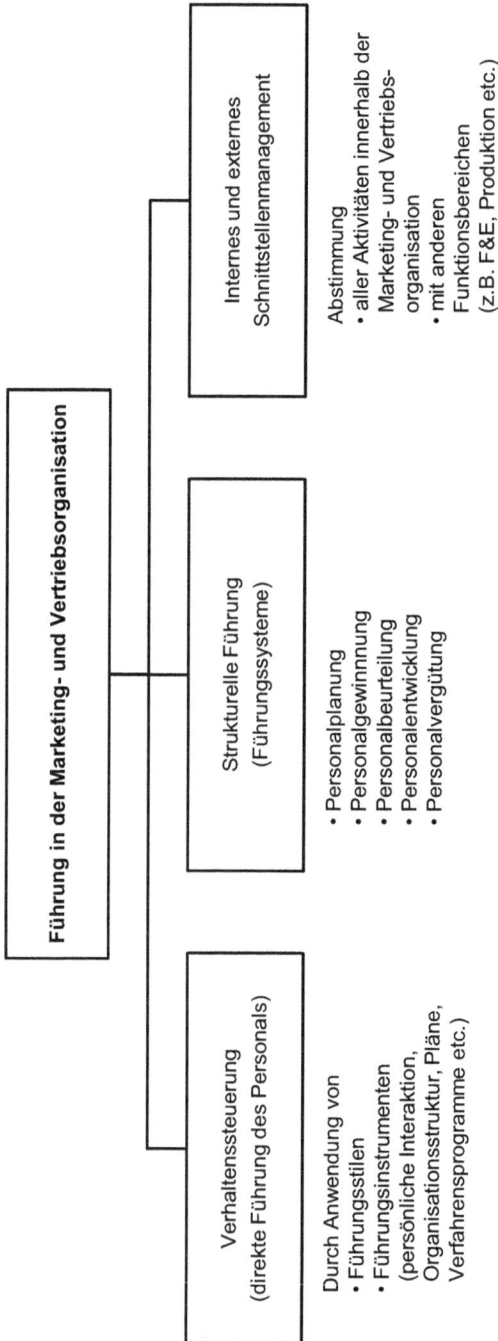

**Führung in der Marketing- und Vertriebsorganisation**

- **Verhaltenssteuerung (direkte Führung des Personals)**
  Durch Anwendung von
  - Führungsstilen
  - Führungsinstrumenten (persönliche Interaktion, Organisationsstruktur, Pläne, Verfahrensprogramme etc.)

- **Strukturelle Führung (Führungssysteme)**
  - Personalplanung
  - Personalgewinnnung
  - Personalbeurteilung
  - Personalentwicklung
  - Personalvergütung

- **Internes und externes Schnittstellenmanagement**
  Abstimmung
  - aller Aktivitäten innerhalb der Marketing- und Vertriebsorganisation
  - mit anderen Funktionsbereichen (z.B. F&E, Produktion etc.)

Abb. 2.17:    Aufgabenbereiche der Führung im Kundenmanagement (aus Diller/Haas/Iven, S. 424)

*Die direkte Führung des Personals* bezieht sich auf den persönlichen Führungsvorgang zwischen Vorgesetzten und Mitarbeitern. Im Kern geht es dabei um die zielkonforme Verhaltensbeeinflussung der Mitarbeiter. In diesem Zusammenhang wird in der Wissenschaft häufig auf die Führungsstile verwiesen, derer sich die Führungskräfte zur Umsetzung der Aufgaben bedienen. Den zweiten Aufgabenbereich bildet die strukturelle Führung, unter der der Einsatz relevanter Personalinstrumente innerhalb eines Personalsystems verstanden wird. Den dritten Führungsbereich stellen das interne und das externe Schnittstellenmanagement dar.

## 2.5.3     Instrumente und Systeme

Die unterschiedlichen grundlegenden Führungsstile, die im Rahmen der wissenschaftlichen Diskussion charakterisiert wurden, sind in Abb. 2.18 dargestellt.

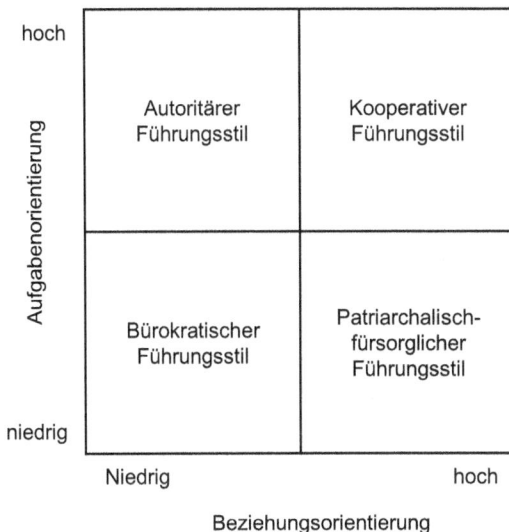

Abb. 2.18:    Zweidimensionale Konzeption von Führungsstilen (aus Diller/Haas/Iven, S. 425)

Bei diesem Ansatz wird innerhalb eines Intervalls (hoch bis niedrig) unter Aufgaben- bzw. Beziehungsorientierung differenziert. Für das Marketing wurde durch die Hinzufügung einer Dimension „Kundenorientierung" von Homburg und Stock (2000) ein „spezifischer Führungsstilkatalog für das Marketing" entwickelt (Abb. 2.19).

Nach dieser Spezifizierung ergeben sich vier Verhaltensgrundtypen von Führungskräften im Marketing:

- Autoritäre Kundenorientierung
- Interne Optimierer
- Softies und
- Treter

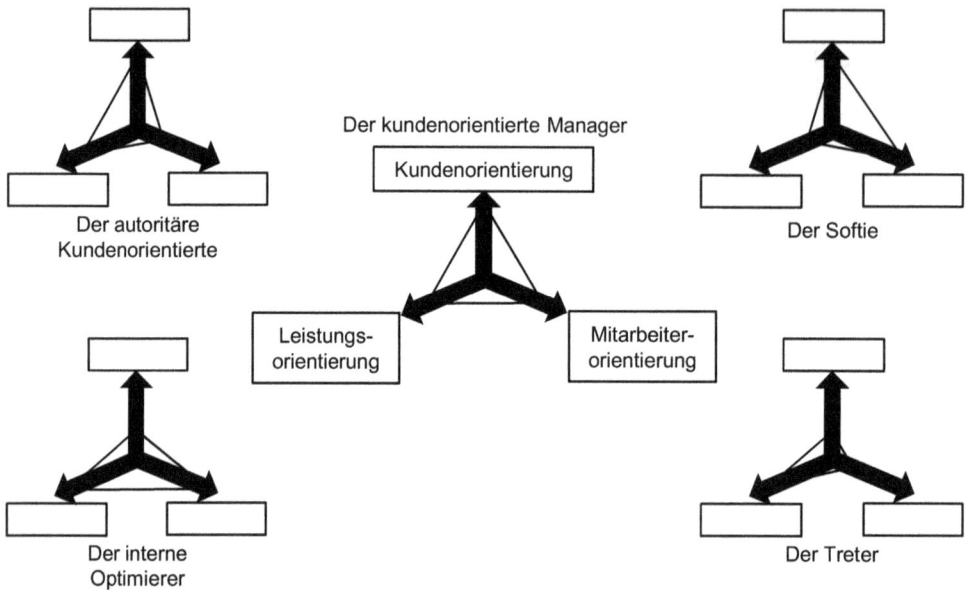

Abb. 2.19:    Idealtypische Profile des Führungsverhaltens im Marketing  (aus Diller/Haas/Iven, S. 425)

Hinzuzufügen ist, dass diese Konzeptualisierung nicht notwendigerweise eine Aussage über die Entscheidungsqualität zulässt, zudem treten diese Typisierungen in der Praxis selten in dieser Einseitigkeit auf. Eine grundsätzliche Ausrichtung ist der Abbildung 2.20 zu entnehmen.

Je nach Arbeitsmarktsituation und Spezifität der Leistungen eines Unternehmens kann es sich als schwierig erweisen, Bewerber zu finden, die die gewünschten Anforderungen vollumfänglich erfüllen. In derartigen Situationen greifen die Unternehmen zu Personalentwicklungsmaßnahmen, denen häufig ein prozessuales Muster zugrunde liegt. Zunächst muss der Status quo der vorliegenden Kompetenzen eruiert werden. Dem wird das Anforderungsprofil des Unternehmens gegenübergestellt, damit die Qualifikationslücke identifiziert und quantifiziert werden kann. Auf der Basis dieser Lückenanalyse wird ein Qualifizierungsplan erarbeitet, der durch unterschiedliche Maßnahmen wie Lehrgänge oder Praxisstationen auf eine Verringerung der Qualifikationslücke zielt. Mit Hilfe unterschiedlicher Kontrollmaßnahmen wird der Erfolg der Qualifizierungsmaßnahmen gemessen, um bei Bedarf nachsteuern zu können. Ein Beispiel: Ein Bauchemieunternehmen sucht einen Vertriebsmitarbeiter für das Verkaufsgebiet Berlin/Brandenburg für die Zielgruppe „mittelständische Bauunternehmen". Unter verschiedenen Bewerbern findet sich jemand, der bereits über eine mehrjährige Erfahrung bei einem Bauzulieferunternehmen aus dem Stahlbau verfügt. Bei einer Einstellung müsste dieser Mitarbeiter die Vertriebsprozesse des Unternehmens, die vom Unternehmen benutzte IT, die Anwendungsbereiche der bauchemischen Produkte sowie die entsprechenden Produkte kennenlernen. Die Erwerbung dieser Kompetenzen ist nicht nur notwendig, sie erfordert auch die Bereitstellung entsprechender Ressourcen wie Lehrgänge, Trainer etc. Dieser Aufwand hat für das Unternehmen einen Investitionscharakter, insofern würde ein Unternehmen bei zwei grundsätzlich gleichwertigen Bewerbern demjenigen der Vorrang eingeräumt, dessen Qualifizierungsbedarf am geringsten ist.

| Leistungsorientierung | Mitarbeiterorientierung | Kundenorientierung |
|---|---|---|
| Der Vorgesetzte… | Der Vorgesetzte… | Der Vorgesetzte… |
| • kommuniziert seinen Mitarbeitern aktiv und regelmäßig die Unternehmensziele. | • schätzt seine Mitarbeiter persönlich | • lebt Kundenorientierung vor. |
| • setzt sich und seinen Mitarbeitern klare Ziele. | • nimmt Rücksicht auf die Belange seiner Mitarbeiter. | • empfindet Kundenorientierung nicht als Selbstzweck. |
| • bewertet regelmäßig den Grad der Zielerreichung seiner Mitarbeiter. | • legt Wert auf die gute zwischenmenschliche Beziehung zu seinen Mitarbeitern. | • richtet die Ziele seiner Mitarbeiter an Kundenorientierung aus. |
| • konzentriert sich auf die wichtigsten Aufgaben. | • achtet auf das Wohlergehen seiner Mitarbeiter. | • erkennt kundenorientierte Verhaltensweisen von Mitarbeitern an. |
| • misst den Wert einer Leistung an den Ergebnissen und nicht am Aufwand. | • stellt sich auch in schwierigen Situationen hinter seine Mitarbeiter | • kritisiert Verhaltensweisen seiner Mitarbeiter, die nicht kundenorientiert sind. |
| • delegiert Aufgaben in sinnvoller Weise an seine Mitarbeiter. | • fördert Ideen und Initiativen seiner Mitarbeiter | • fördert kundenorientierte Mitarbeiter in besonderem Maße. |
| • schiebt dringende Entscheidungen nicht auf. | • macht es den Mitarbeitern leicht, unbefangen und frei mit ihm zu sprechen. | • spricht mit seinen Mitarbeitern häufig über die Bedeutung der Kunden für Sie persönlich. |
| • ermutigt die Mitarbeiter zu besonderen Leistungen. | | |

Abb. 2.20: Indikatoren der Leistungs-, Mitarbeiter- und Kundenorientierung (aus Diller/Haas/Iven, S. 426)

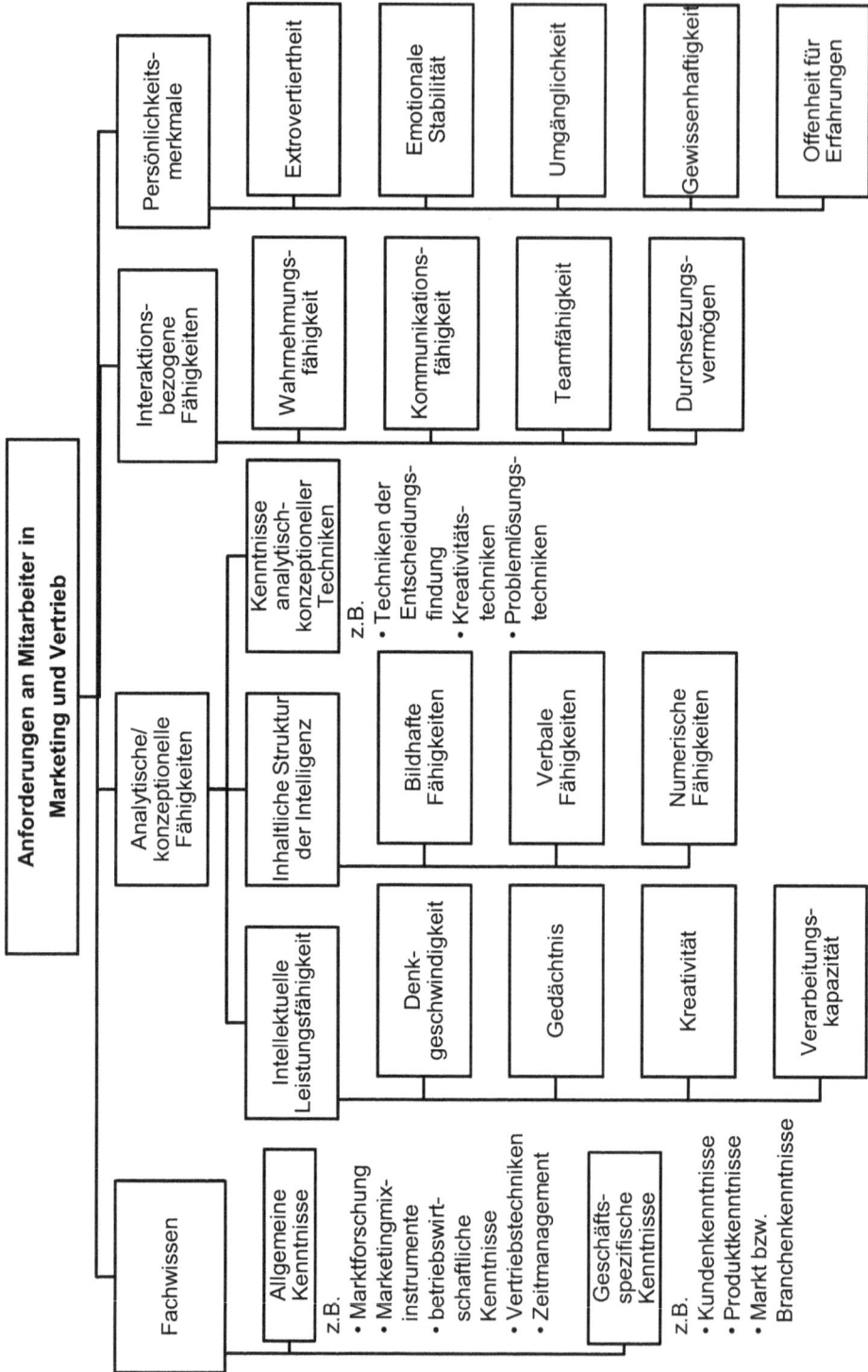

Abb. 2.21:   Kompetenzanforderungen für die Mitarbeiter im Marketing  (aus Diller/Haas/Iven, S. 429)

Ein sehr wichtiges Element innerhalb der Personalführung von Vertriebsmitarbeitern ist die Entlohnungspolitik. Diller/Haas/Ivens (2005) verweisen darauf, dass Vergütungssysteme u.a. die folgenden Grundanforderungen erfüllen müssen:

- die vom Management gewünschte Steuerungswirkung entfalten
- von den Mitarbeitern als grundsätzlich gerecht akzeptiert werden
- in das Gesamtgehaltsgefüge integrierbar sein und dürfen dessen Rahmen nicht sprengen

Das Steuerungserfordernis bezieht sich auf unterschiedliche Bereiche. Gemeint ist, dass die Vertriebsleitung durch die monetären Anreize beispielsweise den Verkauf neuer Produktlinien, die Gewinnung bestimmter Kundengruppen oder die Intensivierung von Kundenbindungsmaßnahmen forcieren kann. Durch die prämien- oder bonusunterstützte Anreizstruktur soll eine Deckungsgleichheit der Interessen zwischen Vertriebsmitarbeiter und Vertriebsleitung hergestellt werden, um so zielkonforme Handlungsweisen der ausführenden Mitarbeiter auszulösen.

Die Gerechtigkeit von Vergütungssystemen ist ein hoher, zwar anzustrebender aber vermutlich kaum zu realisierender Anspruch, weshalb hier der Begriff Akzeptanz eher geeignet erscheint. Auf weitgehende Akzeptanz stoßen Vergütungssysteme bei Mitarbeitern, wenn sie sich soweit wie möglich an der individuellen Leistungsfähigkeit auf der Grundlage nachvollziehbarer Kriterien orientieren.

Die Integrationsfähigkeit in das bestehende Gehaltsgefüge bedeutet, sowohl branchen- als auch unternehmensspezifische Durchschnittswerte zu Grunde zu legen. So zahlt die Chemieindustrie in Deutschland traditionell relativ attraktive Gehälter, während der Einzelhandel tendenziell eher weniger attraktive Vergütungsstrukturen aufweist. Darüber hinaus bieten Großunternehmen zudem auch weitere Gehaltsbestandteile wie vermögenswirksame Leistungen, freiwillige Sozialleistungen oder Pensionszahlungen an.

Es existieren zahlreiche Veröffentlichungen über adäquate Vergütungssysteme im Außendienst, deren inhaltliche Fülle hier nicht wiedergegeben werden kann und soll. Das Ziel dieses Abschnitts ist es, einige wesentliche Grundlagen der Personalarbeit zu skizzieren und in den Vertriebskontext zu setzen.

## 2.6     IT-Unterstützung im Vertrieb und Customer Relationship Management (CRM)

Bei sämtlichen Entscheidungen stellen Informationen das A und O für eine hohe Entscheidungsqualität der Unternehmen dar. Dies gilt im Übrigen nicht nur für betriebliche Prozesse, sondern auch für andere Organisationen, die Entscheidungen fällen müssen. Zwei Beispiele: In der gegenwärtigen Euro- bzw. Schuldenkrise muss die Politik versuchen, in einer hochkomplexen und teilweise schwer vorhersehbaren Situation zieladäquate Entscheidungen (Beruhigung der Finanzmärkte, Geldwertstabilität, Haftungsrisikovermeidung etc.) zu fällen. Je klarer das Lagebild im Vorfeld der Entscheidungen erstellt werden kann, desto höher ist die Wahrscheinlichkeit, dass die Rettungsmaßnahmen auch entsprechend greifen. Beim Militär ist es ähnlich: Frühzeitige und präzise Informationen über die gegnerischen Absichten ermöglichen es der eigenen Führung, zielgenauere Entschlüsse zu fassen und effektivere bzw. effizientere Ergebnisse zu erzielen.

Nicht anders ist es im Vertriebsumfeld. Je besser das System zur Informationsgewinnung und Informationsverarbeitung, desto zielgenauer können die vertrieblichen Maßnahmen wirken. Informationen über Kundenpräferenzen und Kaufgewohnheiten können helfen, die optimale Ansprache, den optimalen Ort und das optimale Leistungspaket zu entwickeln. Zudem müssen die Unternehmen kontinuierlich die Wettbewerbsaktivitäten beobachten und auswerten, und dabei zeitgleich die zahlreichen unternehmensinternen Informationen managen. Diese Datenflut ist manuell kaum noch zu handhaben, dies geht nur mit Hilfe elektronischer Systeme. Erfolgreiches Informationsmanagement ist neben anderen Faktoren zu einem Wettbewerbsfaktor geworden, auch daher investieren die Unternehmen seit Jahren massiv in diesen Bereich. Ein Beispiel: Während Außendienstmitarbeiter (ADM) in früheren Jahren ihre Aufträge in Papierform in der Verkaufsniederlassung abgaben, wo sie erfasst, gebucht und als Bestellung weitergeleitet wurden, ist es heutzutage üblich, direkt nach dem Verkauf oder nach einem Verkaufstag die Ergebnisse per Laptop online in das bestehende Informationssystem einzugeben, von wo aus diese Informationen weiter prozessualisiert werden. In kurzer Zeit können vor allem sämtliche Vertriebsdaten aktualisiert werden; so kann der ADM zeitnah seine aktuelle Zielerreichungssituation sehen, Planabweichungen erkennen oder beispielsweise die aktualisierten Kundeninformationen einsehen.

Die elektronischen Informationssysteme weisen dabei die folgenden Vorteile auf:

- Relativ große Datenmengen können verarbeitet werden
- Über Filterfunktionen, Verknüpfungen und Nutzerkonzepte können Informationen für die Bedarfsträger angepasst werden, Beispiel: jeder ADM kann nur die eigenen Umsätze und die eigenen Kunden einsehen
- Die Verarbeitungsgeschwindigkeit erhöht die Produktivität im Vergleich zu anderen Systemen
- Die Ortsungebundenheit des Informationszugangs verkürzt tendenziell die Aktualisierungszeiträume

Die meisten Unternehmen bedienen sich zum unternehmensinternen Informationsmanagement gängiger Data Warehouse Lösungen. Diese fassen unterschiedliche Datentypen zusammen; beginnend mit so genannten Stammdatensätzen, bei denen beispielsweise Kundenanschrift, Ansprechpartner, Bankverbindung, Lieferadresse etc. gespeichert werden. Diese Grunddaten können um weitere Kategorien, wie beispielsweise Kaufverhalten oder Kommunikationsverhalten, erweitert werden.

Sämtliche Informations- und Kommunikationssysteme des Unternehmens werden in der so genannten IT- und Kommunikationsarchitektur zusammengefasst. Die miteinander korrespondierenden IT-und Kommunikationssysteme sind dabei die Software; die IT- und Kommunikationstechnologie stellen die Hardware dar.

Die IT- und Kommunikationsstruktur bildet die technische Basis, um das Management der multiplen Geschäftsbeziehungen zu Kunden und Lieferanten auf eine unternehmensintern einheitliche Plattform zu stellen. Die digitale Verarbeitung von zahlreichen Informationen ermöglicht es den Unternehmen, ein strukturiertes Kundenbeziehungsmanagement zu gestalten. In der betriebswirtschaftlichen Literatur wird in diesem Zusammenhang von Customer Relationship Management (CRM) gesprochen. CRM dient dabei dem Ziel, die Kundenbeziehungen stärker zu professionalisieren und ökonomisch zu optimieren. Dahinter steht die simple Erfahrungserkenntnis, dass zufriedene Kunden grundsätzlich treuere Kunden sind und somit eine stabile Ertragsbasis bilden können. Dies kann jedoch nur gelingen, wenn das leistungsanbietende Unternehmen die Präferenzen seiner Kunden kennt und seine Prozesse daran ausrichtet. Zugleich ist aus unternehmerischer Perspektive zu beachten, dass die einzelnen Wertschöpfungsschritte, die zur Erreichung der angestrebten Kundenzufriedenheit erforderlich sind, sich auch insgesamt ökonomisch legitimieren. Im Grunde geht es beim CRM um die Integrationsleistung zweier vermeintlich gegensätzlicher Grundausrichtungen: Der Kundenwert aus Unternehmenssicht und der Wert für den Kunden aus seiner Perspektive.

**Kundenwert und Wert für den Kunden**

Aus der Unternehmensperspektive kann der Wert des Kunden auf unterschiedliche Weise bemessen werden. Zunächst können die getätigten oder zukünftig zu erwartenden Umsätze saldiert und bewertet werden. Darüber hinaus kann sich der Kundenwert auch über einen Referenzwertcharakter ergeben; wenn ein Lieferant einen renommierten Kunden beliefert, kann der Zulieferer ggf. von der Strahlkraft des Kunden partizipieren. Ein Beispiel: Wenn ein Kfz-Zulieferer die Daimler AG beliefert, die als qualitativ sehr anspruchsvolles Unternehmen in der Automobilbranche gilt, ist die unausgesprochene Botschaft, dass der Lieferant dieses hohe Qualitätsniveau zu erreichen in der Lage sein muss – eine inhaltliche Aussage, die für die vertrieblichen Aktivitäten des Lieferanten insgesamt sehr vorteilhaft sein kann. Aber auch das Weiterempfehlen durch zufriedene Kunden kann man als einen Teil des Kundenwerts betrachten, eine Erkenntnis, die in ihrer Konsequenz nicht von allen Unternehmen vollumfänglich gelebt wird.

Der Kunde bewertet seinen *Kundenwert* sicherlich anders als die Unternehmen. Der Wert, den eine Geschäftstransaktion für ihn bedeutet, bemisst sich nach seinem realisierten oder perspektivischen Nettonutzen, d. h. welchen ökonomischen und darüber hinausgehenden Wert er für sein Geld erhält.

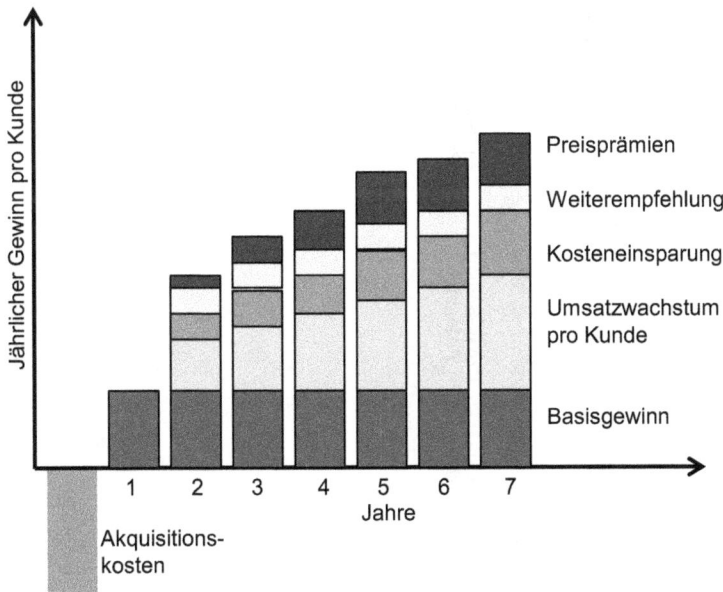

Abb. 2.22:    Monetärer Nutzen langfristiger Kundenbeziehungen (aus CRM Leußer/Hippner/Wilde, S. 25)

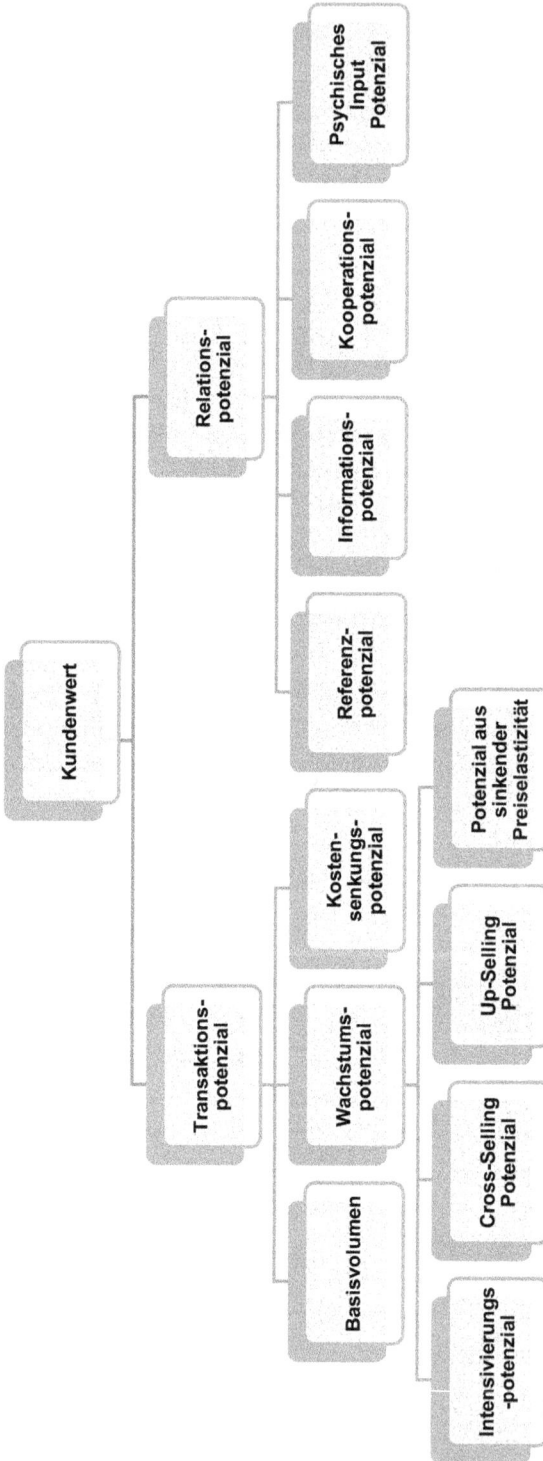

Abb. 2.23:    Determinanten des Kundenwerts (aus CRM Leußer/Hippner/Wilde, S. 26)

Leußer/Hippner/Wilde (2011) stellen einen Bezug zur Zeitdimension von Kunden-Lieferanten-Beziehungen her. Dabei argumentieren sie, dass nicht nur die Intensität, sondern auch die Dauer einer Geschäftsbeziehung für die Rentabilität entscheidend sein kann. Auch hier ein Beispiel: Gerade in der Finanzdienstleistungsbranche werden oftmals Studenten und Jungakademiker von den Anbietern umworben, obwohl die gegenwärtige Kaufkraft dieser Zielgruppe dies nicht legitimiert; vielmehr ist es das sehr wahrscheinlich zukünftige Potenzial, das die Unternehmen zu dieser Vorgehensweise veranlasst.

Aus dieser Perspektive führen die o.g. Autoren den Kundenwert auf zwei Hauptaspekte, auf das Transaktionspotenzial und auf das Relationspotenzial, zurück.

Das Transaktionspotenzial umfasst dabei die klassischen betriebswirtschaftlichen Betrachtungsfelder, wie das Basisvolumen des Umsatzes, das Wachstumspotenzial und das Kostensenkungspotenzial.

Das *Basisvolumen* repräsentiert die historische und die aktuelle Kundenbeziehungsintensität. Ausgehend davon, dass Kaufentscheidungen aus einer bestehenden Kundenbeziehung tendenziell eher habitualisiert, das heißt vorfestgelegt, zu sein scheinen, erwächst eine potenzielle Immunisierung gegenüber Wettbewerbsangeboten, was eine gewisse Basisumsatzgröße erwarten lässt.

Das *Wachstumspotenzial* beschreibt die zu erwartenden Nachfrageänderungen. Diese setzen sich nach Hippner aus den folgenden Einzelfaktoren zusammen:

- Das *Intensivierungspotenzial* steht dabei für den wahrscheinlichen Geschäftsintensivierungsverlauf, grundsätzlich lässt sich mit zunehmender Dauer der Geschäftsbeziehung eine steigende Intensivierung beobachten
- Das *Cross-Selling-Potenzial* bezieht sich auf die Möglichkeit, durch den Verkauf einzelner Leistungsangebote auch eine Plattform für weitere Leistungsangebote zu erschließen; beispielsweise kann ein Bauunternehmen zusätzlich zu seiner Bautätigkeit für einen spezifischen Kunden zusätzlich Bewirtschaftungsleistungen anbieten
- Das *Up-Selling-Potenzial* charakterisiert die qualitative Ebene des Leistungsaustausches, wenn der Kunde im Zeitverlauf vermögender wird, kann er höherwertige Leistungen kaufen; somit vollzieht sich eine qualitative Veränderung des Leistungsaustausches
- Als letzte Einflussgröße wird das *Potenzial aus der sinkenden Preiselastizität* der Kundenbeziehung herangezogen. Dieses Phänomen beschreibt die mangelnde Bereitschaft der Kunden, das eigene Nachfrageverhalten nach kurzfristigen Preisvorteilen von Wettbewerbsleistungen auszurichten.

Das *Kostensenkungspotenzial* erfasst die dritte Dimension des Transaktionspotenzials. Das Reduktionspotenzial der Kosten ergibt sich u.a. daraus, dass das Unternehmen mit zunehmender Zeitdauer die Kundenbedürfnisse besser kennt und versteht und daher passgenauere Angebote erstellen kann. Das kann die Streubreite der Marketingaktivitäten teilweise erheblich reduzieren.

Das *Relationspotenzial*, das neben der betriebswirtschaftlich üblichen Perspektive weitere Potenziale aufzuzeigen versucht, setzt sich nach Hippner/Hubrich/Wilde (2011) aus vier Komponenten zusammen:

- Das *Referenzpotenzial* weist auf das Potenzial hin, das sich aus den positiven Referenzen eines Kunden ergeben kann. Entscheidend für diese Multiplikatorwirkung ist der Umfang und die Qualität des Beziehungsnetzwerks, über das der Kunde verfügt.

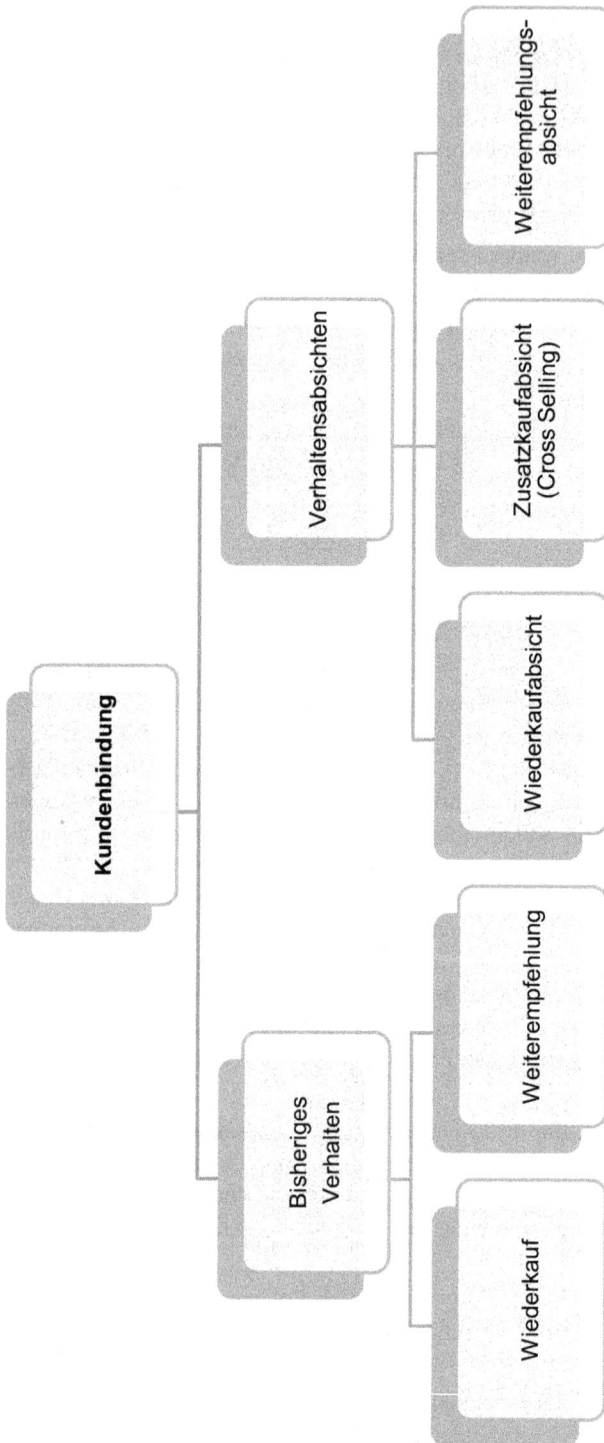

Abb. 2.24:   Konzeptionalisierung der Kundenbindung (aus CRM Leußer/Hippner/Wilde, S. 29)

- Das *Informationspotenzial* zeigt das positive Potenzial auf, dass sich aus der Informationsrückkopplung zwischen Lieferanten und Kunden ergibt. Der Kunde kann dem Lieferanten wertvolle Informationen z. B. über die Nützlichkeit oder über die Eigenschaften der Leistungen geben. Das Informationspotenzial erfasst und bewertet damit die qualitative Dimension des Kundenfeedbacks. Dieser Ansatz korrespondiert eng mit den zahlreichen Konzepten des Beschwerdemanagements.

- Das *Kooperationspotenzial* zeigt die Möglichkeiten auf, die sich aus der kooperativen Abstimmung sämtlicher Wertschöpfungsaktivitäten über die Unternehmensgrenzen hinweg ergeben können. Derartige Werttreiber gewinnen v.a. im B2B-Bereich an Bedeutung, da die prozessuale und inhaltliche Abstimmung bei komplexen Wertschöpfungen zunehmend an Bedeutung gewinnt.

- Das *psychische Inputpotenzial* befasst sich mit den psychischen Auswirkungen einzelner Kundenbeziehungen. Diese können für das Lieferunternehmen grundsätzlich positiv oder negativ sein. Ein Beispiel: Für manche Bauunternehmen stellen einige Kunden ein negatives Inputpotenzial dar, da diese lediglich mit Argusaugen darauf lauern, dass sich ein juristischer Hebel konstruieren lässt, um den Kaufpreis über Kompensationsforderungen zu reduzieren. Derartiges Verhalten ist für sämtliche Beteiligten auf der Anbieterseite sehr unerquicklich, was in der Praxis dazu führt, dass diese Kunden im Wiederholungsfall auf eine „schwarze Liste" gesetzt werden, um zukünftig durch Vermeiden dieser Geschäftsbeziehung Schaden für das eigene Unternehmen abzuwehren.

Als Zwischenresümee kann man festhalten, dass ein erfolgreiches Kundenbeziehungsmanagement das Verhalten des Kunden analog zu Abb. 2.24 beeinflussen soll.

**CRM-relevante Prozesse**
Auch die CRM Maßnahmen müssen in den Prozessablauf des Unternehmens integriert werden. Aus einer gesamtprozessualen Perspektive müssen sämtliche Geschäftsprozesse, die für die Kunden-Lieferanten-Beziehung relevant sein können, untersucht und ggf. neu ausgerichtet bzw. an die CRM-Zielsetzung angepasst werden. Hippner/Hubrich/Wilde (2011) unterscheiden bei ihrer Analyse drei Grundprozesstypen: Strategische-, operative-, und analytische CRM-relevante Prozesse.

*Strategische CRM-relevante Prozesse* leiten sich von der allgemeinen strategischen Ausrichtung ab und beinhalten v.a. welche Ziele, mit welchen Kundengruppen, durch welche Maßnahmen, in welchem Zeitraum erreicht werden sollen. Vor diesem Hintergrund ist es erforderlich, sich dezidiert mit dem Kaufentscheidungsverhalten und mit Kaufmotivationen auseinanderzusetzen und diese Erkenntnisse zur Grundlage einer strategischen Vorgehensweise zu machen. Dabei ist eine Selbstreflexion der unternehmerischen Kompetenzen ebenso empfehlenswert wie die Einbeziehung wettbewerblicher CRM-Aspekte.

Die *operativen CRM-relevanten Prozesse* sind zunächst unter den Gesichtspunkten der Kundenprozesse im Einkauf und deren Vorstufen zu analysieren. Je nachdem, wo und wie der Kunde bzw. Interessent sein Informationsmanagement organisiert, sollte die operative CRM Ebene ansetzen. Hippner/Hubrich/Wilde (2011) identifizieren sechs operative Kernprozesse, die dem Marketing, dem Vertrieb und dem After Sales Service zugeordnet werden:

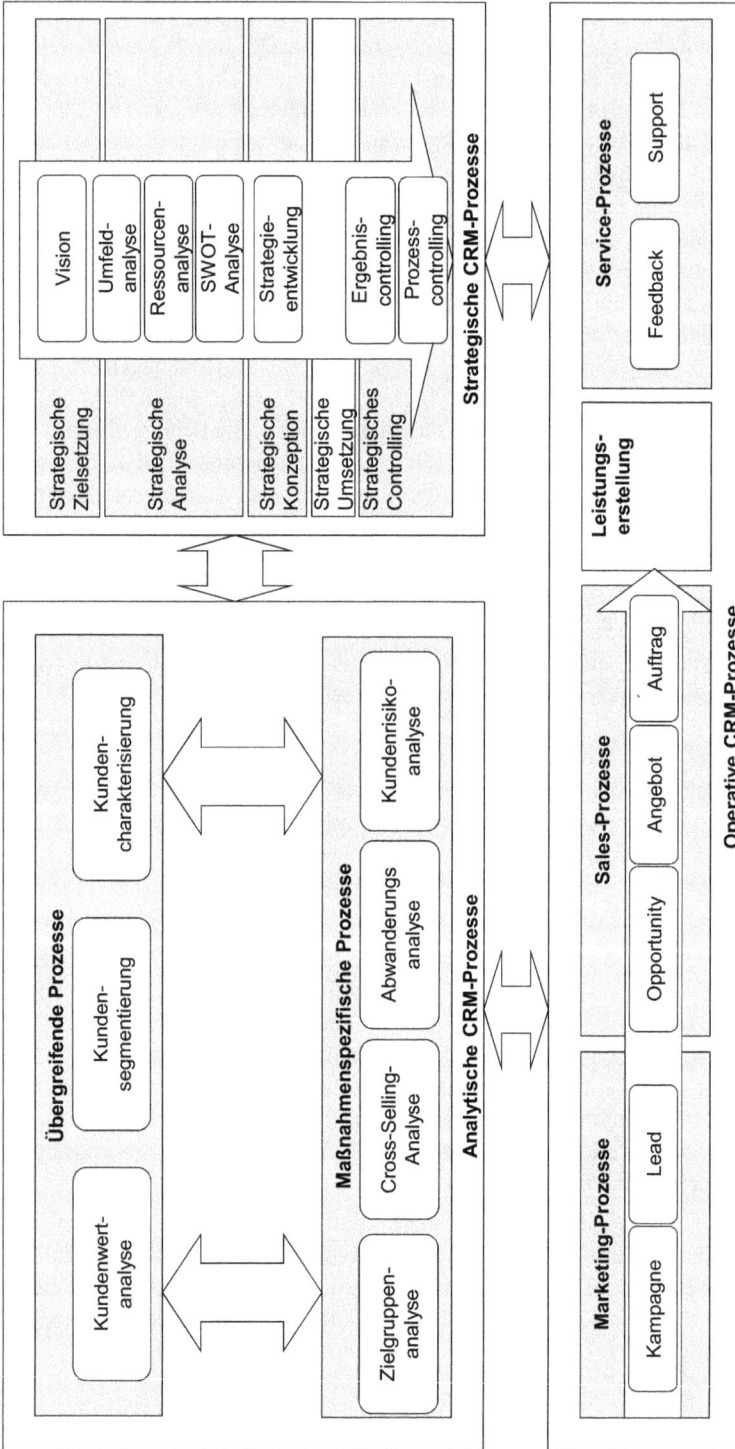

Abb. 2.25: Prozesse im CRM (aus CRM Leußer/Hippner/Wilde, S. 39)

- Das Kampagnenmanagement soll durch die Analyse, Planung und Durchführung sämtlicher Kampagnen Interessenbekundungen von Stamm- und Neukunden erhalten. Von zentraler Bedeutung für den Erfolg der Kampagnen ist es daher, die potenzielle Kunden und Interessenten in der geeigneten Kommunikationsform mit dem geeigneten Leistungspacket zu überzeugen (Teil der Marketingprozesse).
- Leadmanagement bezeichnet eine weitergehende Prüfung und Aufbereitung der durch das Kampagnenmanagement gewonnenen Daten für den Vertrieb. Nicht jede Kontaktaufnahme seitens der Interessenten birgt das Potenzial des Erfolgs in sich, insofern müssen diese weniger zielführenden Kontakte vom Marketing für den Vertrieb um die weniger wertvollen Daten bereinigt werden (Teil der Marketingprozesse).

Im Anschluss an die Bearbeitung im Marketing gehen die Prozesse in den Vertriebsbereich der CRM-relevanten Prozesse über:

- Das so genannte *Opportunity-Management* befasst sich mit den konkreten Verkaufschancen, die durch das Kampagnen- und Leadmanagement generiert wurden und versucht, diese in einen Verkaufsabschluss „zu verwandeln". Im Rahmen der Vertriebsaktivitäten soll das Opportunity-Management dabei die Verkaufsprozesse durch die Bereitstellung relevanter Daten und Analysen unterstützen.
- Im *Angebots- und Auftragsmanagement* werden die kundenspezifischen Angebote bzw. Aufträge erfasst, erstellt und überarbeitet mit dem Ziel, einen profitablen Abschluss mit dem Kunden zu erzielen. Die digitale Informationsbearbeitung kann als Beschleuniger der Prozesse genutzt werden, ebenso bietet das CRM die Möglichkeit, kundenspezifischen Wünschen durch die zentrale Erfassung besser Rechnung tragen zu können.

Dem Bereich After-Sales-Service werden die Prozesse Feedback und Support zugeordnet:

- Das *Feedbackmanagement* ist zuständig für sämtliche informationelle Rückflüsse, seien sie positiver (Lob und Anregungen) oder negativer (Beschwerde) Natur. Diese oft sehr wertvollen Informationen können bei einer professionellen Auswertung Eingang in das Produktmanagement finden oder, im Fall eines prozessualen Fehlers, an die zuständigen Stellen zur permanenten Verbesserung weitergeleitet werden.
- Im Rahmen des Supportmanagements werden die auftretenden Probleme, die der After-Sales-Phase zugehörig sind, entsprechend mit dem Ziel bearbeitet, die Probleme zügig zu lösen und trotz der Notwendigkeit dieser Aktivitäten dennoch die gewünschte Zufriedenheit beim Kunden auszulösen.

Die *analytischen CRM-relevanten Prozesse* unterstützen sowohl die strategischen als auch die operativen CRM-relevanten Prozesse. Dabei kann es sich um die Analyse von Grundsatzangelegenheiten, wie beispielsweise Methoden zur Kundenwertbestimmung, handeln, die Analyse von Kampagnen bzw. die Auswertung kundenorientierter Maßnahmen fallen in dieses Metier.

Das Konzept des CRM besteht aus einer Vielzahl von Einzelausprägungen, die insgesamt das Ziel verfolgen, durch eine verbesserte Informationsbeschaffung und durch eine entsprechend professionelle Auswertung der gesammelten Daten und Informationen ein gezielteres Vorgehen der Unternehmen zu ermöglichen. Gezielter bedeutet in diesem Zusammenhang, die Kundenpräferenzen hinsichtlich der Ansprachform, des Ansprachezeitpunkts, des Anspracheinhalts etc. besser im Vorfeld von Kunden- oder Interessentenkontaktkampagnen planen zu können. Damit können die Streuverluste grundsätzlich reduziert werden, zudem ergibt sich daraus die Möglichkeit, die Unternehmensressourcen auf die lohnenswerten Kontakte zu fokussieren. Jedes Unternehmen muss die Zielsetzungen für die Einführung bzw. für die Nutzung von IT-gestützten Lösungen in Eigenregie definieren, um die Investitionen in diesen Bereich als möglichst wirtschaftlich zu rechtfertigen. Eine konsequente Ausrichtung entlang der CRM-Möglichkeiten kann überdies dazu führen, dass das eigene Unternehmen durch die verbesserte Kundenbearbeitung gegenüber den Wettbewerbsunternehmen einen grundsätzlichen Vorteil gewinnt.

# 3 Marketing und Vertrieb in der Bauwirtschaft

## 3.1 Einführung

Die Ausführungen in den vorangegangenen Abschnitten zum Vertrieb waren allgemeiner Natur und hatten keinen spezifischen Bezug zu einer Branche. Bevor der Einstieg in ein baubranchenspezifisches Vertriebsmodell möglich ist, muss hier aus Gründen der Verständlichkeit und Nachvollziehbarkeit ein wichtiger Einschub erfolgen: Dem Vertrieb sind im betrieblichen Prozess wichtige Entscheidungen vorgeschaltet. Diese „Weichenstellungen" werden durch das Marketing vorgenommen, dass demnach den Aktionsrahmen für den Vertrieb vorgibt. Allerdings geschieht das in aller Regel unter Einbeziehung der Kompetenzen des Vertriebs. Um das Zusammenspiel zwischen Marketing und Vertrieb zu verdeutlichen, werden in diesem Kapitel die dafür relevanten Aspekte aufgegriffen. Eine umfassende Darstellung des Bau-Marketings ist der Buchpublikation „Bau-Marketing" zu entnehmen. Der Zusammenhang zwischen Bau-Marketing und Bau-Vertrieb wird in Abb. 3.1 dargestellt.

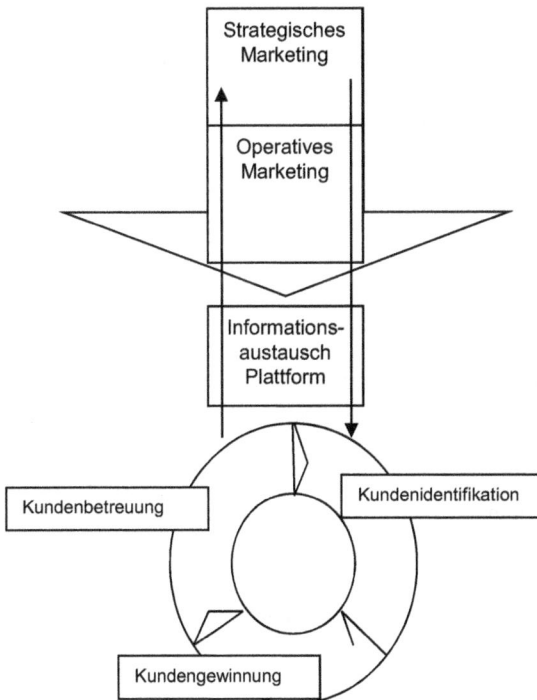

Abb. 3.1:    Zusammenspiel von Bau-Marketing und Bau-Vertrieb

## 3.2      Bau-Marketing

Erst seit kurzem wird die Notwendigkeit eines speziellen, auf die Baubranche zugeschnittenen Marketings in der Fachwelt diskutiert. Die für den Vertrieb wichtigen Überlegungen beziehen sich beispielsweise darauf, welche regionalen Märkte oder Leistungen das Bauunternehmen bedienen möchte. Da die überwiegende Mehrheit der Bauunternehmen bereits Geschäftsaktivitäten unterhält, geht es in vielen Fällen um zwei Grundfragen: Welche Märkte bedient das Unternehmen gegenwärtig und welche kann oder sollte es in Zukunft bearbeiten? Die meisten Geschäftsfelder wie Hochbau, Tiefbau oder Ingenieurbau sind historisch gewachsene Marktsegmente der agierenden Unternehmen. Da Marketingüberlegungen nicht Teil einer Branchenkultur sind, beschäftigen sich die Baupraktiker überwiegend mit der Verbesserung der einzelnen Projektrendite in den jeweiligen Geschäftsfeldern als mit strategischen Marktbearbeitungsfragen. Die Kernfrage lautet: Wie kann Bau-Marketing den Unternehmen helfen, ihre Marktbearbeitung zu optimieren um auch in einem schwierigen Bauumfeld insgesamt profitabel zu agieren?

Zunächst ist zwischen zwei Hauptdimensionen, dem strategischem und operativem Marketing, zu unterscheiden. Strategisches Marketing befasst sich mit Grundsatzfragen. Ein aktuelles Beispiel: Die Energiewende wird zweifelsohne Auswirkungen auf die deutsche Bauwirtschaft haben, allerdings sind die Konturen möglicher Teilmärkte in vielen Fällen noch sehr unscharf. Strategisches Marketing kann durch eine strukturierte Informationsbeschaffung einen Beitrag dazu leisten, dass Führungskräfte eines Bauunternehmens „klarer" sehen und somit als eine wichtige Entscheidungshilfe fungieren. Das Marketing wirkt wie ein „Frühwarnsystem", das mögliche Chancen und dazugehörige Risiken transparent herausarbeitet.

Wichtige Fragen wären hier:

- In welcher Form und in welcher Intensität wird die Bauwirtschaft von der Energiewende betroffen sein? Welche Wertschöpfungsaktivitäten sind primär betroffen?
- Wie kann man den entstehenden Markt abgrenzen und nach welchen Kriterien sollte er abgegrenzt werden?
- Welche Potenziale bietet der Markt? Wie viel Kapital wird dort umgesetzt?
- Welche Kompetenzen werden benötigt, um von diesem Markt zu partizipieren?
- Sind diese im eigenen Unternehmen vorhanden? Wenn ja, zu welchen Anteilen?
- Wie kann ein möglicher Kompetenzaufbau gestaltet werden? Durch organischen Aufbau eigener Expertise/durch Aufkaufen von Fremdkompetenzen (M&A)/durch eine Mischform?
- Welche Risiken sind mit einem Markteintritt verbunden?
- Wer sind mögliche Kunden? Wer sind ggf. die Kunden des Kunden (Investitionsgüterbereich)? Welche Präferenzen haben diese Kundengruppen – was beeinflusst ihre Kaufentscheidung?
- Wie sieht die aktuelle/zukünftige Wettbewerbssituation aus? Welche Tendenzen zeichnen sich bereits heute ab?

Zur Beantwortung dieser Fragen nutzen die Marketingfachleute unterschiedliche Modelle und Konzepte, auf die im nächsten Abschnitt näher eingegangen wird.

## 3.2.1    Strategisches Bau-Marketing

Die Modelle und Konzepte, die zum strategischen Bau-Marketing herangezogen werden
können, sind vielfältig und richten sich grundsätzlich nach der Aufgabenstellung. Sie sind
abgeleitet von den allgemeingültigen Ansätzen des strategischen Marketings. Im Folgenden
werden diese Konzepte im Rahmen eines „Parforceritts" vorgestellt werden; explizit der
Produktlebenszyklus, die Umwelt- und die Branchenanalyse sowie die Stärken-Schwächen-
Analyse.

**Produktlebenszyklus**
Der Produktlebenszyklus stellt eine Analogie zur Biologie her, wie wörtlich abzuleiten ist.
Ein Lebenszyklus impliziert dabei, dass eine Existenz unterschiedliche Phasen, beginnend mit
der Geburt und endend mit dem Tod, durchläuft. Dieser Ansatz wurde auf die Betriebswirt-
schaftslehre übertragen, demnach werden Produkte ebenso geboren, durchschreiten in ihrem
Leben verschiedene Entwicklungsstadien und müssen zum Ende ihrer Existenz „sterben".

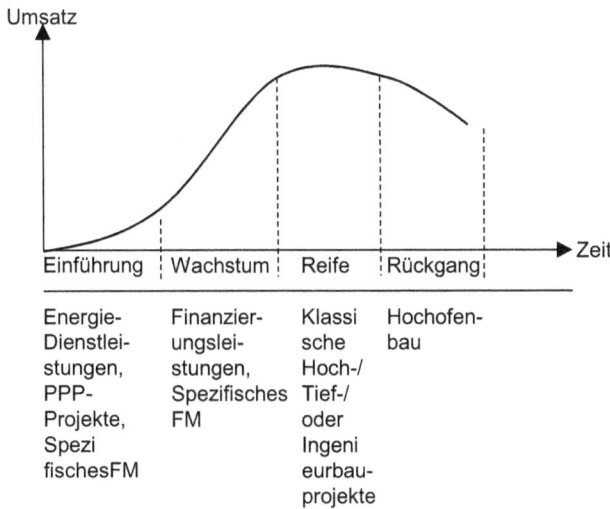

| Einführung | Wachstum | Reife | Rückgang |
|---|---|---|---|
| Energie-Dienstlei-stungen, PPP-Projekte, Spezi fischesFM | Finanzier-ungslei-stungen, Spezifisches FM | Klassi sche Hoch-/ Tief-/ oder Ingeni eurbau-projekte | Hochofen-bau |

Abb. 3.2:    Baubezogener Produktlebenszyklus

Diese Vorgehensweise ermöglicht eine Betrachtung über mehrere Perioden und hat somit
einen zeitdynamischen Charakter. Das bedeutet, dass nicht nur zeitpunktbezogene Aspekte
beleuchtet werden, sondern dass auch zukünftige Entwicklungen unter der Berücksichtigung
spezifischer Annahmen grundsätzlich vorhersehbar sind. Das Modell erlaubt es, in den einzelnen Phasen unterschiedliche Betrachtungsperspektiven einzunehmen; so können zeitgleich Aussagen zu typischen Umsatzentwicklungen, Zahlungsströmen und Kommunika-
tionsaufwand getroffen werden.

*Exkurs Besonderheit von Bauprodukten*
Ein bauspezifisches Marketing ist ohne eine Betrachtung der Besonderheiten der angebote-
nen Bauleistungen nur unzureichend möglich, daher wird ein Exkurs zur Besonderheit der
Bauprodukte in Abgrenzung zu klassischen Produkten vorgeschaltet.

Bei der klassischen Zuordnung von Produkten fällt auf, dass der umgangssprachliche Begriff „Produkt" für die Bauwirtschaft vor dem Hintergrund mehrerer Besonderheiten betrachtet werden muss: Sämtliche Leistungen, die ein Bauunternehmen am Markt anbietet, sind als Produkte zu werten, wozu das variantenreiche Dienstleistungsspektrum wie beispielsweise das Flughafenmanagement oder das Betreiben von Schulen und Krankenhäusern zählt. Diese Formen des Engagements der Bauwirtschaft sind relativ neu und stellen im Vergleich zu üblichen Bauleistungen in vielfältiger Beziehung eine Besonderheit dar.

Hinzu kommt eine weitere bauspezifische Besonderheit: Bauprojekte sind in der Regel Unikate, d. h. Einzelprodukte, die sich sicherlich in vielen Facetten ähneln, die jedoch in der deutlich überwiegenden Zahl in der Gesamtkonfiguration Einzelwerke sind, was die Entstehung skalenökonomischer Effekte begrenzt. Darüber hinaus wirkt sich die mangelnde Lagerfähigkeit von Bauprodukten in der Form aus, dass der Produktionsprozess stets mit jeder Produkterstellung neu konfiguriert werden muss, da die Produktion des Produktes erst bei der Auftragserteilung beginnt. Jedes Bauprodukt ist demnach nicht nur hinsichtlich seines physischen Ergebnisses ein Unikat, sondern auch in Bezug auf die Zusammensetzung der Produktionsfaktoren, z. B. Lieferanten, Nachunternehmer, ggf. Partnerunternehmen (ARGE-Partner) und eigene gewerbliche Produktionskapazitäten.

Die bautypische Vorgehensweise über so genannte „Referenzprojekte" eigenes Know-how unter Beweis zu stellen, greift aus Kundenperspektive nur bedingt. Vorher fertiggestellte Bauvorhaben beweisen lediglich, dass das Bauunternehmen in der zurückliegenden spezifischen Situation ein dementsprechendes Projekt fertigstellen konnte. Die Vergleichbarkeit von Bauprodukten ist somit aus einer Kundenperspektive nur eingeschränkt möglich. Eine Schwierigkeit für den Vertrieb von Bauprodukten erwächst aus der Zusammenfassung zweier damit zusammenhängender Faktoren: Das Bauprodukt (aus Kundensicht das fertig gestellte Bauwerk) ist grundsätzlich relativ kostenintensiv, was das Risiko sich zu „verkalkulieren" für den Käufer deutlich erhöht. Gleichzeitig kann die Unsicherheit nur schwer ausgeräumt werden, da Bauprodukte kein Erfahrungsgut sind und dementsprechend weder befühlt, begangen oder anderweitig im Vorfeld erfahrbar sind.

Für die Bauunternehmen ist der häufig komplexe Prozess der Produkterstellung und die Fertigstellung des Bauprojekts auch aus einer anderen Perspektive von hoher Relevanz: Traditionelle Konsumgüterhersteller stellen zahlreiche Produkte her, deren Gewinn sich durch die Gewinnmarge multipliziert mit der Produktabsatzmenge ergibt, wobei die Absatzmenge eine extrem wichtige Rolle spielt. Das Beispiel eines Getränkeherstellers vermag dies anschaulich aufzuzeigen. Nahezu diametral entgegengesetzt funktioniert das Geschäftsmodell im Bau; die Bauunternehmen bearbeiten im Vergleich zur stationären Industrie eine relativ geringe Anzahl an Produkten zeitgleich, daher ist der wirtschaftliche Einfluss des einzelnen Produkts (Projekts) auf das Gesamtergebnis der Baufirmen auch wesentlich höher. Vor diesem Hintergrund erscheint u.a. die konsequente Anwendung des Bau-Marketings geradezu zwingend, da bereits ein einziges defizitäres Bauprojekt das Ergebnis von zahlreichen anderen parallel laufenden betriebswirtschaftlich erfolgreichen Projekten derartig schmälern kann, dass das wirtschaftliche Gesamtergebnis negativ wird.

Bauprodukte stellen demnach sowohl für die Kunden als auch für die Anbieter inmitten der üblichen Produktlandschaft eine Besonderheit dar, die genau deshalb ein auf die Branche zugeschnittenes Marketing erforderlich werden lässt.

Zu den einzelnen Phasen des Produktlebenszyklus:

*Einführungsphase*
In der Einführungsphase wird das Produkt auf den Markt gebracht. In der Regel ist dem ein entsprechender Aufwand für Forschung & Entwicklung (F&E) sowie eine ausreichende Marktforschung vorausgegangen. Grundsätzlich ist davon auszugehen, dass die anvisierte Zielgruppe in dieser Phase bestenfalls über einen relativ geringen Informationsstand verfügt. Die notwendigen Informationen beziehen sich zunächst auf die Existenz des Produkts, darüber hinaus auf die Produkteigenschaften und Nutzenpotentiale sowie auf die Beschaffungsmöglichkeiten. Für die Unternehmen ist es daher erforderlich, neue Produkte mit einer entsprechend intensiven Kommunikationspolitik in den Markt zu begleiten. Ein neues Produkt ist in der Einführungsphase am verwundbarsten, d. h. dass es die Erwartungen des Unternehmens hinsichtlich seiner Marktakzeptanz, seines Absatzes und seines finanziellen Wertbeitrags nicht oder nicht ausreichend erfüllt. Experten sprechen in diesem Zusammenhang von einem Flop; je nach Branche und Produktgruppe variieren die Floppraten insgesamt zwischen 60 % und 80 %. Diese relativ hohe Quote bedeutet für die Unternehmen ein hohes Risiko, da sämtliche bisherigen Aufwendungen somit nutzlos werden könnten.

Diese konzeptionellen Überlegungen sind auch auf die Bauwirtschaft übertragbar, allerdings sollte dies auf der Basis von Produktgruppen geschehen. Klassische Hoch- oder Tiefbauleistungen befinden sich sicherlich nicht in der Einführungsphase. Hier sind die neuen Leistungsbündel der Bauwirtschaft anzusiedeln, wie beispielsweise Energiedienstleistungen, aber auch so genannte „Energie Plus Häuser", die mehr Energie produzieren, als sie verbrauchen. Auch spezifische Finanzierungsformen, oder manche PPP-Leistungen gehören in die Einführungsphase. Auch das Engagement verschiedener Bauunternehmen im Bereich der Erstellung von Windkraftanlagen ist eine Leistung, die sich derzeit noch in der Einführungsphase befindet.

*Wachstumsphase*
In der Wachstumsphase stellt sich bereits eine Wirkung der Einführungsmaßnahmen des Marketings ein. Die Konsumenten gewinnen eine zunehmende Kenntnis von der Existenz und den Vorzügen des Produkts und wissen auch, wo und wie sie dieses kaufen können. Das führt durch die Akzeptanz der Abnehmer zu steigenden Absatzzahlen (für das Produkt), der bisherige Aufwand sinkt somit in Relation zur Absatzmenge, was einen positiven Effekt für die Stückkosten bedeutet. In der Regel ist der Wettbewerbsdruck in dieser Phase nicht so intensiv wie in späteren Phasen. Man kann jedoch davon ausgehen, dass der Wettbewerb sich spätestens in dieser Phase formiert und er verstärkt daran arbeiten wird, aufgrund der bereits vorhandenen Verbraucherakzeptanz vergleichbare Produkte auf den Markt zu bringen. Bautypische Leistungen, die man der Wachstumsphase zurechnen kann, sind die Formen des Facility Managements, die sich mit der traditionellen Bewirtschaftung von Gebäuden befassen. Darüber hinaus werden mittlerweile der Bau und der Betrieb von Schulen und andere Infrastrukturleistungen angeboten. Bisher zeichnet sich ein Trend ab, dass Hochbau- und, Verkehrswegebauprojekte sowie Projekte im Bereich Gesundheit und IT sich innerhalb des Segments Öffentlich-Privater-Partnerschaften von der Anzahl am weitesten entwickelt haben. Diese haben die Einführungsphase überstanden und befinden sich insgesamt in der Wachstumsphase. Ebenso können dieser Phase die Bauleistungen mit der Spezialisierung auf Logistik, die in den letzten Jahren von einigen innovativen Unternehmen entwickelt wurden, zugeordnet werden.

*Reifephase*

In der Reifephase erreicht das Produkt seinen Absatzhöhepunkt. Aufgrund der relativ hohen Absatzzahlen erwirtschaftet das Produkt in diesem Zeitraum in der Regel seinen höchsten finanziellen Beitrag, mit dessen Hilfe die gesamten Aufwendungen für sämtliche Produktphasen sowie für die Vorphasen wie F&E oder Marktforschung erwirtschaftet werden. In dieser Phase sind die Absatzzahlen in der Regel stagnierend oder rückläufig, was häufig zu sinkenden Ertragszuwächsen oder gar zu sinkenden Erträgen führt.

Der Baumarkt in der Bundesrepublik Deutschland kann heute als ein solcher beschrieben werden, der sich insgesamt in der Reifephase befindet. Dies ist auch daran abzulesen, dass der größte Anteil der Bauinvestitionen mittlerweile auf das so genannte „Bauen im Bestand" entfällt. Dies sind klassische Ersatz- und keine Erweiterungsinvestitionen. Dies bedeutet jedoch nicht, dass nicht in Teilbereichen des Marktes spezifische Bedingungen vorherrschen können, die sich nicht auf den ersten Blick in den Trend des Gesamtmarktes einfügen. Aber nicht nur der deutsche Baumarkt insgesamt, auch viele der angebotenen Leistungen und Produkte befinden sich im Reifestadium. Die meisten klassischen Hochbauprojekte, unabhängig ob es sich um Wohnungs– oder Bürogebäude oder um klassische Tiefbauprojekte handelt, können als Produkte in der Reifephase bezeichnet werden. Im Prinzip werden diese Produktgruppen nicht mehr stark wachsen und bei sinkender Bevölkerungszahl ist grundsätzlich davon auszugehen, dass sich dieser Grundtrend nicht wesentlich verändern wird. Wohlgemerkt, hier wird eine Langfristperspektive beleuchtet, die unabhängig von aktuellen Konjunkturzyklen zu betrachten ist.

*Rückgangphase*

Die Rückgangphase ist davon gekennzeichnet, dass die Nachfrage nach den Produkten zurückgeht und sich dementsprechend sinkende Umsätze und Erträge einstellen. Am Ende der Rückgangphase wird das Produkt eliminiert.

Auch manche typische Bauprodukte lassen sich dieser Phase zuordnen. So ist beispielsweise aufgrund des industriellen Strukturwandels der Hochofenbau kaum noch relevant, und nach der wenig vorbereiteten Energiewende im vergangenen Jahr in Deutschland ist auch der Bau von Nuklearanlagen bedeutungslos, sodass sich die Produktgruppe „Nuklearkraftwerksbau" auch deutlich in der Phase des Rückgangs befindet. Die Bauunternehmen eliminieren ihre „Produkte", in dem sie die Planungs-, Steuerungs- und Produktionskapazitäten für spezifische Produkte stilllegen oder veräußern. Während der großen Baukrise zwischen 1995 und 2005 konnte man beispielsweise beobachten, wie einige Bauunternehmen sich komplett von ihren Straßenbauaktivitäten trennten, oder einige Sparten (Bereiche) mit dem Ziel zusammengelegt wurden, sie anschließend zu veräußern.

Das Produktlebenszyklusmodell beschreibt den idealtypischen Verlauf eines „Produktlebens". Die Nützlichkeit dieses Ansatzes für die Unternehmen erwächst aus seiner generellen Aussagefähigkeit, die jedoch auf die spezifische Unternehmenssituation übertragen werden muss. Die marketing- und vertriebsorientierten Bauunternehmen können sich durch dieses Modell vergegenwärtigen, in welchem Stadium sich ein Teil der angebotenen Leistung befindet. Zeitgleich zeichnet sich eine typische zukünftige Entwicklung in groben Konturen ab. Befinden sich sämtliche Produktlinien des Bauunternehmens in der Reifephase, erscheint es ratsam, sich über die Neuentwicklung von Leistungen Gedanken zu machen. Insofern bietet die Produktlebenszyklusbetrachtung eine Orientierung des Status quo; zugleich „drängen" sich durch die Annahme typischer Verläufe Prüfaktivitäten auf.

Auch wenn die Produktlebenszyklen im Bau deutlich länger dauern als in anderen Branchen ist es dennoch wichtig, Produkte oder Geschäftsfelder zu entwickeln, die in Zukunft noch über ein ausreichendes Wachstumspotenzial verfügen, da auch im Bau mit seinen mittlerweile zahlreichen Serviceangeboten davon auszugehen ist, dass sich die Innovationsdynamik deutlich erhöhen wird. Auch hier gilt der ehemalige Ausspruch des Altbundeskanzlers Gerhard Schröder: „Nicht die Großen werden die Kleinen fressen, sondern die Schnellen die Langsamen."

**Umweltanalyse**
Im Rahmen der Umweltanalyse werden grundsätzliche Einflussfaktoren identifiziert und hinsichtlich ihrer Auswirkungen auf das zu betrachtende Unternehmen analysiert. Die grundsätzlichen Einflussfaktoren sind die technologischen, die politisch-rechtlichen, die gesamtwirtschaftlichen und die demographischen Rahmenbedingungen.

Die technologischen Rahmenbedingungen beziehen sich auf das gegenwärtige technologische Niveau sowie auf die Entwicklungsperspektive für neue Technologien. So ist z. B. die technologische Infrastruktur für die Informationstechnologie in Deutschland relativ gut ausgeprägt, darüber hinaus ist Deutschland Standort vieler Forschungszentren. Insofern kann man auf einem sehr allgemein gehaltenen Niveau von einem für Unternehmen attraktiven technologischen Umfeld sprechen.

Die politisch-rechtlichen Bedingungen sind für die Unternehmen von enormer Bedeutung. Hierzu zählen die grundsätzlichen Einstellungen der politischen Akteure, aber auch die Unabhängigkeit des Rechtssystems. In Venezuela, wo der derzeitige Präsident Chavez ausländische Investoren enteignet, werden Unternehmen mit hoher Wahrscheinlichkeit keine kapitalintensiven Investitionen tätigen, da ihnen unter den gegenwärtigen Umständen ein Totalverlust drohen kann. Aber auch im Inland können die politisch-rechtlichen Aspekte eine hohe Bedeutung entwickeln, wie der vorzeitige „Atomausstieg" in Deutschland demonstriert.

Die gesamtwirtschaftlichen Rahmenbedingungen beziehen sich auf allgemeine volkswirtschaftliche Indikatoren wie die Inflationsrate, die Höhe der Arbeitslosigkeit, die Höhe der Zinssätze etc. Darüber hinaus spielen konjunkturelle Aspekte ebenfalls eine Rolle in dieser Teilbetrachtung. Gegenwärtig (2012) wirkt sich die Euro- und Staatsschuldenkrise spürbar auf die Weltwirtschaft aus, dennoch gibt es teilweise starke Unterschiede in der Betroffenheit. Deutschland ist aufgrund unterschiedlicher Faktoren deutlich weniger betroffen als beispielsweise Griechenland, Portugal, Italien, Spanien oder auch Frankreich.

Die demographischen Umweltbedingungen sind, wie die anderen Umfeldfaktoren, von einer hohen Relevanz für das Marketing. Der so genannte demographische Wandel, der im Ergebnis einen deutlich geringeren Anteil jüngerer Menschen und einen deutlich gestiegenen Anteil älterer Menschen in der Gesamtbevölkerungsstruktur zur Folge hat, wird sich massiv auf die Nachfrage auswirken, was teilweise heute schon zu beobachten ist. Die älteren Generationen werden von den Unternehmen als potente Kunden identifiziert und demzufolge werden spezifische Produkte für diese „Best Ager" entwickelt und vermarktet. Jüngere Menschen haben andere Bedürfnisse und fragen demnach andere Produkte als Angehörige einer anderen Altersgruppe nach. Demographische Umweltbedingungen wirken langfristig und gelten daher für die Unternehmen als Indikator mit langfristiger Perspektive.

Die hier nur sehr allgemein angesprochenen Umweltfaktoren oder Rahmenbedingungen müssen spezifisch für jedes Unternehmen betrachtet werden. Die Umweltsituation ist für die

Bauunternehmen in ähnlicher Weise wichtig wie für die Unternehmen sämtlicher anderer Branchen. Dabei gelten die gleichen Einflussfaktoren wie bereits oben aufgezeigt, jedoch teilweise in einer unterschiedlichen Gewichtung. Abzusehen ist, dass beispielsweise die Präferenzen und Notwendigkeiten einer alternden Gesellschaft auch baupolitisch und architektonisch ihren Niederschlag finden werden. Dies wird mit hoher Wahrscheinlichkeit zu mehr Bautätigkeit im Bereich Seniorenheime, allgemeine Einrichtungen für ältere Menschen führen, und zeitgleich zu weniger Bauaktivitäten für Kindergärten und Schulen führen.

Die Untersuchung der Umweltbedingungen ist von herausragender Bedeutung, wenn Bauunternehmen ihre Geschäftsaktivitäten auf ausländische Märkte ausdehnen. In dieser Situation ist eine dezidierte Analyse der Umwelt im Auslandsmarkt von zentraler Bedeutung, da über dieses Instrument Problemfelder aus der Sicht des Unternehmens rechtzeitig identifiziert werden können. Existiert beispielsweise strukturell eine Rechtsordnung, deren Anwendung jedoch nicht dem deutschem oder dem europäischem Rechtsverständnis entspricht, so sind das wertvolle Informationen, die das Unternehmen vor einem Schaden bewahren können. Aber auch im Inland können beispielsweise Änderungen im Arbeitsrecht oder andere Änderungen der Rechtsnormen von hoher Wichtigkeit sein.

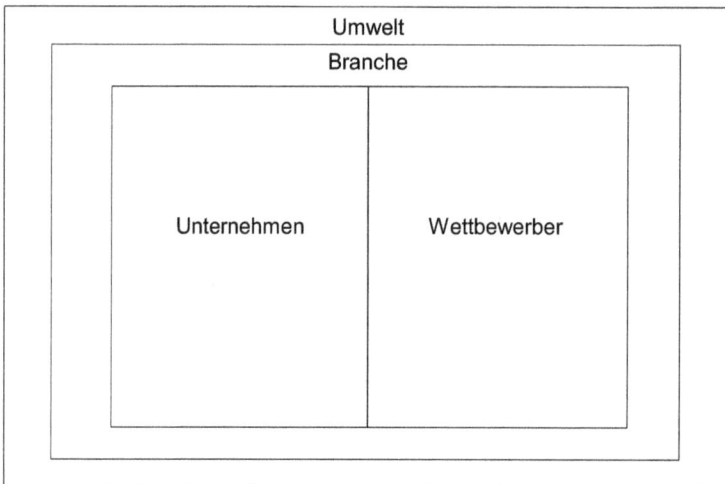

Abb. 3.3:    Umweltanalyse

## Die Branchenanalyse

Im Gegensatz zur Umweltanalyse grenzt die Branchenanalyse oder Branchenstrukturanalyse die Perspektive auf das Wettbewerbsumfeld ein. Nach Michael Porter (1999) sind es vornehmlich fünf Faktoren, die auf die Wettbewerbsintensität einwirken und somit einen maßgeblichen Einfluss auf die durchschnittliche Rentabilität der Unternehmen dieser Branche ausüben. Die einzelnen Faktoren des „Fünf-Kräfte-Modells", das einen allgemeinen Zusammenhang zwischen diesen Faktoren und der Unternehmensrentabilität herstellt, können folgendermaßen auf die Bauwirtschaft übertragen werden (Abb. 3.5).

Die aufgezeigten Wettbewerbskräfte, die generell in der Branche wirken, stellen die betroffenen Bauunternehmen, vor allem auch durch ihr Zusammenwirken, vor teilweise erhebliche Herausforderungen. Preisdruck infolge des Überangebots des Eintritts neuer Wettbewerber,

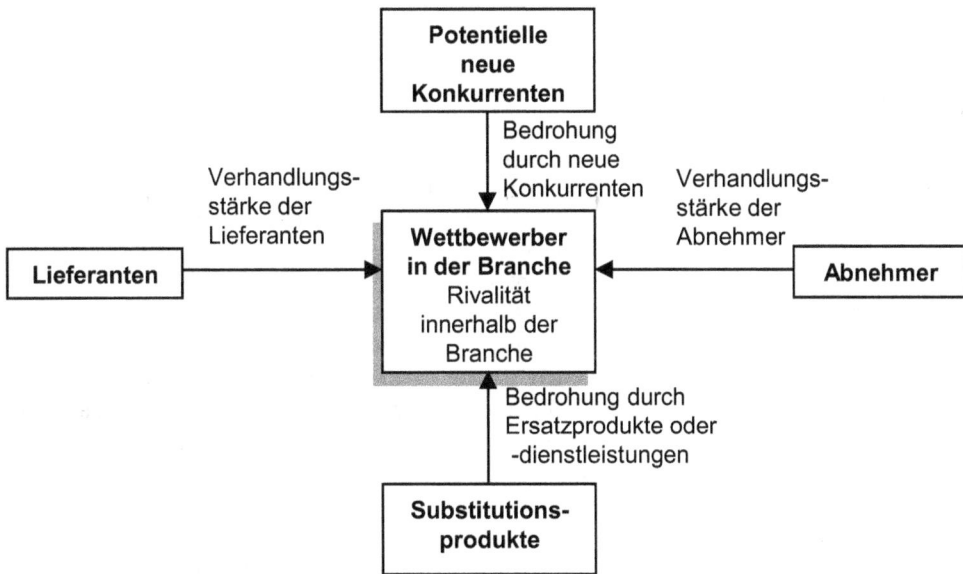

Abb. 3.4:    Fünf-Kräfte Modell nach Porter, angewandt auf die Bauwirtschaft

eine sich langfristig verringernde Staatsnachfrage sowie der teilweise ruinöse Preiswettbe-
werb der Bauunternehmen untereinander, zwingen die Unternehmen zu handeln. Spektaku-
läre Insolvenzen wie z. B. bei der Philipp Holzmann AG oder wie bei der Walter Bau AG
unterstreichen, unter welch massiven Problemen Teile der Branche leiden. Die Branchenanalyse ist ein Instrument, das die generellen Triebkräfte des Wettbewerbs für die Unternehmen
der Baubranche transparent aufzeigt. Die Gültigkeit und die Wirksamkeit dieser Rahmenbedingungen können jedoch zwischen den Unternehmen stark variieren, je nachdem inwieweit
diese in Märkten oder Marktsegmenten agieren, auf die diese Kräfte in der beschriebenen
Intensität einwirken.

Die Branchenanalyse für die Bauindustrie weist aufgrund der Wettbewerbskräfte im klassischen Baugeschäft sehr deutlich auf eine steigende Wettbewerbsintensität hin, die üblicherweise mit sinkenden Gewinnmargen einhergeht. Allerdings sind bei dieser Betrachtung die
neuen Geschäftsfelder für den Bau nicht berücksichtigt. Die hier diskutierte Analyse erlaubt
der Unternehmensleitung zunächst den Status quo, aber auch zukünftige Entwicklungen
strukturiert wahrzunehmen. Die Branchenanalyse kann somit als ein weiterer Stimulus für
eine Evaluation der bisherigen Marktbearbeitungsstrategie fungieren. Es empfiehlt sich, an
dieser Stelle mögliche Marktsegmente zu identifizieren, auf die die Wettbewerbskräfte nicht
in o.g. Konfiguration bzw. in beschriebener Intensität wirken. Die Identifizierung derartiger
Marktsegmente kann ein erster Anknüpfungspunkt für marktorientierte Strategiereflexion
sein, bei der die gegenwärtig bearbeiteten Segmente hinsichtlich ihrer nachhaltigen Wirt-
schaftlichkeitsperspektive untersucht werden. Diesen Prozess haben einige Unternehmen in
der Baubranche bereits erfolgreich beschritten; so kann beobachtet werden, dass zahlreiche
Bauanbieter ihren Dienstleistungsbereich deutlich ausgeweitet haben, in vor- bzw. nachgelagerte Prozessstufen (z. B. finanzieren, planen, bzw. betreiben) diversifizieren, oder in anderen Marktsegmenten aktiv ihre Kompetenzen auf- und ausbauen (z. B. Planung und Erstellung von Windkraftanlagen, Energiemanagement etc.). Dabei können sowohl angrenzende

Marktsegmente, aber auch jene zu denen originär keine Beziehungen bestehen (laterale Diversifikation), als Zielsegmente des Unternehmens definiert werden.

### Die Stärken-Schwächenanalyse

Der Identifizierung und Definition rentabler Marktsegmente sowie einer Betrachtung äußerer Marktbedingungen muss sich eine Innenbetrachtung anschließen, um ein so genanntes Matching zwischen externen Marktanforderungen und internen Ressourcen und Kompetenzen zu erreichen. Ein für diesen Bedarf besonders geeignetes Instrument bildet die Stärken-Schwächen-Chancen-Risiken-Analyse (SWOT-Analyse). Zunächst werden die eigenen Kompetenzen in einer Matrix zusammenfasst, und in Relation zu den Hauptwettbewerbern der jeweiligen Marktsegmente bewertet. Wenn man nun die Kundenbedürfnisse bzw. deren Anforderungen in neuen Marktsegmenten evaluiert, ist eine sachliche Bewertung interner Kompetenzen und Ressourcen unerlässlich, um in Zukunft erfolgreich in diesen Segmenten zu agieren. Insbesondere dort, wo die Bewertung eigener Kompetenzen noch Entwicklungspotential aufzeigt, ist die Frage der Organisation des Kompetenzauf- oder ausbaus zu stellen; grundsätzlich bestehen zwei Möglichkeiten, entweder durch den internen Auf- bzw. Ausbau oder durch externe Zukäufe. Da ein Aufbau bzw. Ausbau von Kompetenzen, v. a. bei komplexen inhaltlichen Anforderungen, länger dauert als die Übernahme eines Unternehmens, das genau über das Wunschkompetenzprofil verfügt und zudem im Zielsegment tätig ist, werden häufig Unternehmen oder Unternehmensteile akquiriert, was am Beispiel des Segments Facility Mangement sehr eindrucksvoll beobachtet werden kann. Die Hochtief Facility Management GmbH übernahm beispielsweise 2004 die Gebäude Management Sparten der Siemens AG sowie der Lufthansa AG und 2007 die Vattenfall Europe Contracting GmbH; Bilfinger Berger erwarb 2002 die HSG GmbH aus der Insolvenzmasse des untergegangenen Philipp Holzmann Konzerns und 2008 die Facility Management Sparte der M&W Zander Group. Die aufkaufenden Unternehmen erwerben damit nicht nur Know-how, sondern sie können damit in Zukunft bei ihren Akquisitionsbemühungen ihre Kompetenzen im Rahmen einer Referenzliste dokumentieren.

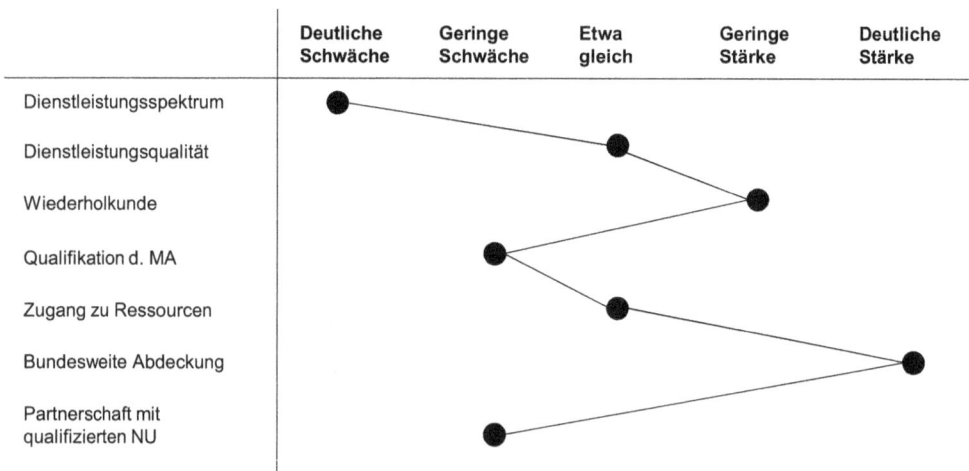

Abb. 3.5:    Mögliches Stärken-Schwächen-Profil eines Bauunternehmens

## 3.2.2 Operatives Bau-Marketing

In den folgenden Abschnitten wird eine Verlagerung des Schwerpunktes von strategischen Aspekten des Bau-Marketings hin zu operativen Fragestellungen vorgenommen. In der gängigen Marketingliteratur wird das operative Marketing auch als Marketing-Mix bezeichnet, das die Bereiche Produkt-, Preis-, Kommunikations- und Distributionspolitik umfasst. Die einzelnen Segmente des Marketing-Mixes werden in ihren Wesenszügen in den folgenden Abschnitten sowohl in ihrer allgemeinen Bedeutung, aber auch in ihrem Bezug zur Baubranche, erörtert.

### Produktpolitik in der Bauwirtschaft

Eine Betrachtung der Produktpolitik in der Bauwirtschaft erscheint ohne Berücksichtigung der branchenspezifischen Charakteristika wenig sinnvoll. Die Besonderheiten der Bauwirtschaft wurden bereits zuvor skizziert, daher wird an dieser Stelle auf eine Wiederholung verzichtet.

In diesem Abschnitt wird ergänzend zur Bezeichnung „Produkt" bzw. „Produkte" für die Leistungen der Bauunternehmen der Begriff der „Bauleistung" bzw. der „Bauleistungen" verwendet. Der Terminus „Bauleistung" entspricht eher dem branchentypischen Vokabular, allerdings wird Bauleistung auch als bilanzieller Begriff verwendet, der die Summe aller erstellten Wertschöpfungsaktivitäten eines Bauunternehmens in einer Geschäftsperiode ausdrückt.

Traditionell entwickelten sich die Bauleistungen der Bauunternehmungen aus den unterschiedlichen Kompetenzen, die ein Unternehmen sich im Laufe der Zeit aufgebaut hat. Aufgrund der hohen Komplexität und vor allem auch der hohen Spezifität besitzen die erstellten Bauleistungen grundsätzlich einen Unikatcharakter. Dennoch lassen sich oftmals große Teile der in einem Projekt erworbenen Kompetenzen generalisieren und auf andere, grundsätzlich vergleichbare Bauleistungen, übertragen. Ein Beispiel: Ein mittelständisches Bauunternehmen, das zum wiederholten Mal Hochbauarbeiten zur Sanierung öffentlicher Schulgebäude in einer Kommune ausführt, kennt die rechtlichen Rahmenbedingungen, die Erwartungen der Akteure wie die der Planer und der Bauherren, die logistisch-infrastrukturelle Situation, die ortsansässigen Zulieferbetriebe und die möglichen Risiken. Dieser Kompetenzaufbau, der auch bei Angebotsverfahren vom Bauherrn eine gewichtige Rolle spielen kann (Referenzprojekte), motivierte die meisten der Bauunternehmen, auf dieser Basis ihr Leistungsangebot zu erstellen und zu etablieren. Darüber hinaus war der zu erwartende Gewinn eine weitere Einflussgröße in Bezug auf das Leistungsprogramm. Für den Fall, dass ein Bauunternehmen in Bereiche vordringen wollte, in denen es keine ausreichende Expertise besaß, wurde häufig der Weg als Juniorpartner in einer Arbeitsgemeinschaft (ARGE) mit anderen Bauunternehmen beschritten, die über die benötigten Kompetenzen verfügte. Durch die Beteiligung an einem derartigen Projekt konnte die benötigte Kompetenz belegbar sukzessive aufgebaut werden.

Diese zugegebenermaßen eher reaktive Angebotspolitik reichte in den Boomjahren der Bauindustrie jedoch aus, um vielen der Marktteilnehmer ein auskömmliches wirtschaftliches Ergebnis zu ermöglichen. Wenn man bedenkt, dass der Großteil der Baubetriebe klein- und mittelständisch geprägt ist, erscheint das Verhalten auch aufgrund der Branchenkultur insgesamt nachvollziehbar.

Die fast zehnjährige Baukrise in Deutschland, die von Mitte der 1990er Jahre bis ca. Mitte dieses Jahrzehnts andauerte, zwang viele Unternehmen schon aus einem Selbsterhaltungsdrang zu einer radikalen Abkehr von dieser Politik. Seitdem entwickelten viele Unternehmen ein neues Selbstverständnis, das sich auch in dem Verhältnis zu ihren Kunden niederschlägt. Seit dieser Zeit ist eine weitgehende Akzentverlagerung von einer innenbezogenen zu einer eher marktbezogenen Angebotspolitik der Bauleistungen zu beobachten.

Dieser marktorientierte Ansatz führte bei vielen Bauunternehmen dazu, zunächst die bisherigen Grenzen der angebotenen Bauleistungen zu überprüfen und sämtliche erforderliche Prozessschritte aus einer Gesamtperspektive zu betrachten. Verstand sich die Mehrheit der Unternehmen ursprünglich als „Bau"-Unternehmen, deren Leistungen überwiegend im unmittelbaren Bereich der Errichtung eines Bauwerks angesiedelt waren, boten sich durch diese Perspektivenerweiterung zahlreiche neue Ansatzpunkte für eine Verbreiterung der Leistungsangebotsbasis.

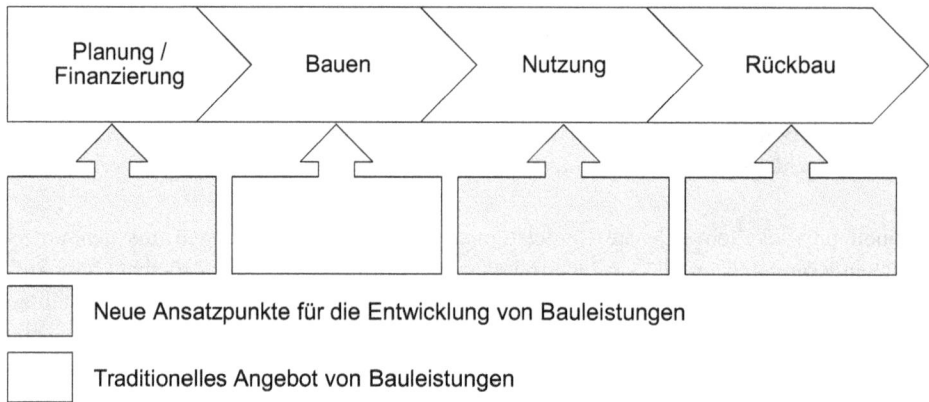

Abb. 3.6:    Wertschöpfungskette Bau – neue Leistungsdimensionen

Die neue Sichtweise führte zur Schaffung neuer Wertschöpfungspotenziale für die Kunden, die den Produktlebenszyklus des Bauwerks bereits in der Planungsphase berücksichtigten und somit einen Mehrwert für den Kunden ermöglichten.

Aber nicht nur die Wertschöpfungsbreite bot neue Gestaltungsmöglichkeiten, sondern auch die Wertschöpfungstiefe des Bauleistungsangebots. Die Entscheidung der Bauunternehmen hinsichtlich ihres Bauleistungsspektrums hängt von unterschiedlichen Faktoren ab. Grundsätzlich stehen den Unternehmen sechs Optionen zur Verfügung:

Option 1: Bauunternehmen bieten ihre Bauleistungen über die gesamte Wertschöpfungskette mit einer hohen Wertschöpfungstiefe an.

Option 2: Bauunternehmen bieten ihre Bauleistungen über die gesamte Wertschöpfungskette mit einer geringen Wertschöpfungstiefe an.

Option 3: Bauunternehmen bieten ihre Bauleistungen über die gesamte Wertschöpfungskette mit einer unterschiedlich hohen bzw. geringen Tiefe in den einzelnen Phasen (Planen/Finanzieren/Bauen/Nutzen/Rückbau) an.

Option 4: Bauunternehmen bieten selektive Segmente der Wertschöpfungsbreite mit einer hohen Wertschöpfungstiefe an.

Option 5: Bauunternehmen bieten selektive Segmente der Wertschöpfungsbreite mit einer geringen Wertschöpfungstiefe an.

Option 6: Bauunternehmen bieten selektive Segmente der Wertschöpfungsbreite mit einer unterschiedlich hohen bzw. geringen Tiefe in den einzelnen Phasen (Planen/Finanzieren/ Bauen/Nutzen/Rückbau) an.

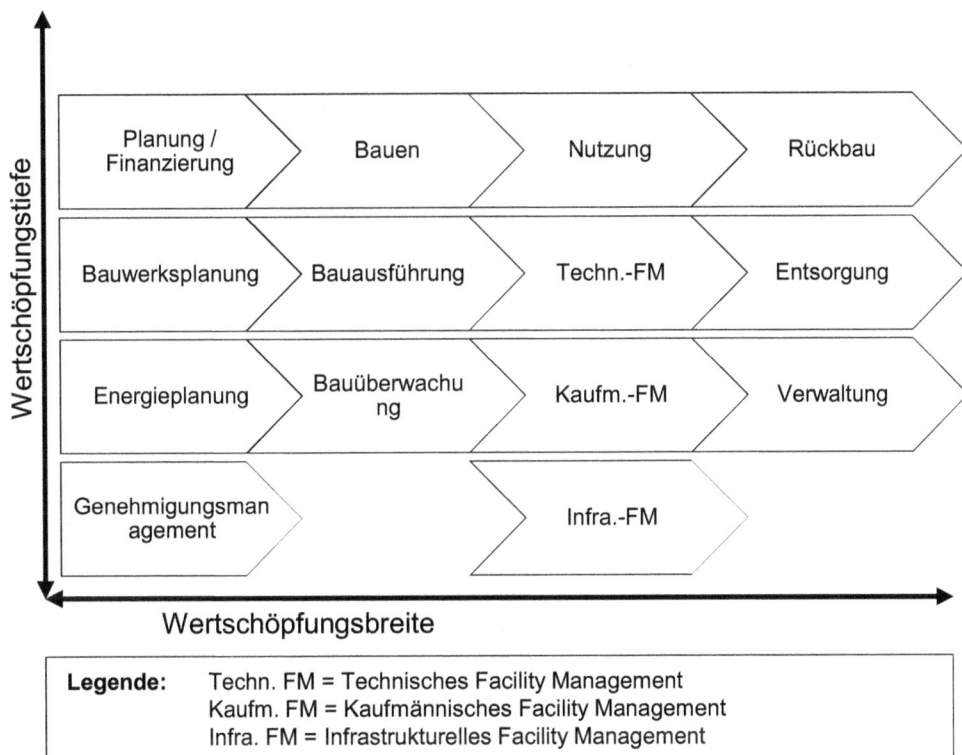

Abb. 3.7:     Wertschöpfungstiefe und -breite

Die Entscheidung, nach welchen der oben aufgezeigten Optionen ein Unternehmen sich orientiert, hängt von unterschiedlichen unternehmensinternen und -externen Faktoren ab. Zu den wesentlichen internen Faktoren zählen die bisherige Angebotspositionierung, die technische Expertise sowie die finanzielle Situation des Unternehmens. Neben der aktuellen Marktgröße zählen vor allem auch das zukünftige Entwicklungspotenzial des Marktes, die Wettbewerbssituation, die zu erzielenden Gewinnmargen und die rechtlichen Rahmenbedingungen zu den externen Faktoren (Abb. 3.8).

Wie in anderen Industriezweigen auch verläuft der Prozess zur Bestimmung des Bauleistungsangebots je nach Unternehmen unterschiedlich. Analog zur Beschreibung typischer Prozessschritte bei der Entwicklung eines neuen Leistungsportfolios wird auch den meisten Bauunternehmen, zumindest den marktorientierten, eine strukturierte Vorgehensweise unterstellt, daher wird auf diesen hier nur in Kürze eingegangen. Üblicherweise erarbeitet eine Projektgruppe oder in Großunternehmen eine entsprechende Abteilung, Konzepte und Vorlagen, die anschließend vom Management diskutiert werden. Die Initiative für derartige

Unternehmensinterne                    Unternehmensexterne
Faktoren                               Faktoren

Bisherige Angebotspolitik             Aktuelle und zukünftige
                                      Marktgröße

Technische Expertise                  Wettbewerbssituation

Finanzielle Situation des             Gewinnaussichten
Unternehmens
                                      Rechtliche Aspekte

Entscheidung über Bauleistungsangebot

Abb. 3.8:    Einflussfaktoren auf das Bauleistungsangebot

Themenfelder kann dabei sowohl von der Unternehmensleitung als auch von der Fachabteilung oder von einzelnen Mitarbeitern ausgehen; unter Umständen wird bei den weiteren
Schritten auf externen Sachverstand zurückgegriffen. Ein Beispiel: Ein großer deutscher
Baukonzern prüfte Anfang 2001 den Einstieg in das Geschäftsfeld Telekommunikation, da
hier enorme Wachstumsraten prognostiziert wurden. Die Abteilung Unternehmensentwick-
lung und die Internationale Abteilung verständigten sich auf eine gemeinsame Vorgehensweise und zogen zur Unterstützung eine externe Unternehmensberatung mit der Branchen-
expertise Telekom hinzu. Nachdem die ersten Untersuchungsergebnisse vorlagen, fand eine
gemeinsame Besprechung der beiden Abteilungen mit den operativen Einheiten und dem
Vorstand statt. Aufgrund der relativ hohen finanziellen Aufwendungen für einen Einstieg in
diese Leistungen wurde das Projekt nicht weiter verfolgt.

Ein Blick in die Geschäftsberichte der führenden Baukonzerne dokumentiert das Anwachsen
des Angebots so genannter „baunaher Dienstleistungen" in den letzten Jahren. Mit baunahen
Dienstleistungen werden neue Dienstleistungen beschrieben, die sich um das klassische
Kerngeschäft des „Bauens" entwickelten und die viele Bauunternehmen heute in ihr Bauleistungsangebot integrieren. So zählten weder das Betreiben kompletter Anlagen im Rahmen
des Facility Managements noch die Finanzierung von Bauvorhaben zu den traditionellen
Aufgabenfeldern deutscher Bauunternehmen. Im Ergebnis wird daher tendenziell nicht nur
der relative, sondern auch der absolute Anteil klassischer Bauprodukte weiter schwinden.

Der Trend, zusätzliche bzw. neue Dienstleistungen zum herkömmlichen Leistungsangebot zu
entwickeln und anzubieten, fügt sich in eine gesamtwirtschaftliche Entwicklung ein. So ist
seit Jahren vor allem in der Investitionsgüterindustrie eine deutliche Zunahme produktbeglei-
tender Dienstleistungen zu erkennen, die teilweise einen wesentlichen Einfluss auf die Kaufentscheidung des Kunden haben. Ein Beispiel: Ein Druckmaschinenhersteller bietet mittlerweile zusätzlich zur Lieferung der Druckmaschine häufig Finanzierungsleistungen, Schulungen für die Mitarbeiter des Kunden bei Inbetriebnahme, sowie Reparatur und Wartungsleistungen an.

Ausgewählte Beispiele baunaher Dienstleistungen

| Dienstleistung | Unternehmen |
|---|---|
| Flughafen Management | Hochtief AG |
| Energie Management | Hochtief AG |
| Industrial Services | Bilfinger Berger AG |
| Gebäudedienstleistungen | Bilfinger Berger AG |
| Offshore Wind Dienstleistungen | Ed. Züblin AG |
| Versicherung- und Finanzdienst-leistungen | Max Bögl GmbH & Co. KG |
| Baubeschaffung | Wolff & Müller GmbH |
| Immobilienentwicklung | Goldbeck GmbH |

Als Ergebnis dieses Abschnitts kann festgehalten werden, dass die Angebotspolitik der meisten Bauunternehmen in den letzten Jahren deutlich an Innovationskraft gewonnen hat. Die traditionell eher reaktive Angebotspolitik wurde zugunsten einer marktorientierten und aktiven Produkt- bzw. Bauleistungspolitik abgelöst. Aufgrund der grundsätzlich steigenden Innovationsdynamik in vielen gesellschaftlichen Bereichen ist davon auszugehen, dass dieser Trend sich verstetigen wird und dass eine nachhaltige Wettbewerbsposition sich im Wesentlichen durch eine innovative und marktorientierte Leistungsangebotspolitik erschließen lässt.

**Preispolitik**

Wie bei allen Märkten orientieren sich Preisbildungsprozesse an den Angebots- und Nachfragekonstellationen. In der Bauwirtschaft kann die Einzigartigkeit (Unikatcharakter) der Leistung bei der Preisbildung ebenfalls Berücksichtigung finden. In Anlehnung an Köster (2007) findet die Preisbildung in Bauunternehmen in einem Spannungsfeld unterschiedlicher Faktoren wie Herstellkosten, geschätzten Preisen der Wettbewerber und Zahlungsbereitschaft der Kunden statt. Traditionell wird das Projekt zunächst auf der Basis der Kosten durchkalkuliert, im weiteren Verlauf der Angebotsbearbeitung fließen in der Regel sowohl wettbewerbliche als auch nachfrageorientierte Aspekte mit ein.

Die kostenbasierte Preissetzung (Kalkulation nach Herstellkosten) ist in der Praxis der dominierende Ansatz, da Bauprojekte sehr unterschiedlich und komplex sind; gibt das Unternehmen einen Angebotspreis ab, ist es grundsätzlich verpflichtet, die vereinbarten Leistungen zu jenen Konditionen zu liefern. Die mit der Leistungserstellung verbundenen Aufwendungen erschließen sich dem Anbieter allerdings erst nach einer eingehenden Prüfung und Auswertung der Planungs- bzw. Ausschreibungsunterlagen, sodass die Kalkulation dem Unternehmen eine erste Orientierung für ein kostendeckendes Angebot liefert.

Die rechtlichen Grundlagen der Beschaffungsverfahren der Nachfrager üben einen starken Einfluss auf die Wettbewerbsintensität und somit auf die Preisgestaltung aus. Die Entscheidung des Kunden, einem Bauunternehmen den Bauauftrag zu erteilen, nennt man Auftragsvergabe. Die Auftragsvergabe kann zwischen öffentlichen und privaten Auftraggebern sehr stark variieren. So steht bei öffentlichen Aufträgen (beispielsweise bei Schulgebäuden, Verkehrsinfrastruktur, Krankenhaus- oder Verwaltungseinrichtungen) der Wirtschaftlichkeitsaspekt bei der Auftragsvergabe im Vordergrund, was in der Praxis häufig dazu führt, dass die öffentlichen Auftraggeber dem preisgünstigsten Anbieter den Vorzug einräumen. In Abhängigkeit von der Wettbewerbsintensität kann dies teilweise zu ruinösen Preiskämpfen führen, wie in den zurückliegenden Jahren häufig zu beobachten war.

Im Gegensatz zu öffentlichen Auftraggebern können sich Privatinvestoren, die prinzipiell nur ihren organisationsinternen Beschaffungs- bzw. Vergabekriterien unterliegen, ohne besondere Voraussetzungen direkt an wenige geeignete Bieter zu einer Angebotsabgabe wenden oder einem geeigneten Unternehmen direkt einen Auftrag erteilen, was im öffentlichen Sektor nur in besonderen Situationen möglich ist.

Bei öffentlichen Auftraggebern existieren drei klassische Vergabemodalitäten, die in der Vergabe- und Vertragsordnung für Bauleistungen (VOB), dem gesetzlichen Rahmen für die öffentliche Bauauftragsvergabe, geregelt sind:

- die öffentliche Ausschreibung
- die beschränkte Ausschreibung
- die direkte Vergabe

Bei einer *öffentlichen Ausschreibung* werden Bauleistungen nach einem vorgeschriebenen Verfahren öffentlich ausgeschrieben, um die sich eine unbegrenzte Anzahl von Bietern bewerben kann. Eine öffentliche Ausschreibung ist vorgeschrieben, wenn nicht die Eigenart der Leistung oder besondere Umstände dies erfordern.

Eine *beschränkte Ausschreibung* kann vorgenommen werden, wenn

- eine öffentliche Ausschreibung einen unzumutbaren Aufwand erfordern würde, der in einem deutlichen Missverhältnis zu einem möglichen Nutzen steht oder
- wenn andere Gründe (z. B. Dringlichkeit oder Geheimhaltung) keine öffentliche Ausschreibung als zweckmäßig erscheinen lassen
- eine öffentliche Ausschreibung kein akzeptables Ergebnis erbrachte.

Eine *direkte Vergabe* ist dann zulässig, wenn

- eine öffentliche und eine beschränkte Ausschreibung unzweckmäßig sind
- für eine Leistung aus besonderen Gründen (z. B. technische Expertise, Patentschutz) nur ein bestimmtes Unternehmen in Betracht kommt
- die auszuführende Leistung Geheimhaltungsvorschriften unterworfen ist.

Bei einer *öffentlichen Ausschreibung* verläuft das übliche Preissetzungsverfahren folgendermaßen:

Die zu erbringende Leistung wird technisch von der ausschreibenden Stelle, oftmals ein vom Auftraggeber beauftragtes spezialisiertes Ingenieurbüro, technisch definiert, was sich in einem so genannten Leistungsverzeichnis niederschlägt. In der Regel werden im Leistungsverzeichnis die Einzelleistungen detailliert nach Art, z. B. Erdbewegungen, Ausschachtungsarbeiten, und nach ihrem Umfang (Menge), z. B. 10.000 Kubikmeter, aufgeführt. Auf der Basis dieser Planungsunterlagen, die die Bauunternehmen von der ausschreibenden Stelle anfordern können, kalkulieren die Bauanbieter ihre Angebote. Je nach Vertragsgestaltung übernimmt das bietende Unternehmen das Risiko für mögliche Massenabweichungen (zu niedriger Ansatz der Mengen vom Auftraggeber oder einem Beauftragten) bzw. das Preisrisiko. Preisrisiko bedeutet, dass das Risiko bei steigenden Beschaffungspreisen von Baustoffen und Baumaterialien nach der Auftragsvergabe und nach Vertragsabschluss ausschließlich beim Auftragnehmer (Bauunternehmen) verbleibt. Das heißt, dass die Anbieter von Bauleistungen die zukünftige Preisentwicklung prognostizieren und diese Preisprognosen in ihre Kalkulation dementsprechend einbauen müssen.

Darüber hinaus existiert ein weiteres Risikopotenzial für Bauunternehmen, das sie in ihrer Preiskalkulation berücksichtigen müssen, das so genannte Vollständigkeitsrisiko. Das Vollständigkeitsrisiko bezieht sich auf die Vollständigkeit der Positionen im LV; ist das LV unvollständig, stellt sich die Frage der Haftung, wer für die dennoch notwendige Leistung finanziell aufkommen soll. Nach Girmscheidt (2007) ist das Vollständigkeitsrisiko in Detail-Pauschalverträgen nicht, in Global-Pauschalverträgen jedoch sehr wohl enthalten.

Aus dieser Perspektive ergeben sich drei Hauptrisiken für die Kalkulation bzw. für die Festsetzung der Angebotspreise der Bauunternehmen auf der Basis des LV, die in Abb. 3.9 dargestellt werden:

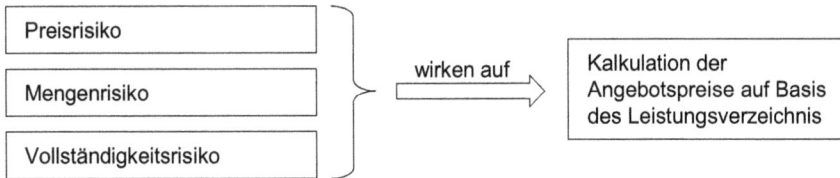

Abb. 3.9:    Mögliche Risikobereiche der Baukalkulation

In den seltener vorkommenden Vergabeformen der *beschränkten Ausschreibungen* bzw. bei der *Direkten Vergabe* ändert sich zunächst lediglich die Wettbewerberanzahl, d. h. die Wettbewerbsintensität und die strukturellen Risiken bei der Bepreisung der Positionen des LV bleiben, je nach Vertragsform, grundsätzlich erhalten.

Nachdem die Bauunternehmen die Bepreisung der Einzelpositionen sowie der Mengenangaben des LV vorgenommen haben, müssen weitere Aufwendungen in der Preiskalkulation berücksichtigt werden.

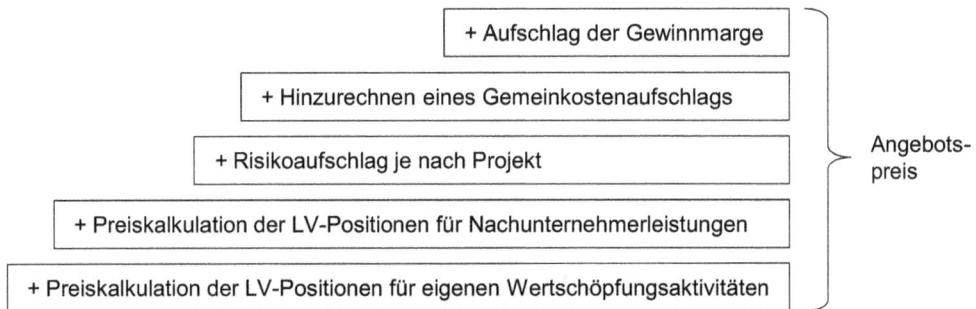

Abb. 3.10:   Mögliche Zusammensetzung der Preiskalkulation zur Erstellung eines Angebotspreises

In Abb. 3.10 wird eine mögliche Zusammensetzung der Kalkulation zur Ermittlung des Angebotspreises aufgezeigt. Zunächst erfolgt eine Bepreisung der Positionen des LV, die das Unternehmen in Eigenleistung erstellen will. Parallel dazu werden für die LV-Positionen, die durch Nachunternehmer erbracht werden sollen, Preisangebote eingeholt. In der Regel kennt das bauausführende Unternehmen eine ausreichende Anzahl geeigneter Nachunternehmer (NU) aus vorangegangenen Projekten, die für das zu bearbeitende Projekt angefragt werden. Je nach der Angebotspolitik des Bauunternehmens werden zu diesen Preisen der NU unterschiedlich hohe Aufschläge hinzugerechnet, die in der Praxis nach Realisation als Vergabegewinne bezeichnet werden. In Abhängigkeit von der Risikobewertung werden unterschiedliche Risikoaufschläge berücksichtigt, bevor der Gemeinkostenaufschlag einkalkuliert wird. Die Notwendigkeit für einen Gemeinkostenaufschlag ergibt sich aus der Vorhaltung der Unternehmensinfrastruktur zur Akquisition, Bearbeitung, Unterstützung und Steuerung von Projekten.

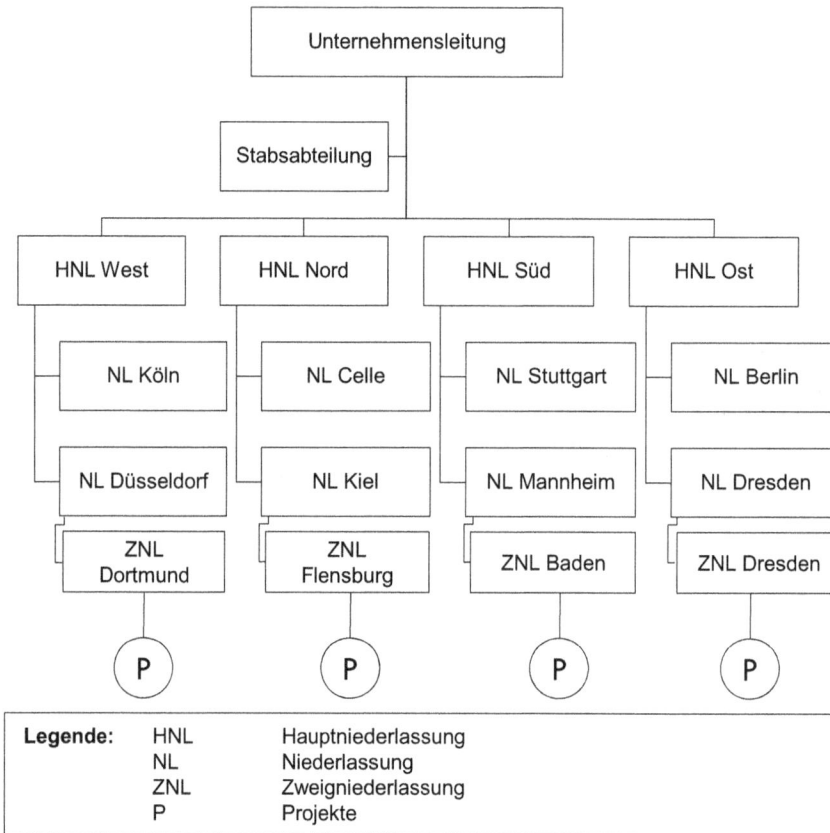

Abb. 3.11:   Übliche Organisationsform deutscher Bauunternehmen in den 1990er Jahren

Aus Abb. 3.11 wird ersichtlich, dass die typische Organisationsstruktur der Bauunternehmen mit den unterschiedlichen Hierarchieebenen nicht nur mehrstufig, sondern auch relativ komplex, personal- und somit kostenintensiv ist. In der Regel werden die Projekte von der Zweigniederlassung oder von der Niederlassung akquiriert, bei umfangreichen Projekten wird auf die Unterstützung der Hauptniederlassung bzw. benachbarter Niederlassungen oder Zweigniederlassungen zurückgegriffen. Eine detailliertere Betrachtung der Organisation der Bauunternehmen erfolgt im Kapitel Distributionspolitik.

Die Höhe der Gemeinkosten (GK) bzw. der Gemeinkostenaufschläge, die grundsätzlich durch die Projekterlöse erwirtschaftet werden müssen, führen in der Praxis immer wieder zu Differenzen zwischen den einzelnen Organisations-einheiten. Da die Höhe des Aufschlages der GK tendenziell die häufig preisbasierte Wettbewerbsfähigkeit bzw. die Ertragspotenziale verringert, sind derartige Konflikte vorprogrammiert.

Ein entscheidender Faktor bei der Preisbildung ist die Absicht oder die Strategie, die das Unternehmen mit der Akquisition eines Projekts verfolgt. Beispielsweise kann es durchaus Sinn machen, wenn ein Unternehmen kurzfristig einen Bauauftrag annimmt, der zwar die Kosten deckt, aber keinen Gewinn erwirtschaftet, wenn ansonsten keine Auslastung der existierenden Kapazitäten zu erreichen wäre. Ein weiteres Beispiel: Wenn ein Bauunternehmen (Unternehmen Neu AG) sich ein neues Geschäftsfeld erschließen möchte, stößt es häufig an die Hürde, dass es seine technische Kompetenz nicht durch ein bereits realisiertes Referenzprojekt dokumentieren kann. In diesen Fällen versuchen die Unternehmen, sich in einer Bietergemeinschaft mit anderen, die bereits über die erforderlichen Projekterfahrungen verfügen, um das Projekt zu bewerben. Sollte die Mehrheit der Bietergemeinschaft beabsichtigen, zu einem Preis anzubieten, der für das Unternehmen Neu AG nicht kostendeckend ist, könnte es dennoch aus strategischen Erwägungen (Gewinnung eines Referenzprojekts und Aufbau einer spezifischen Kompetenz) eine Preispolitik verfolgen, die es ansonsten ablehnen würde. Insofern können strategische oder taktische Erwägungen jenseits von üblichen preispolitischen Verfahren eine gewichtige Rolle spielen. Einige der Gründe, warum die Bauunternehmen gelegentlich eine Preisangebotspolitik verfolgen, die nicht kostendeckend oder nicht gewinnerwirtschaftend ist, werden hier kurz skizziert:

- Erstens, zunächst sind die Bauanbieter grundsätzlich bemüht, ihre Kapazitäten auszulasten, da eine Kapazitätsanpassung in der Bauwirtschaft häufig nicht zeitnah organisiert werden kann.

- Zweitens verfolgen viele Bauunternehmen die Politik, über niedrige „Einstiegspreise" zunächst den Zuschlag zu erhalten, um zu einem späteren Zeitpunkt über so genannte Nachtragsverhandlungen für bestimmte Einzelleistungen deutlich höhere Preise zu erzielen, was im Ergebnis zu verbesserten Durchschnittspreisen und zu einer verbesserten Ertragssituation führen soll.

- Drittens versuchen einige Unternehmen, ihre schwierige Finanzsituation durch die Erwirtschaftung auch geringfügiger Deckungsbeiträge zu stabilisieren.

Die Preispolitik der meisten Bauunternehmen steht demnach in einem Zielkonflikt zwischen der Notwendigkeit der Gewinnerwirtschaftung, der Berücksichtigung der Wettbewerbspreise und der Bereitschaft der Kunden, in Abhängigkeit von der erwarteten Qualität der Leistung auch dementsprechende Preise zu zahlen.

Eine derartige Rahmensituation führt sowohl unternehmensintern als auch -extern zu multiplen Konfliktsituationen bzw. intensiviert bestehende Konfliktpotenziale. Innerhalb des Unternehmens existiert ein Grundkonflikt zwischen einer kurzfristig orientierten Preispolitik, die ggf. zu nicht kostendeckenden Preisangeboten führt, deren Fortsetzung jedoch langfristig die Substanz des Unternehmens schädigt. Zwischen den Bauherren und den Bauunternehmen führen die niedrigen Angebotspreise ebenfalls zu Konflikten, vor allem, wenn die Bauunternehmen versuchen, über Nachtragsverhandlungen die niedrigen Angebotspreise während der Bauphase zu optimieren. Auch unter den verschiedenen Anbietern können grundsätzlich Konflikte entstehen, die durch die spezifischen Umfeldbedingungen weiter an Bedeutung gewinnen: Bei vielen komplexen Projekten schließen sich unterschiedliche Unternehmen zusammen; während der Angebotsphase wird dies als Bietergemeinschaft, nach der Auftragserteilung als Arbeitsgemeinschaft (ARGE) bezeichnet. Im Rahmen dieser projektbezogenen Kooperationen ist es grundsätzlich wichtig, dass die Partner innerhalb der Bietergemeinschaft eine abgestimmte Preispolitik vornehmen, dies kann jedoch stark von der jeweiligen übergeordneten Interessenlage der Bieter abhängen. So könnte einer der Bieter durch dieses spezifische Projekt einen Einstieg in ein neues Geschäftsfeld beabsichtigen, ein Nachweis über ein erfolgreiches Projekt würde für diesen Bieter einen wirtschaftlichen Vorteil darstellen, weshalb dieses Unternehmen eher eine geringere Gewinnmarge akzeptieren würde als ein Anbieter mit einer anderen Interessenlage.

Die bisherigen Ausführungen verdeutlichen, dass die Preispolitik der Bauunternehmen in einer schwierigen Umfeldsituation stattfindet und dass jedes Bauprojekt ein Unikat ist, dessen spezifische Risiken vertraglich und preispolitisch individuell gemanagt werden müssen. Die häufige ungleiche Risikoverteilung zwischen Auftraggeber und Auftragnehmer zulasten der Bauunternehmen und die damit verbundenen wirtschaftlichen Risiken fanden aufgrund des relativ hohen Wettbewerbs der letzten Jahre nicht immer eine angemessene Berücksichtigung in der Preispolitik. Aus dieser Umfeldsituation suchten viele der Bauunternehmen unterschiedliche Lösungsansätze die preisangebotspolitische Relevanz besitzen. Hier nur zwei:

- Erschließen renditestarker Marktsegmente bzw. Ausstieg aus renditeschwachen Marktsegmenten
- Selektive, risikoreduzierende Angebotspolitik und eine stärker gewinnorientierte Preisangebotspolitik

Die Umsetzung dieser preispolitischen Ansätze wird im nächsten Abschnitt in kurz aufgezeigt.

### Neue Ansätze der Angebots- und Preispolitik

Die traditionelle Angebotspolitik der Bauunternehmen führte in den letzten Jahren zu Konstellationen, die preispolitisch häufig nur Gewinner oder Verlierer zuließen, wobei viele Bauunternehmen unfreiwillig in die Rolle des Verlierers gerieten. Durch die relativ hohe Wettbewerbsintensität übernahmen die Unternehmen Risiken, die in der Preisangebotspolitik nicht angemessen berücksichtigt wurden. Insofern sind angebots- und preispolitische Maßnahmen nicht ohne das damit verknüpfte Risikoprofil zu sehen.

Die konfliktäre Kultur zwischen den Akteuren verzögerte viele innovative preispolitische Ansätze, die bei einer Realisierung zu wirtschaftlichen Vorteilen für sämtliche Beteiligten hätten führen können. Erst nach den teilweise ruinösen Preiswettbewerben überdachten viele der Bauunternehmen ihre Preispolitik. Neben der Erschließung neuer renditestärkerer Marktsegmente wie beispielsweise im Bereich höherwertiger technischer Dienstleistungen versuchten die Unternehmen, ihr Angebotsverhalten deutlich selektiver auszurichten. Das Risikomanagement der meisten Bauunternehmen wurde im Zuge dieser Politik weiter professionalisiert, und viele Bauunternehmen nahmen an extrem wettbewerbsintensiven Ausschreibungen nicht mehr teil. Manche Bauunternehmen verlagerten einen Teil ihrer Aktivitäten ins Ausland, wo sie, je nach Markt und Projekt, deutlich höhere Preise als in Deutschland erzielen konnten.

### *Risikooptimierte Ansätze*

Ein Ansatz, die Preispolitik im Sinne der Bauunternehmen zu modernisieren, ist das Preisrisiko nicht mehr zu übernehmen und es stattdessen beim Auftraggeber zu belassen. Im Fall steigender Baumaterialpreise können derartige Preisgleitklauseln ein Bauunternehmen in die Lage versetzen, dem Bauherrn die zusätzlichen Kosten ohne weitere Verhandlungen in Rechnung zu stellen. Diese Vertrags- und Preispolitik ordnet einen Teil des Gesamtrisikos dem Auftraggeber zu, allerdings setzt eine derartige Preispolitik ein relativ hohes Maß an Transparenz und Vertrauen zwischen Anbietern (Auftragnehmer) und Nachfragern (Auftraggebern) voraus. Diese Transparenz kann u.a. dadurch geschaffen werden, dass die Bauunternehmen eine „Politik der offenen Bücher" leben und dem Bauherrn gegenüber ihre Beschaffungsprozesse transparent und inklusive der Beschaffungspreise aufzeigen.

In einem Artikel des Handelsblatts vom 09.10.2009 wird der Finanzvorstand der Hochtief AG mit den Worten zitiert, dass der Baukonzern mittlerweile nur noch Verträge mit Eskalationsklauseln (Preisgleitklauseln) abschließt. Wenn ein Kunde nicht bereit ist, dieses Preisrisiko zu übernehmen, lehnt das Unternehmen den Auftrag ab. Die Folge dieser neuen Angebots- und Preisphilosophie: Viele Kunden verweigern die Übernahme des Risikos und wählen andere Bauunternehmen für den Bau ihrer Projekte aus. Dazu bezieht der Vorstandsvorsitzende des Unternehmens im gleichen Artikel folgende Position: Risikomanagement gehöre zu den wichtigsten Aufgaben im Baugeschäft und unkalkulierbare Risiken gehe man nicht mehr ein, auch wenn sich dadurch das Geschäft halbiere. Diese klare Preispositionierung bedeutet eine Abkehr von der bisherigen Angebotspolitik und stellt einen Versuch dar, neue Ansätze in der preispolitischen Landschaft der Bauwirtschaft zu etablieren.

*Lebenszyklusansätze*

Ein weiterer Ansatz für eine innovative Preispolitik wird durch die Einbeziehung des gesamten Lebenszyklus des Bauprojekts erschlossen. Bis dato orientieren sich die Preisangebote in der Regel an den Leistungsverzeichnissen der Kunden oder ihrer Vertreter (Ingenieurbüros). Das bedeutet, dass sämtliche Planungsüberlegungen durch das Planungsbüro übernommen werden und dass das Bauunternehmen somit lediglich operative Umsetzungsplanungen zu erbringen hat. Dadurch bleibt die gesamte Erfahrungs- und Planungskompetenz des Bauunternehmens weitgehend ungenutzt. Im Fokus der Preisbetrachtung steht somit lediglich der Preis für die Errichtung des Bauwerks, was aus der Beschaffungsperspektive (Auftraggeberperspektive) dem Herstellungs- oder Anschaffungskostenprinzip entspricht. Unterteilt man den Lebenszyklus einer Immobilie jedoch in Bau- und Betriebsphasen, verteilen sich die Gesamtkosten für den Eigentümer oder Nutzer generell im Verhältnis 30 % (Bau) zu 70 % (Betrieb).

Bei einer Lebenszyklusbetrachtung wird schnell deutlich, dass ein Großteil der Kosten für den Nutzer *nach* der Bauphase entsteht, insofern erscheint die Fokussierung der Preisverhandlungen auf die Baukosten verkürzt und betriebswirtschaftlich unverständlich. Ein Beispiel mag dies verdeutlichen: Bei Verwendung spezieller hochwertiger Dämmstoffe während der Bauphase kann der Gebäudekörper insgesamt besser isoliert werden, was zwar zu einer Erhöhung der Baukosten führt; über die Gesamtnutzungsdauer können jedoch durch die verbesserte Wärmeisolierung Heizkosten eingespart werden, die die anfänglichen Mehrausgaben um ein Mehrfaches übersteigen. Ein weiteres Beispiel: In Zeiten stetiger und starker Veränderungszyklen unterliegen die ursprünglichen Nutzungskonzepte, z. B. für ein Bürogebäude, manchmal bereits nach wenigen Jahren ebenfalls veränderten Anforderungen; teure Umbaumaßnahmen sind dann die häufige Folge. Auch hier könnte durch eine Berücksichtigung möglicher zukünftiger Nutzungsalternativen während der Planungsphase der spätere Aufwand im Fall einer Umnutzung erheblich reduziert werden.

Ein Unternehmen dem es gelingt, die Kunden von den langfristigen wirtschaftlichen Vorteilen einer Lebenszyklusbetrachtung zu überzeugen, kann sukzessive eine veränderte Preis- und Angebotspolitik im Markt etablieren. Bei dieser Betrachtung wird ein Perspektiven-

wechsel von der ursprünglichen Anschaffungskostenorientierung zu einer (über die voraus-
sichtliche Lebensdauer) Gesamtkostenperspektive vorgenommen. Dieser Ansatz führt zu
einer veränderten Ausrichtung und in der Regel zu einer Ausweitung der Leistungsangebotspolitik.

*PPP-Ansatz*

Eine weitere Option preispolitisches Neuland zu erschließen ist die Beteiligung an neuen
Kooperationen zwischen öffentlicher Hand und privaten Anbietern, so genannte Public Private Partnership Projekte (PPP Projekte). Auch wenn diese Projekte überwiegend in den
Medien und Fachzeitschriften als eine neue Beschaffungsvariante öffentlicher Institutionen
dargestellt wird, bieten Beteiligungen an PPP-Projektausschreibungen zumindest grundsätzlich die Möglichkeit, ähnlich wie beim Lebenszyklusansatz, aufgrund der im Vergleich zum
klassischen Baugeschäft deutlich erweiterten Wertschöpfungsaktivitäten eine neue Preispolitik entlang einer neuen Wertschöpfungskette zu gestalten. Je nachdem, in welcher Phase
(Bau- und/oder Betriebsphase) oder in welchen Phasen das bietende Unternehmen tätig wird,
kann es durch unterschiedliche Teilleistungspreispolitiken gesamtpreispolitisch erfolgreich
sein: Beispielsweise kann ein Baudienstleister, der ein Bauprojekt plant, finanziert, baut und
betreibt, für diese jeweiligen Teilleistungen unterschiedliche preispolitische Akzente setzen,
auch weil mit den einzelnen Teilleistungen unterschiedliche Risikostrukturen verbunden
sind.

*Partnering*

Zeitlich versetzt zu den USA und Großbritannien, wo die Baurezession bereits Ende der
1980er Jahre spürbar einsetzte, entwickelten sich in Deutschland erst ab Mitte der 1990er
Jahre erste Tendenzen, die Konfliktkultur in der Baubranche zu überwinden und stattdessen
partnerschaftliche Ansätze zu verfolgen und auszubauen (Eschenbruch/Racky 2009, S. 8 ff.).
Seit Anfang des nachfolgenden Jahrzehnts wurde Partnering als neuer Managementansatz
vermehrt in Wissenschaftszirkeln diskutiert. Grundsätzlich handelt es sich bei Partnering um
einen kooperativen Ansatz, den zwei oder mehr Organisationen verfolgen, um durch eine
Effektivitätssteigerung der eingesetzten Partnerressourcen ihre spezifischen Ziele zu erreichen. Partnering stellt insofern einen Paradigmenwechsel dar, als dass Instrumente entwickelt und etabliert werden, die die jeweiligen Projektbeteiligten eindeutig als Partner positionieren, die unter transparenten Rahmenbedingungen gemeinsam bei einer ausgewogenen
Risiko- und Chancenverteilung ihre gewinnbringenden Ziele verfolgen. Diese Abkehr von
der durch eine unterschiedliche Interessenlage genährten Fokussierung ermöglicht es sämtlichen Beteiligten, ihre Energien auf das gemeinsam vereinbarte Ziel auszurichten und weniger Aufwand für die Austragung von Konflikten (wie beispielsweise durch umfangreiche
Rechtsverfahren) aufwenden zu können. Diese Bestrebungen wurden durch einige der großen deutschen Baukonzerne als eigenes „Produkt" etabliert; so vermarktet die Hochtief AG
ihr „Prefair"-Modell, die Bilfinger Berger AG ihren „GMP"-Ansatz und die Strabag AG ihre
Version „teamconcept".

Die Unternehmen legen bei ihren unterschiedlichen Konzepten neue Vertragsmodelle zugrunde, die das Bauunternehmen tendenziell in einer Frühphase der Bauproduktionsprozess-
planung einbinden. Dadurch können beispielsweise mögliche Änderungserfordernisse, die
sich bereits in der Planungsphase abzeichnen, mit einem geringeren Aufwand als zu einem

späteren Zeitpunkt aufgefangen und umgesetzt werden. Im Folgenden werden die in Deutschland üblichen Vertragsmodelle skizziert:

*Klassische Vertragsmodelle*
*Einheitspreisvertrag*: Diese Vertragsform ist derart gestaltet, dass sich die Vergütung nach der erbrachten Leistung auf der Basis eines Einheitspreises ergibt. Die zu erbringenden Leistungen werden als Einzelpositionen in einem Leistungsverzeichnis erfasst. Der prognostizierte Leistungsumfang fungiert demnach lediglich als Planungsgrundlage, die exakte Abrechnung kann erst nach Baufertigstellung vorgenommen werden. Der Vorteil dieses Vertragswerks liegt in der relativ leichten Überprüfbarkeit, für den Auftraggeber ergibt sich jedoch ein gravierender Nachteil: Die tatsächlichen Baukosten (Gesamtpreis) werden erst nach Beendigung des Projekts transparent.

*Detail-Pauschalvertrag:* Der Detail-Pauschalvertrag führt wie der Einheitspreisvertrag die zu erbringende Leistung detailliert auf, der Preis wird allerdings auf der Grundlage sämtlicher aufgeführten Leistungen pauschal festgelegt. Die Vergütung erfolgt somit abgekoppelt von den tatsächlichen Mengen bzw. von den Einzelpreisen. Der Gewinn für das bauausführende Unternehmen ergibt sich demnach aus der Differenz zwischen dem kalkulierten Preis abzüglich der tatsächlich anfallenden Kosten, sodass das Bauunternehmen seinen Gewinn erst nach Abschluss der Arbeiten exakt bemessen kann. Für den Auftraggeber bietet der Detail-Pauschalvertrag Vorteile wegen der hohen Planungssicherheit des Preises, für den Auftragnehmer steigt das Risiko bei einer derartigen Vertragsgestaltung enorm an.

*Einfacher Global-Pauschalvertrag*: Im Gegensatz zum Detail-Pauschalvertrag ist die zu erbringende Leistung zwar teilweise detailliert aufgeführt, jedoch wird sie durch globale Funktionsbeschreibungen ergänzt. Übliche Formulierungen sind dabei „komplett" oder „voll funktionsfähig".

*Komplexer Global-Pauschalvertrag*: Bei dieser Vertragsvariante werden die Leistungen lediglich pauschal beschrieben, was für den Bauherrn oder Auftraggeber sämtliche Risiken in Richtung Bauunternehmer (Auftragnehmer) verlagert.

*Innovative Vertragsmodelle*
*GMP-Vertrag* (guaranteed maximum price) bedeutet sinngemäß garantierter Maximalpreis und kennzeichnet so die Kostenobergrenze für den Auftraggeber. Diese Vertragstypen stammen aus dem britischen bzw. aus dem amerikanischen Markt, wo sie seit mehreren Dekaden erfolgreich angewendet werden. Die Ausgestaltung dieses Vertragstyps kann sehr unterschiedlich erfolgen, teilweise kommen GMP-Verträge mit detaillierter und teilweise mit pauschaler Leistungsbeschreibung zum Einsatz.

Kennzeichnend ist jedoch, dass im Vorfeld eine preisliche Obergrenze festgelegt wird, in vielen Fällen finden zusätzliche Anreizsysteme zur Kostenreduktion Eingang in diese Vertragswerke. Beispielsweise können die eingesparten Finanzmittel im Fall einer Kostenunterschreitung nach einem vorher vereinbarten Verteilungsschlüssel zwischen Auftraggeber und Auftragnehmer aufgeteilt werden. Um auch bei GMP-Modellen einen größtmöglichen Nutzen für die Vertragspartner zu generieren, ist ein kooperatives und vorausschauendes Verhalten der Akteure notwendig; so ist es v.a. wichtig, dass der Bauherr bereits in der Planungsphase die Expertise des Bauunternehmens nutzt, um notwendige Abstimmungen bereits vor den nachfolgenden Prozessschritten vornehmen zu können.

*Cost plus Fee* Verträge haben den Charakter von Selbstkostenerstattungsverträgen; die Vergütung setzt sich aus den jeweiligen Herstellkosten der Auftragnehmer sowie einer zusätzlichen Gebühr (Fee) zusammen. In der Gebühr sind die Gemeinkosten sowie ein Gewinnanteil enthalten; grundsätzlich existieren drei Varianten zur Festlegung der Cost plus Fee Verträge:

- Percentage Fee (prozentualer Aufschlag auf den Auftragwert)
- Fixed Fee (ein Pauschalbetrag)
- Incentive Fee (ein variabler prozentualer Aufschlag, je nach Vertragsgestaltung)

Die beiden kurz vorgestellten Vertragsformen GMP und Cost plus Fee finden indes in Deutschland wenig Anwendung, allerdings bemühen sich die Bauunternehmen, diese partnerschaftlichen Modelle zunehmend zur Geschäftsgrundlage zu machen.

Viele Bauunternehmen überdenken mittlerweile in regelmäßigen Zeitabständen sowohl ihre Leistungsangebotspolitik (Produktpolitik) als auch ihre Preisangebotspolitik. Dies ist erforderlich, da klassische Preissetzungsverfahren, in der Regel kostenbasierte Preisangebote, in vielen Fällen nicht mehr ausreichten, langfristig eine auskömmliche Rendite zu erwirtschaften. Aus den Ausführungen sollte auch deutlich geworden sein, dass eine Preis- oder Angebotspolitik nicht losgelöst vom Risikoprofil betrachtet und gemanagt werden kann, welches mit der Leistungserstellung verbunden ist.

**Kommunikationspolitik**
Das klassische Baugeschäft mit seinen oftmals technologisch anspruchsvollen und komplexen Projekten zählt zur Investitionsgüterbranche und folgt dementsprechend weitgehend den kommunikationspolitischen Pfaden der zu diesem Zweig zugehörigen Branchen. Das Instrumentenset der Kommunikationspolitik von Investitionsgüterherstellern unterscheidet sich teilweise signifikant von dem der Konsumgüterhersteller. Während die Werbung im Konsumgüterbereich in der Regel das Hauptinstrument der Absatzstimulierung darstellt, ist die Situation bei dem Gros der Investitionsgüterunternehmen völlig unterschiedlich. Werbung wirkt sich, wenn überhaupt, nur in sehr eingeschränktem Maß auf den Absatz aus, da die Nachfrage nach Investitionsgütern abgeleitet ist. Abgeleitet bedeutet in diesem Zusammenhang, dass sie sich von den organisationalen Zielen ableitet – konkret ausgedrückt: entweder das Unternehmen hat einen Investitionsbedarf und hat diesen in seiner Investitionsplanung berücksichtigt, oder es existiert kein Investitionsbedarf, dann wird vermutlich auch die professionellste Werbung keine Nachfrage auslösen.

Insofern agiert die Kommunikationspolitik von Bauunternehmen innerhalb eines anderen Rahmens als die der meisten Konsumgüterunternehmen. Die relativ hohe Bedeutung technischer Leistungsmerkmale und preiswettbewerblicher Aspekte suggeriert, dass die Kommunikationspolitik nur eine untergeordnete Rolle in der Bauwirtschaft spielt. Diese Annahme entspricht nicht den Tatsachen, da häufig emotionale und zwischenmenschliche Kriterien, auch bei Investitionsgüterherstellern, eine wichtige Rolle für Kaufentscheidungen spielen, was den Beteiligten nicht vollumfänglich bewusst sein muss.

Die Kommunikationspolitik der Bauunternehmen kann ihre Leistungen an unterschiedliche Anspruchs- oder Zielgruppen richten, je nachdem, welche Ziele verfolgt werden. Anspruchs- oder Zielgruppen der Bauwirtschaft sind u.a.:

- Investoren oder potenzielle Investoren
- Nachunternehmer und Lieferanten
- Architekten und Planer

- Kunden und potenzielle Kunden
- Relevante Öffentlichkeit
- Potenzielle Auszubildende/Hochschulabsolventen/Bewerber
- Hochschulen/Universitäten/Forschungseinrichtungen
- Mitarbeiter und Mitarbeiterinnen

Die relevanten Zielgruppen der Kommunikationspolitik werden mit Hilfe der unterschiedlichen Instrumente bzw. durch einen abgestimmten Instrumenteneinsatz angesprochen. Die in der Bauindustrie üblichen Kommunikationsinstrumente sind in Abb. 3.12 aufgeführt:

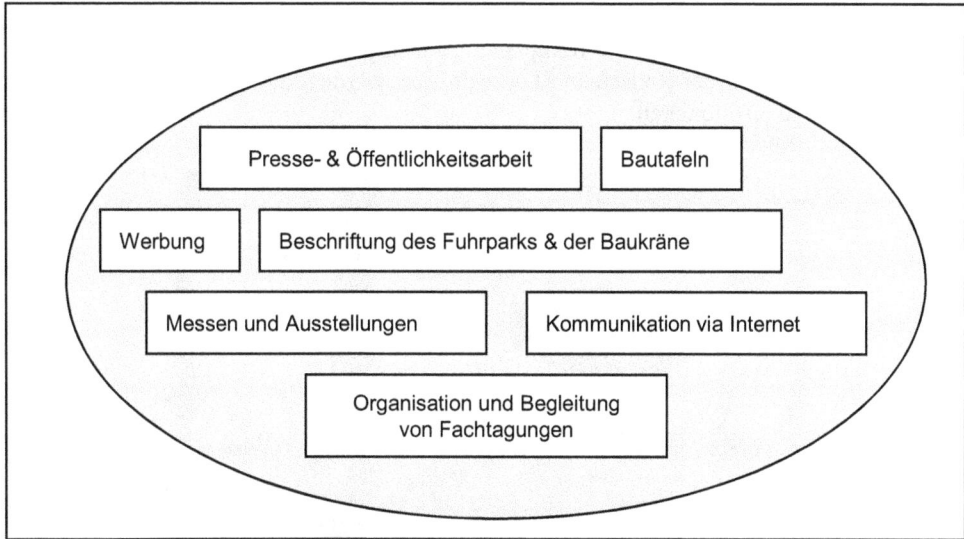

Abb. 3.12:    Übliche Kommunikationsinstrumente in der Bauwirtschaft

**Werbung**

Im Gegensatz zu den Konsumgüterherstellern investieren die klassischen Bauunternehmen mit ihren Bausparten aus bereits erläuterten Gründen nur einen relativ geringen Anteil ihrer Mittel in Werbung. Viele Bauzulieferer hingegen nutzen die Möglichkeiten, die Werbung bietet, auch weil sie davon ausgehen, dass die Werbekampagnen sich entsprechend ihrer Zielsetzung (z. B. Bekanntheitsgrad erhöhen oder Image verbessern) positiv auf ihre Geschäftsaktivitäten auswirken.

Hier einige Beispiele von Werbung der klassischen Bauunternehmen:

**Hochtief AG „Wir übernehmen das für Sie"**

1999 schaltete die Hochtief AG mehrere ganzseitige Anzeigen in deutschen Magazinen und in einer US-Fachzeitschrift. Die Kampagne sollte nach Aussage des damaligen Sprechers dazu beitragen, „Hochtief zu einer Dachmarke mit hohem Bekanntheitsgrad aufzubauen." Die Aktion, die das Unternehmen mit der Werbeagentur Ogilvy & Mather Spezial umsetzte, zeigte entspannte Kunden des Konzerns, die sich in bequemen Sesseln zurücklehnen. Die Kernbotschaft, die das Motiv explizit untertitelt, lautete: „Wir übernehmen das für Sie". Der damalige Vorstandsvorsitzende und heutige Präsident des Bundesverbands der Deutschen

Industrie (BDI), Prof. Dr. Hans-Peter Keitel, beabsichtigte durch diese Imagewerbung, „das Profil des Unternehmens stärker zu konturieren." Die Zielgruppe der Anzeigenkampagne waren Meinungsbildner und Entscheidungsträger in Politik und Wirtschaft.

Der Hintergrund für diese Neupositionierung war die zwei Jahre zuvor entwickelte Ausrichtung des Unternehmens, Leistungen entlang der Wertschöpfungskette „Bauen" zu entwickeln und zu vermarkten. Durch diese signifikante Erweiterung des Leistungsspektrums über den gesamten Lebenszyklus des Bauwerks versuchte das Unternehmen, sich als so genannter „Systemführer" für sämtliche Baudienstleistungen zu etablieren. Die dazu gehörigen Kernbereiche der notwendigen Wertschöpfungsaktivitäten beinhalten „Planen, Finanzieren, Bauen und Betreiben".

Dieser neue Ansatz sollte durch die Kampagne „Wir übernehmen das für Sie." an die relevanten Zielgruppen mit der Zielsetzung kommuniziert werden, das Unternehmen dort entsprechend (neu) zu positionieren.

Abb. 3.13:   Bau-Werbung: Kampagne „Wir übernehmen das für Sie."

**1.**

**GOLDBECK**

**Büroimmobilien**

Hohe Energieeffizienz
und Wirtschaftlichkeit...
...dahinter steckt immer
GOLDBECK – mit System.

www.goldbeck.de

**2.**

**GOLDBECK**

**Parkhäuser**

Hohe Flexibilität und
geringste Betriebskosten...
...dahinter steckt immer
GOLDBECK – mit System.

www.goldbeck.de

**3.**

**GOLDBECK**

**Bauen in Europa**

Präsenz vor Ort...
...dahinter steckt immer
GOLDBECK – mit System.

www.goldbeck.de

**4.**

**GOLDBECK**

**Logistikzentren**

Hohe Flexibilität in
kürzester Zeit realisiert...
...dahinter steckt immer
GOLDBECK – mit System.

www.goldbeck.de

**5.**

**GOLDBECK**

**Industriegebäude**

Hohe Energieeffizienz
und Wirtschaftlichkeit...
...dahinter steckt immer
GOLDBECK – mit System.

www.goldbeck.de

**6.**

**GOLDBECK**

**Solaranlagen**

Hoher Energieertrag
und Wirtschaftlichkeit...
...dahinter steckt immer
GOLDBECK – mit System.

www.goldbeck.de

**7.**

**GOLDBECK**

**Gewerbehallen**

Hohe Energieeffizienz
und Wirtschaftlichkeit...
...dahinter steckt immer
GOLDBECK – mit System.

www.goldbeck.de

Abb. 3.14:    Bau-Werbung der Goldbeck GmbH

## Presse- und Öffentlichkeitsarbeit

Die Presse- und Öffentlichkeitsarbeit der Bauunternehmen ist, wenn überhaupt, nur relativ geringfügig durch branchenspezifische Besonderheiten geprägt. Allerdings ist es bei größeren und bedeutsameren Projektakquisitionen üblich, dass diese akquirierten Aufträge durch die Unternehmen einer breiten Öffentlichkeit zugänglich gemacht werden. Zwei Beispiele:

**WOLFF & MÜLLER**

## PRESSEMITTEILUNG

**Europas erstes Vermiculit-Werk in Bulgarien eröffnet**

**Die Stuttgarter WOLFF & MÜLLER Gruppe eröffnet in Bulgarien Europas erstes Vermiculit-Werk. Seit Ende Mai fördert das Tochterunternehmen WOLFF & MÜLLER MINERALS den stark nachgefragten Mineralstoff. Jährlich ist der Abbau von 30.000 Tonnen Vermiculit geplant.**

**Stuttgart/Sofia, im Juli 2009.** Das neue Vermiculit-Werk der WOLFF & MÜLLER MINERALS bezieht den Rohstoff aus zwei Abbaustellen in Bulgarien, um ihn zu veredeln. Die Region zählt zu einer der wenigen Lagerstätten des Minerals in Europa – mit einem auch im internationalen Vergleich überdurchschnittlich großen Vorkommen von geschätzten 1.000.000 Tonnen. Bei einer Gesamtkonzession über 400.000 Tonnen ist der jährliche Abbau von 30.000 Tonnen fest geplant. Die Nachfolgekonzession über 600.000 Tonnen hat das Unternehmen bereits beantragt. Dr. Albert Dürr, Geschäftsführer und Mitglied der Gesellschafterfamilie der WOLFF & MÜLLER Gruppe, sagt: „Wir sind stolz mit dem ersten Vermiculit-Werk in Europa ein neues Marktsegment erschlossen zu haben."

Die schwierige Erschließung des Geländes auf ca. 1.000 Meter Höhe und der Bau des Werks dauerten 14 Monate. Insgesamt investierte die WOLFF & MÜLLER Gruppe für den Neubau ca. 3,2 Millionen Euro. Partner vor Ort haben Projektierung und Bau durchgeführt. Michael Bork, Geschäftsführer der neu gegründeten WOLFF & MÜLLER MINERALS, sagt: „Wir freuen uns, dass der Betrieb des Werks erfolgreich angelaufen ist und wir bereits jetzt erste Produkte nach Deutschland und Frankreich liefern."

Vermiculit ist ein universell einsetzbares Tonmaterial, das am Bau unter anderem als Wärme- und Schallschutz Verwendung findet. Es ist physiologisch unbedenklich und sicher gegen Laugen, Säuren, Fäulnis, Schimmel, Ungeziefer und Nagetiere. Besondere Eigenschaft des Stoffes ist, dass sich das Volumen durch Aufblähen vor Ort um bis zu 30 % vergrößern lässt. Weitere Verwendungen von Vermiculiten liegen in der Chemischen Industrie (als Adsorptionsmittel), in der Metallurgie (als Wärmedämmstoff) und in der Landwirtschaft (z.B. als Trägerstoff für Düngemittel). Hauptlieferant von Vermiculit für den europäischen Markt ist bisher Südafrika.

Abb. 3.15:   Beispiel einer Pressemitteilung

**☰ WOLFF & MÜLLER**

**Die WOLFF & MÜLLER Gruppe: Spezialisiert am Bau**

WOLFF & MÜLLER ist eines der größten familiengeführten Bauunternehmen Deutschlands und steht seit über 70 Jahren für anspruchsvolles Bauen. Die familieneigene Unternehmensgruppe mit Hauptsitz in Stuttgart erwirtschaftet heute mit fast 2.000 Mitarbeitern an 19 Standorten eine Jahresleistung von rund 600 Millionen Euro. Arbeitsfelder des internationalen Baudienstleisters sind unter anderem Hoch- und Ingenieurbau, Tief- und Straßenbau, Bauen im Bestand, Spezialbau, Rohstoffgewinnung sowie baunahe Dienstleistungen.

Weitere aktuelle Informationen über WOLFF & MÜLLER finden Sie im Internet unter www.wolff-mueller.de oder kontaktieren Sie:

WOLFF & MÜLLER GmbH & Co. KG

Schwieberdinger Straße 107 • 70435 Stuttgart

Telefon +49 711 8204-0

Telefax +49 711 8204-335

info@wolff-mueller.de

**Ansprechpartner für Presseanfragen:**

fischerAppelt Kommunikation GmbH

Anna von Rosenberg

Neckarstraße 155 • 70190 Stuttgart

Telefon +49 711/185 70 50 -7204

Telefax +49 711/185 70 50 -7700

E-Mail: avr@fischerappelt.de

Abb. 3.15 (Fortsetzung)

Darüber hinaus werden weitere wichtige Informationen und besondere Sachverhalte als Pressemitteilungen an die lokale oder an die Fach- und Wirtschaftspresse gesendet. Auch hier zwei Beispiele:

**Bautafeln und Bauzaunwerbung**

Bautafeln und Bauzaunwerbung sind eine Besonderheit der Bauindustrie. An vielen Baustellen werden sie angebracht, um der Umwelt transparent anzuzeigen, wer dieses Bauprojekt realisiert. In der Regel sind es genormte Schilder, die das Unternehmenslogo, häufig Kombinationen aus Wort- und Bildlogo, abbilden. Eine gut aufgebaute und gut sichtbare Absperrung der Baustellen durch entsprechend hochwertige Bauzäune in Verbindung mit einer

Abb. 3.16:    Bauzaunwerbung: Bilder unterschiedlicher Bautafeln bei Bauprojekten

qualitativ guten Ausschilderung durch Bautafeln vermittelt unausgesprochen verschiedene positive Botschaften: Zunächst entsteht bei dem Betrachter der Eindruck, dass das verantwortliche Bauunternehmen gut und professionell organisiert ist. Diese positiv besetzen Assoziationen werden in vielen Fällen, häufig unbewusst, auf weitere Felder wie Kompetenz und Zuverlässigkeit des Bauunternehmens übertragen. Eine weitere positive Botschaft kann sich dem Betrachter durch ein mehrfaches Beobachten dieser Bautafeln an verschiedenen Örtlichkeiten bei unterschiedlichen Bauprojekten erschließen: Das Unternehmen ist erfolgreich, ansonsten würde es nicht „überall" seine Bauaktivitäten entfalten können. Ein Beispiel aus der Erfahrung des Autors: Als dieser vor einigen Jahren an der Pracht- und Geschäftsstraße der brasilianischen Wirtschaftsmetropole Sao Paulo, der Avenida Paulista entlang ging, sah er plötzlich Bautafeln der „Hochtief do Brazil", des brasilianischen Tochterunternehmens des Essener Baukonzerns. Damals war er sehr von der internationalen Präsenz des Unternehmens beeindruckt.

Bautafeln wirken allerdings auch nach innen. Die meisten Mitarbeiter in Deutschland identifizieren sich grundsätzlich mit ihrem Unternehmen. Wenn diese Mitarbeiter, die nicht auf einem spezifischen Bauprojekt eingesetzt sind und die die Bautafeln „ihres" Unternehmens an anderen Orten erblicken, sind sie häufig stolz, dass „ihre Firma" auch an jenem Ort tätig ist oder dass „ihr" Unternehmen bei jenem bedeutsamen Projekt eingebunden ist.

Bautafeln nehmen demnach wichtige Funktionen nach innen und nach außen wahr, die weit über eine Informationsfunktion hinausgehen.

**Beschriftung des Fuhrparks und der Baukräne**
Die Kennzeichnung der Fahrzeuge und Maschinen durch das Unternehmenslogo oder durch den -namen wird von vielen Unternehmen unterschiedlicher Branchen angewandt. Grundsätzlich wird dadurch ein höherer Bekanntheitsgrad erreicht; gleichzeitig kann dieses Instrument einen Beitrag zum Markenaufbau bzw. -ausbau leisten. Den positiven Wirkungseffekten stehen potenziell auch entsprechende Risiken gegenüber: Ein stark verschmutztes Fahrzeug eines renommierten Investitionsgüterherstellers führt tendenziell eher zu negativen Assoziationen, ebenso wie beispielsweise eine unangemessene und aggressive Fahrweise. Die Fahrzeuge werden demnach in der Öffentlichkeit als „Botschafter" ihres Unternehmens wahrgenommen, sowohl in positiver als auch in negativer Hinsicht.

Baukräne sind technisch und auch kommunikationspolitisch eine bauspezifische Besonderheit. Kommunikationspolitisch eignen sich Baukräne durch ihre Symbolkraft besonders, da sie unterschiedliche positive Botschaftsinhalte gleichzeitig repräsentieren können, häufig werden sie z. B. in den Medien bei Konjunkturentwicklungsaspekten als Bild oder als kurze Filmsequenz eingeblendet. Baukräne symbolisieren u.a. Entwicklung bzw. Weiterentwicklung, Innovation, Dynamik, wirtschaftliche Prosperität, Bewegung und Neues. Die Bauunternehmen versuchen durch eine entsprechende Kennzeichnung ihrer Baukräne die positiven Grundassoziationen zu nutzen, um diese auf sich zu übertragen. Auf größeren Baustellen wirken viele gebrandete Kräne eines Unternehmens besonders eindrucksvoll, da die Massierung der Kräne die Symbolwirkung tendenziell verstärkt.

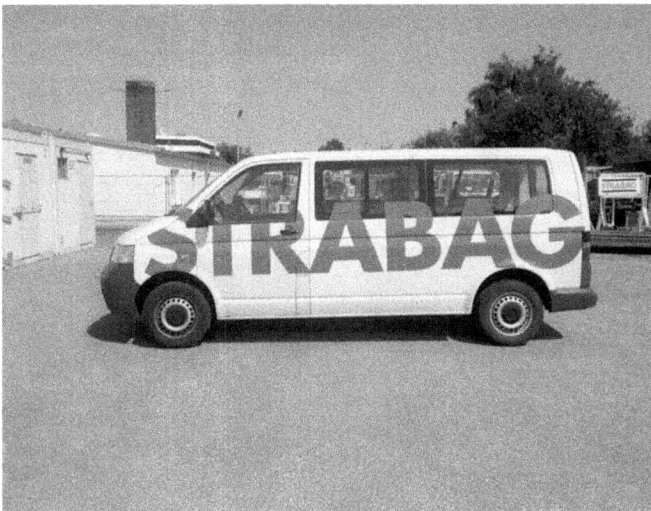

Abb. 3.17:    Beschriftung von Baufahrzeugen

Abb. 3.18:   Typische Kennzeichnung von Kränen

Abb. 3.19:   Bilder eines Messestandes

**Messen und Ausstellungen**

Messen und Ausstellungen werden ebenfalls von den Bauunternehmen genutzt, wobei die Motive hierfür unterschiedlich ausfallen können: Teilweise nehmen die Unternehmen an Ausstellungen oder Messen teil, um ihren Bekanntheitsgrad zu steigern oder ihr Image zu verbessern. Einige der führenden deutschen Baukonzerne beabsichtigen durch ihre Präsenz auf derartigen Veranstaltungen aktive Kundenpflege zu betreiben und ihr Leistungsportfolio positiv in den Markt zu kommunizieren. Darüber hinaus ermöglichen Messen und Ausstellungen nicht nur einen Leistungs- und Marktüberblick für die Besucher, sondern auch für die Aussteller. Gerade auch die zahlreichen informellen Gespräche und Kontakte des Ausstellungspersonals bieten viele Möglichkeiten, sich über neue Entwicklungen in der Baubranche zu informieren. Einige Unternehmen äußerten in einer Befragung gegenüber dem Autor, dass sie ganz bewusst an einigen Messen und Ausstellungen teilnehmen, um sich über aktuelle Wettbewerbsentwicklungen auszutauschen.

**Sponsoring**

Das Instrument des Sponsorings wird von zahlreichen Unternehmen der Baubranche genutzt. Die Bereiche, die große Bauunternehmen überwiegend sponsern, sind soziale Einrichtungen, kulturelle und sportliche Veranstaltungen. Die deutliche Mehrheit der Unternehmen führt Sponsoringaktivitäten durch, um ihr Image zu verbessern.

**Kommunikation via Internet**

Das Internet wird heute ausnahmslos von jedem größeren Bauunternehmen als Kommunikationsplattform in Deutschland genutzt; die meisten Unternehmen präsentieren sich im weltweit erreichbaren Netz (world wide web) mit ihrer Homepage. Ein Blick auf verschiedene Homepages der Bauwirtschaft zeigt, dass dieses Medium in unterschiedlicher Akzentuierung genutzt wird. Die überwiegende Anzahl der Bauunternehmen nutzt das Internet für folgende Zwecke:

- Image verbessern/Bekanntheitsgrad erhöhen
- Zur Bearbeitung von Projektanfragen
- Zur Unterstützung des Einkaufs
- Für Personalmarketing/Bewerbermanagement

**Distributionspolitik**

Die Distributionspolitik im Bauumfeld hat grundsätzlich vergleichbare Funktionen zu erfüllen wie die in anderen Industrie- und Dienstleistungsbereichen, allerdings prägen die branchenspezifischen Aspekte der Bauwirtschaft die Ausgestaltung der Vertriebswegepolitik relativ stark. Dies ist im Wesentlichen auf folgende Faktoren zurückzuführen:

- Die Baudienstleistung hat einen immateriellen Charakter (Koordination, Planung, Beratung, Steuerung)
- Die klassische Bauproduktion findet überwiegend am Ort des Konsums statt, eine „Vorfertigungskultur" an einem spezifischen Ort (Produktionsanlagen) existiert in der Bauwirtschaft in deutlich geringerem Umfang als in stationären Industriezweigen
- Der typische Bauproduktionsprozess erlaubt keine Lagerhaltung
- Die unterschiedlichen Bauprodukte sind häufig technisch sehr anspruchsvoll und sehr komplex
- Das Baugeschäft ist ein Geschäftsmodell, das üblicherweise eine starke lokale bzw. regionale Verankerung erfordert.

| **Organisationsebene** | **Regionalverantwortung** |
|---|---|
| Unternehmenszentrale | Sämtliche Regionen/Länder der Geschäftsaktivitäten des Unternehmens |
| Hauptniederlassung | Spezifische Region für die Geschäftsaktivitäten des Unternehmens z.B.: „Hauptniederlassung West" für NRW |
| Niederlassung | Spezifischer Raum für die Geschäftsaktivitäten des Unternehmens z.B.: „Hauptniederlassung Berlin" für den Großraum Berlin/Brandenburg |
| Geschäftsstelle | Spezifischer kleinerer Raum für die Geschäftsaktivitäten des Unternehmens z.B. auf kommunaler Ebene |
| Projektbüro | Räumliche Ausdehnung des Projekts |

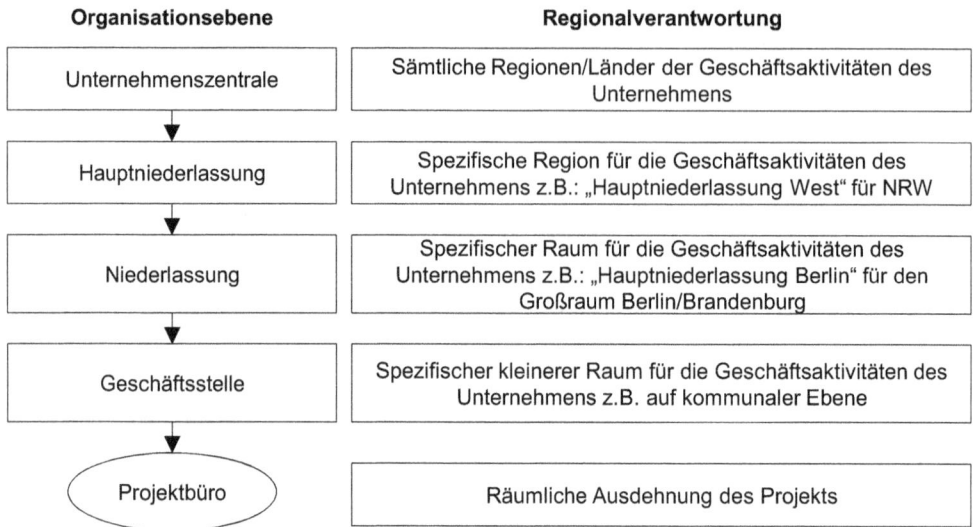

Abb. 3.20:   Organisationsebene und Regionalverantwortung

Diese Rahmenbedingungen können zu unterschiedlichen Formen der Vertriebswegepolitik führen: Klein- und mittelständisch geprägte Bauunternehmungen agieren in ihrem direkten oder benachbarten Umfeld, d. h. sie betätigen sich tendenziell in einem relativ überschaubaren geographischen Radius. Größere mittelständische und große Bauunternehmen agieren überregional, müssen dabei jedoch auch in lokalen Strukturen verankert sein. Diese Anforderungen schlagen sich in Deutschland auch in ihrer Organisationsstruktur nieder: Einerseits werden unterschiedliche Gebiete je nach Größe in unterschiedlichen geographischen Strukturen bzw. Einheiten zusammengefasst, andererseits werden produkt- oder segmentspezifische Faktoren bei der Organisationsgestaltung berücksichtigt.

Die typische Distributionsstruktur ist in Abb. 13.20 dargestellt: Anteile der projektbedingten Wertschöpfungsaktivitäten wie das Vertragscontrolling, die kaufmännische Administration, der Einkauf, werden durch die Organisation der Niederlassungen (HNL/NL/ZNL) geleistet. Der Hintergrund für eine derartige Organisationsstruktur lag im Selbstverständnis der Bauindustrie begründet: Ausgehend von dem Ansatz, dass das Baugeschäft häufig von lokalen Akteuren und Beziehungsnetzwerken dominiert wird, wurde durch ein relativ engmaschiges Niederlassungsnetz versucht, in den jeweiligen lokalen Bauszenen Präsenz zu demonstrieren, um sich als Teil des lokalen Baumarktes nachhaltig zu positionieren. Dieser Ansatz war und ist überaus sinnvoll, da die Unternehmen durch den dauerhaften Kontakt oftmals Informationsvorsprünge gegenüber jenen Unternehmen gewinnen konnten, die nicht permanent in einer Region vertreten sind.

Sämtliche der großen deutschen Bauunternehmen betreiben seit vielen Jahrzehnten ein bundesweites Niederlassungsnetz, das so engmaschig ist, dass jedes Gebiet in Deutschland erfasst werden kann und dass innerhalb dieser Teilräume jeder Kunde relativ zeitnah erreicht werden kann. Andererseits müssen diese Niederlassungen sowohl räumlich als auch von ihren Ressourcen in der Form dimensioniert sein, dass sie ausreichende Gewinnbeiträge erwirtschaften können. Im Rahmen der großen Krise der Bauwirtschaft zwischen 1995 und 2005 haben viele Bauunternehmen ihre Distributionsstrukturen vor dem Hintergrund einer rückläufigen Nachfrage und/oder sinkender Gewinnmargen gestrafft, wodurch viele Niederlassungen verkleinert, zusammengelegt oder geschlossen wurden.

In Anlehnung an die bereits angesprochenen Teilbereiche der Distributionspolitik, akquisitorische und logistische Distribution, verdient ein wichtiger Aspekt der bauspezifischen Distribution Beachtung: Während die akquisitorische Distribution (Metaebene) ohnehin überwiegend nach unternehmensspezifischen Gesichtspunkten zu organisieren ist, weist die operative Dimension (logistische Distribution) in der Bauwirtschaft starke Branchenprägungen auf: Ein wichtiger Aspekt ist das Vorhalten von Kompetenzen und Kapazitäten, da die Leistungserstellung gleichzeitig am Ort des Konsums erfolgt. Dies betrifft sowohl die Phase vor Baubeginn als auch die Bauphase selbst. Da das Produkt erst über einen längeren Zeitraum am Ort des Konsums entsteht, müssen die Unternehmen ein unterschiedliches Bündel und einen unterschiedlichen Umfang an Kompetenzen, je nach Art und Umfang des Projekts, vorhalten und zur Verfügung stellen. Vielfach sind diese Spezialisten landesweit an einem zentralen Ort in einer Organisationseinheit zusammengefasst, und werden je nach Kundenanforderung an den Ort des Bedarfs gebracht. Ein Beispiel: Ein Bauprojekt, das das Ziel hätte, die Münchner Untergrundbahn massiv auszubauen, würde eine relativ hohe Anzahl an Spezialisten erfordern, die mit hoher Wahrscheinlichkeit in nicht ausreichender Zahl in der Münchner Niederlassung verfügbar wären. Insofern müssten die entsprechenden Fachkräfte entweder regional- oder bundesweit aus der Unternehmensstruktur beschafft werden. Da ein Spezialist oder eine Gruppe von Spezialisten aufgrund der relativ geringen geographischen Distanzen und der gut ausgebauten Infrastruktur grundsätzlich innerhalb weniger Stunden an jedem Ort in Deutschland verfügbar sein können, ist eine „Vor-Ort-Ansiedlung" spezifischer Kompetenzen nur in Ausnahmefällen erforderlich.

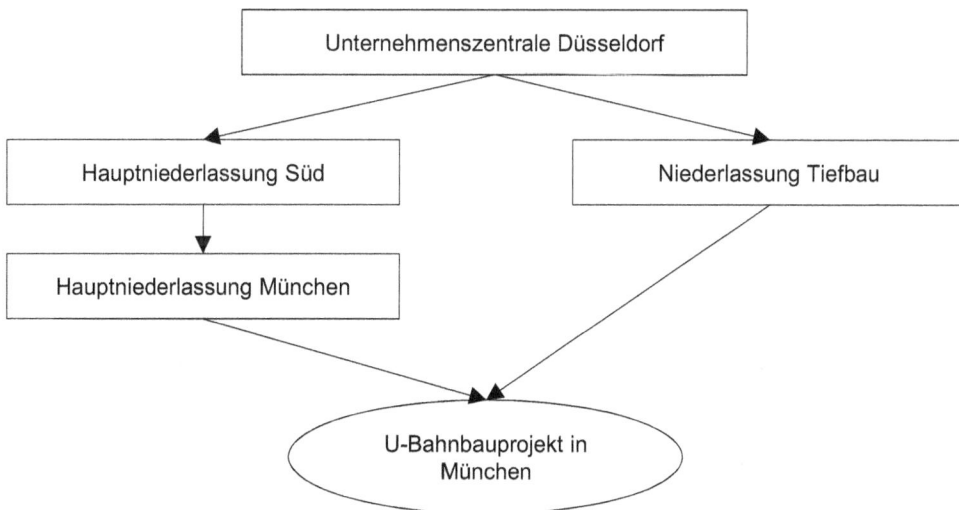

Abb. 3.21:    Mögliche Bau-Projektorganisation

In Abb. 3.21 wird eine mögliche Zusammenführung unternehmensinterner Ressourcen zur Realisierung eines Projekts dargestellt. In diesem Fall werden zwei Dimensionen zusammengeführt, die Regionalkomponente (Niederlassung München) und die Fachkomponente (Niederlassung Tiefbau). In anderen Situationen können sich beispielsweise zwei Niederlas-

sungen mit vergleichbarem Kompetenzprofil aus Kapazitätserwägungen zusammenschlie-
ßen. Unabhängig davon, welche Formen der internen Zusammenarbeit gewählt werden, ist es
wichtig, dass diese den Projekt- bzw. Kundenanforderungen entsprechen, und für das Unternehmen keinen unzumutbaren Aufwand generieren.

**Distributionsorgane der Anbieter**
Ein weiterer wichtiger Aspekt der Distributionspolitik mit bauwirtschaftlichem Hintergrund
sind die Organe der Distribution. Die Bauunternehmen verfügen üblicherweise über eigene
Vertriebsabteilungen oder Vertriebsmannschaften, auch wenn sich diese anders nennen und
teilweise anders agieren als in anderen Branchen. Grundsätzlich existieren zwei Verfahrens-
wege: Bei staatlichen Ausschreibungen werden so genannte Angebote erstellt, die auf der
Basis der Ausschreibungsunterlagen kalkuliert werden (reaktiver Ansatz). Vereinfacht ausgedrückt: Die Kalkulationsabteilung erstellt, teilweise unter Einbindung weiterer Expertise,
ein Angebot, das je nach Submissionsergebnis (Ergebnis des Bieterverfahrens, in der Regel
der Zuschlag) vom Kunden angenommen wird.

Bei Aufträgen, die nicht dem engmaschigen Vergaberegelwerk des Staates unterliegen, haben die Unternehmen mehr Gestaltungsräume bei der Auftragsakquisition (aktiver Ansatz).
Beispiel: Ein Bauunternehmen, das bereits mehrfach Produktionsstandorte für die Automobilindustrie gebaut hat, erfährt, dass ein ehemaliger Kunde beabsichtigt, den asiatischen
Markt mit Hilfe eines lokalen Produktionsstandorts zu erschließen. Spätestens ab diesem
Zeitpunkt könnte die Bauunternehmung den ehemaligen Kunden erneut kontaktieren und
seine Hilfe bei der Realisierung des Projekts anbieten.

Die typischen Anbieterorgane der Distribution bei Bauunternehmen sind:
- Geschäftsführung (Niederlassungs- oder Hauptniederlassungsleitung)
- Kalkulationsabteilung
- Vertriebsmitarbeiter
- Key Account Management

Die Arbeitsweise der Kalkulationsabteilung wurde bereits erläutert, die der Vertriebsmitarbeiter wurde generell unter 2.2 behandelt. Das Key Account Management oder Schlüssel-
bzw. Großkundenmanagement, in vielen Branchen bereits Standard, findet auch zunehmend
in der Bauwirtschaft Anwendung. Ein Großkunde wie beispielsweise die RWE AG, die bundesweit über einen großen Immobilienbestand verfügt, möchte einen zentralen Ansprechpartner bei einem Bauunternehmen vorfinden, unabhängig davon, ob der Bedarf nach Baudienstleistungen z. B. in Berlin, in Düsseldorf oder in Stuttgart entsteht. Der Key Account
Manager stellt das Bindeglied zwischen dem Kunden und den teilweise komplexen Unter-
nehmensstrukturen dar, damit die erforderliche Leistung ohne größere Effizienzverluste
entsprechend organisiert werden kann. Beispielsweise können interne Kooperationen mehrerer Niederlassungen dazu führen, dass ein Kunde Schwierigkeiten hat, die entsprechenden
Ansprechpartner zu kontaktieren, außerdem können bei unterschiedlich gelagerten Fragestellungen unterschiedliche Zuständigkeiten auftreten: Ein Key Account Manager hilft seinen
Kunden während des gesamten Kundenlebenszyklus mit seiner Kompetenz, teilweise bera-
tend und mitunter auch orientierungsgebend.

Im Rahmen der Vertriebspolitik in der Bauindustrie gewinnt das Thema „Wiederholkunden"
zunehmend an Bedeutung; eng verknüpft ist damit der Bereich des Customer Relationship
Managements (CRM). Prinzipiell ist Marketing in der Bauindustrie, besonders im Projektge-

schäft, ein „Management von Diskontinuitäten", da das Unternehmen in der Vorphase und in der Bauphase einen relativ engen Kundenkontakt unterhält, nach erfolgreicher Realisierung endet dieser in den meisten Fällen. Dadurch geht ein Großteil des Wissens über den Kunden, die internen Strukturen, seine Abläufe etc. verloren, nach einigen Jahren existieren auf der Seite des Kunden häufig andere Ansprechpartner, und die gemeinsame Erfahrung der Vergangenheit verblasst. Der ausreichend enge Kontakt, auch nach Abschluss des Projekts ist eine wesentliche Voraussetzung für die Akquisition neuer Bauvorhaben, insofern kann eine strukturierte Kundenbearbeitung eine strategische Wettbewerbsvorteilssituation schaffen. Ein Bauunternehmen, das in dieser Hinsicht sehr innovativ ist, ist die Goldbeck GmbH, die nach eigenen Angaben in den letzten Jahren einen Anteil an Wiederholkunden von ca. 50 % schaffte, darüber hinaus überarbeitet und professionalisiert das Unternehmen sein existierendes CRM-System, um diesen Anteil weiter profitabel auszubauen.

**Absatzmittler und Absatzhelfer**
Der Beschaffungs- und Absatzprozess in der Bauwirtschaft ist in vielen Fällen sehr komplex und personalintensiv. Generell spielen Absatzmittler bzw. Absatzhelfer im inländischen Baugeschäft keine signifikante Rolle, bisweilen bieten sich den Bauunternehmen Personen an, die angeben, über besondere Verbindungen zu verfügen. In der Bauwirtschaft existiert zumindest kein institutionalisiertes Absatzmittlersystem, wie es beispielsweise in der Versicherungsbranche oder in der Modebranche üblich ist. Im Auslandsgeschäft tritt diese Absatzkonstruktion tendenziell häufiger auf, v.a. in komplexen und unübersichtlichen Baumärkten in Schwellen- und Entwicklungsländern. Diese Personengruppen variieren in ihrer Nützlichkeit für die Akquisition von Projekten auf einer Skala von „wenig nützlich" bis „äußerst hilfreich". Für die Anbieter von Baudienstleistungen ist es häufig schwierig, die Kompetenz und die Zugangsmöglichkeiten der Absatzmittler oder Absatzhelfer im Vorfeld zu bewerten.

Je mehr sich die Bauunternehmen in die Richtung eines Dienstleistungsunternehmens entwickeln, desto stärker werden sie ihr ursprünglich relativ reaktives Distributionssystem zu innovativen Vertriebsstrukturen ausbauen müssen, um sowohl den Kundenanforderungen als auch den Herausforderungen des Wettbewerbs adäquat beggnen zu können. Insofern ist davon auszugehen, dass die Distribution in der Bauindustrie sich weiter professionalisieren wird.

## 3.2.3    Zusammenfassung

In diesem Kapitel wurden die Grundlagen des Bau-Marketings, respektive das strategische und das operative Bau-Marketing, in seinen wesentlichen Elementen dargestellt. Dies geschah aus zwei Gründen:

Erstens, aus einer prozessualen Betrachtungsperspektive ist es unbedingt erforderlich, die gesamte Prozesschronologie zu verstehen, was ohne die einzelnen Schritte des Bau-Marketings nur schwer möglich wäre.

Zweitens, nur durch ein Aufzeigen des Aktionsrahmens des Bau-Marketings wird auch der Aktionsrahmen des Bau-Vertriebs ersichtlich; letztendlich ist der Bau-Vertrieb die Umsetzungsebene der zuvor gefällten Entscheidungen des Bau-Marketings.

Darüber hinaus sollen auch die diversen, sich überschneidenden Aspekte zwischen Bau-Marketing und Bau-Vertrieb transparent werden, da gerade hier bei mangelndem Bewusstsein für Schnittstellenproblematiken grundsätzlich Problemfelder entstehen können.

# 4 Vertrieb in der Bauwirtschaft

## 4.1 Einführung

Die bisher behandelten Konzepte und Ansätze bezogen sich generell auf den Vertrieb und nicht auf eine spezifische Branche. Das Hauptziel dieses Buches ist es jedoch, einen Rahmen für den Vertrieb von Bauleistungen zu entwickeln. Insofern werden die diskutierten Prozessschritte aus einer bauwirtschaftlichen Perspektive aufgezeigt und mit bauwirtschaftlichen Inhalten ausgefüllt.

Die Unternehmen der Bauwirtschaft arbeiten in ihrem Kerngeschäft „Bauen" im Wesentlichen in den Bereichen Hoch-, Tief- und Ingenieurbau. In den unterschiedlichen Bereichen können nicht nur die Produktionsprozesse stark variieren, sondern vor allem auch die Kundengruppen, was teilweise zu deutlich unterschiedlichen Ausprägungen der Vertriebsprozesse führen kann. Das vorliegende Werk kann diese Unterschiede nicht in der ganzen Bandbreite darstellen, daher wird das „Vertriebsmodell Bau" überwiegend auf der Basis eines Hochbauunternehmens entwickelt. Wo es erforderlich erscheint, werden die vertriebsprozessualen Unterschiede aufgezeigt bzw. die Konsequenzen für den Vertrieb beispielsweise für den Tiefbau diskutiert.

Als Blaupause für die Entwicklung des „Vertriebsmodells Bau" dient die Prozesskette des Kapitels 2 dieses Buches, die sich in die Hauptprozessstufen Kundenidentifikation, Kundengewinnung und Kundenbetreuung gliedert.

## 4.2 Kundenidentifikation

Der Hauptprozessschritt Kundenidentifikation wird in zwei Unterprozesse (erster Ordnung) Kundenfokussierung und Kundenanalyse, aufgeteilt, die wiederum in weitere Unterprozesse (zweiter Ordnung) differenziert werden können.

### 4.2.1 Kundenfokussierung

Zur Kundenfokussierung zählen die *Adressgenerierung,* die *Interessentenidentifikation* und die *Interessentendokumentation.* Kundenfokussierung bedeutet in diesem Zusammenhang, sämtliche potenzielle Kunden, die für das eigene Bauunternehmen relevant werden können, aus dem Meer der vielen Möglichkeiten herauszufiltern, um diese im weiteren Verlauf zu bearbeiten. Die Selektion in diesem frühen Stadium ist erforderlich, um die Ressourcen des eigenen Unternehmens möglichst ökonomisch und zielgerichtet einsetzen zu können. Monatelang einem potenziellen Kunden „hinterherzulaufen" und am Ende festzustellen, dass dieser vermeintliche Kunde nie ein echtes Potenzial darstellte, ist nicht nur psychologisch unbefriedigend, sondern auch betriebswirtschaftlich wenig zielführend.

| Kundenfokussierung | | | |
|---|---|---|---|
| | Adressengenerierung | Interessenten-identifikation | Interessenten-dokumentation |
| Input | • Bedarfsprofil (Zielgruppe) • Adressverzeichnisse | • Liste der Bedarfsträger | • Liste Interessenten (Leads) |
| Output | • Liste der Bedarfsträger (prospects) | • Liste der Interessenten | • Interessenten-File |
| Charakter | schwach strukturiert | stark strukturiert | stark strukturiert |

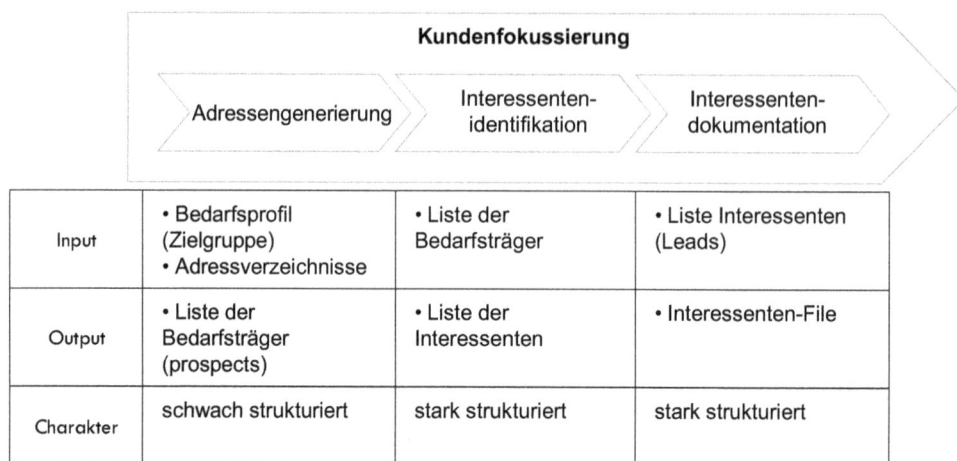

Abb. 4.1:    Teilprozesse der Kundenfokussierung (aus Diller/Haas/Iven, S. 148)

In dieser Phase ist es wichtig, den Spagat zwischen ausreichender Bearbeitungsfreiheit für potenzielle Kunden und der Begrenzung entsprechender Bearbeitungskapazitäten hinzubekommen. Beispielsweise können nicht tausende von potenziellen Kunden vom Bauunternehmen auf ihre Eignung als Kunde geprüft werden, da im Arbeitsalltag schlicht das Personal für eine derartig umfangreiche Recherche fehlt. Gleichzeitig ist es dennoch wichtig, möglichst viele qualitativ gute Neupotenzialkunden zu finden, um die Geschäftsentwicklung stabil vorantreiben zu können.

An dieser Stelle wird besonders darauf hingewiesen, dass die Neukunden ein bestimmtes Potenzial für die Unternehmen darstellen, das nicht gegen das Potenzial der „Altkunden" gestellt und abgewogen werden soll. Grundsätzlich ist es sehr begrüßenswert und häufig auch ökonomisch sinnvoll, das Potenzial der Bestandskunden vollumfänglich auszuschöpfen, bevor man sich dem ressourcen- und damit auch kostenintensiven Prozess der potenziellen Neukundensuche widmet. In der Fachliteratur wird in diesem Zusammenhang häufig geäußert, dass die Akquisition eines Neukunden den ca. sechsfachen Aufwand im Vergleich zur erneuten Geschäftsanbahnung eines Bestandskunden ausmachen kann. In der Bauwirtschaft ist dieser Ansatz eng mit dem Konzept der Wiederholkunden verknüpft; einige deutsche Bauunternehmen wickeln Ihren Umsatz bzw. ihre Bauleistung mit ca. 60 Prozent ihrer Gesamtkunden als Wiederholkunden ab. Eine derartig hohe Quote kann vor allem auch dazu führen, dass die Vertrauensbasis zwischen Kunden und Bauunternehmen langfristig auf ein stabiles und belastbares Niveau steigt, was den wirtschaftlichen Aufwand für den Vertrieb substanziell reduzieren kann. Im Folgenden geht es allerdings um die Vorgehensweise bei der Identifikation von Neukunden.

**Adressgenerierung**

Die Adressgenerierung kann auf unterschiedliche Art und Weise erfolgen. Grundsätzlich gelten sämtliche Wege, deren wirtschaftlicher Aufwand vertretbar erscheint, als zielführend. Mit Adressgenerierung ist gemeint, Basisdaten der Unternehmen, d. h. Name, Anschrift, Geschäftsfelder, Jahresumsatz etc. in Erfahrung zu bringen, um diese dann im Hinblick auf die Verwertbarkeit weiter zu untersuchen.

Die Unternehmen können dabei wie folgt vorgehen:

- Aufkaufen von Adressdienstleistern
- Eigene Recherchen
- Vergabe von Fremdrecherchen
- Auswertung eigener Netzwerktätigkeit
- Auswertung von Schnittstellenkontakten

Das *Aufkaufen von Adressen von Adressdienstleistern* ist eine Variante, die in der Bauwirtschaft selten zum Einsatz kommt. Im Grunde handelt es sich bei dieser Beschaffungsform um eine Auslagerung des klassischen Rechercheaufwands. Allerdings hängt die Qualität der Adressen, die sich an der vertrieblichen Verwertbarkeit orientiert, stark davon ab, in welcher Detaillierung und vor allem auch in welcher Aktualität die Daten verfügbar sind. Ein Beispiel zur Illustration: Ein mittelständisches Bauunternehmen kauft sich nach vorher klar definierten Kundenauswahlkriterien Daten über Kunden aus dem Krankenhaussegment ein, da es beabsichtigt, für Krankenhäuser das gesamte Baumanagement sowie den baufachlichen Betrieb dieser Einrichtungen entgeltlich zu übernehmen. Um sich entsprechend anzukündigen, versendet das Bauunternehmen individuelle Anschreiben an die jeweilige kaufmännische Geschäftsführung. Im Krankenhaus „Unter den Linden", dem vom Umsatzvolumen her potentesten Zielkunden, gab es vor zehn Monaten einen Wechsel in der Geschäftsführung. Der neue kaufmännische Geschäftsführer, Herr Dr. Moritz Terwesten, erhält ein qualitativ hochwertiges Anschreiben, das an seinen Vorgänger, Herrn Dr. Christoph Greiner gerichtet ist, da die Datenbank nicht aktualisiert wurde. Es bedarf sicherlich wenig Phantasie, um sich die Wirkung vorzustellen: „Schlampige Recherche – wenn die qualitativ so arbeiten wie bei Ihrer Recherche, kann man die vergessen" – so, oder ähnlich wird Herr Dr. Moritz Terwesten sicherlich denken – aus vertrieblicher Sicht ein Fiasko!

Das Beispiel soll nicht die gesamte Adressrecherchenbranche in Verruf bringen, aber deutlich darauf hinweisen, dass sich trotz aller Zusicherungen Fehler in der Datenbank befinden können, sodass es teilweise erforderlich sein kann, die gekauften Daten zu überprüfen. Die klassische Frage wäre an dieser Stelle, ob diese Vorrecherche im Rahmen einer „Make or Buy" Entscheidung günstiger eingekauft als selbst erstellt werden kann. Je nach Preis und Aufgabe kann ein Adressdienstleister wertvolle Arbeiten übernehmen.

*Eigene Recherchen* werden in Bauunternehmen häufig angestellt, um an die Daten von potenziellen Kunden zu gelangen. Die Qualität des Rechercheergebnisses hängt stark von der Kompetenz des „Rechercheurs" ab. Oftmals wird die Qualität der im Internet vorhandenen Daten insoweit überschätzt, als dass diese häufig nicht der vom Unternehmen gewünschten Struktur und Detailliertheit entsprechen, also häufig nur einem ersten Entwurf darstellen. In der Regel ist eine auf der Grundlage des Erstentwurfs weitergehende Recherche erforderlich. Wenn jemand mit der Materie vertraut ist und die Möglichkeiten und Begrenzungen der Internetrecherche kennt, bietet diese Form der Adressgenerierung eine gute Basis zum Aufbau einer Zielkundendatei. Der grundsätzliche Vorteil der Inhouse-Recherche liegt eindeutig darin, dass das Unternehmen in der Regel die Rechercheanforderungen und darüber hinausgehende interne Informationen bestens kennt, und somit zielgerichteter agieren und frühzeitig selektieren kann. Ein Beispiel: Es ist nicht ungewöhnlich, dass es zwischen Bauunternehmen und Kunden zu Rechtsstreitigkeiten kommen kann, was grundsätzlich nicht wünschenswert aber legitim ist. Manche Auftraggeber versuchen jedoch prinzipiell über juristische Hebel, Einbehalte durchzusetzen um auf diese Art ihre wirtschaftliche Situation zu verbessern. Die Methode führt bei vielen Bauunternehmen dazu, diese Auftraggeber auf eine „schwarze Liste" zu setzen, um sich vor Schaden zu schützen. Der Insider bei der Adressrecherche kennt diese „schwarzen Schafe" und verfolgt die Auswertung derartiger Adressen nicht weiter.

Als Alternative oder Ergänzung kann die *Fremdrecherche* genutzt werden. In Abgrenzung zu Adressdienstleistern sind gezielte Einzelrechercheaufträge in vielen Fällen präziser und gehen intensiver auf die Bedürfnisse von den Auftraggebern ein. Darüber hinaus ist die Nutzung spezifischer Datenbanken kostenpflichtig, sodass eine gezielte Einzelrecherche an ein dafür spezialisiertes Unternehmen sogar günstiger sein kann, als wenn der Rechercheur diese Leistung selber kauft. Das hängt damit zusammen, dass eine einmalige Recherche für den Datenbesitzer weniger lukrativ ist und dass er aufgrund dessen höhere Einzelpreise festsetzt. Professionelle Rechercheunternehmen kaufen partiell ebenfalls Datenbestände ein, jedoch in einem deutlich höheren Umfang, sodass sich hier einkaufsmengenbedingt skalenökonomische Effekte einstellen können. Die Fremdrecherche kann entweder den gesamten Rechercheaufwand abdecken oder in spezifischen Phasen hinzugezogen werden.

Die *Auswertung eigener Netzwerktätigkeit* ist ein weites Feld. Netzwerkarbeit wurde seither von den Bauunternehmen betrieben, da das Baugeschäft traditionell eher ein lokales Geschäft ist. In der Regel ist der Firmenchef als oberster Vertriebler Mitglied in unterschiedlichen Vereinen, vom lokalen Unternehmerverband bis hin zu Mitgliedschaften in Schützen- oder anderen Vereinen. So kann man sich in vertraulicher Atmosphäre über anstehende Baumaßnahmen austauschen und informieren; diese gewonnenen Erkenntnisse fließen dann möglicherweise in das eigene Angebotsverhalten ein. Die Methode, sich über das jeweilige Marktgeschehen in kleinen Zirkeln einen Überblick zu verschaffen, stößt auch auf Kritik. Abgesehen von wirtschaftsdeliktischen Aspekten sind diejenigen, die nicht Teil dieser „Community" sind, grundsätzlich im Nachteil, da die Informationsasymmetrien bisweilen entscheidend für die Auftragsvergabe sein können. Ein Beispiel zur Illustration: Ein Bauunternehmer, der in einem ländlichen Umfeld als Fördermitglied der Gemeindemarketinggesellschaft fungiert, erfährt über diese Verbindung, dass die Gemeinde beabsichtigt, eine Ferienfreizeitanlage zu bauen. Das Leistungsverzeichnis (LV) beinhaltet Positionen für Erdbewegungen, die zwar ausgeschrieben werden, jedoch vermutlich nicht oder nicht im kalkulierten Aufwand zur Ausführung kommen. Mit diesem Informationsvorsprung kann er seine Angebotskalkulation kostenseitig günstiger gestalten und somit die Erfolgswahrscheinlichkeit im Vergleich zu jemandem erhöhen, der die Erdbewegungen vollumfänglich bepreist, da dieser, der Outsider, das Bauprojekt ansonsten nicht kostendeckend abarbeiten könnte. Insofern ist die Netzwerkarbeit bei der Auftragsakquisition grundsätzlich sehr nützlich.

Die Netzwerktätigkeit soll jedoch nicht auf einige Akteure der lokalen Bauszenerie begrenzt bleiben. Im Grunde sind sämtliche Anknüpfungspunkte zu suchen, die einen mittelbaren oder unmittelbaren Nutzen bringen können. Hierbei können unterschiedliche Wege begangen werden: Beispielsweise kann die Mitgliedschaft in der Deutschen Gesellschaft für Nachhaltiges Bauen e.V. durch die neuen Erkenntnisse zur Entwicklung neuer Bau-Dienstleistungen führen, oder beispielsweise der regelmäßige Besuch themenspezifischer Veranstaltungen des Kompetenzzentrums Baulogistik des Fraunhofer-Instituts für Materialfluss und Logistik in Dortmund. Ein weiterer Ansatz wäre beispielsweise die Mitgliedschaft im Verband der Familienunternehmer, dessen Nutzenverwertbarkeit auch eher einen mittelbaren Charakter hat.

In der Bauwirtschaft spielen Messen im Vergleich zu anderen Branchen eine wichtige Rolle, um das Unternehmen entsprechend in Szene zu setzen. Messen wie die **expo real**, die Deubau, oder die bautech sind jedoch nicht nur wichtig, um das eigene Leistungsspektrum darzustellen, sondern vor allem auch, um Kontakte unterschiedlichster Art zu knüpfen bzw. zu pflegen. Diese Fachmessen werden überwiegend von Wettbewerbern, von Projektausschreibern, von Kunden, von Wissenschaftlern, von Fachjournalisten, von Verbänden sowie von weiteren Personen der Fachöffentlichkeit frequentiert. Jeder Messebesucher und Aussteller kennt es: Nach einer Messe hat man die Tasche voller Visitenkarten, die man oft personell kaum noch zuordnen kann. Meistens wird die Ansammlung von der Sekretärin in die Visitenkartenordner eingeordnet, und nur zu spezifischen Gelegenheiten wird sich dieses Datenpools erinnert. Üblicherweise werden diese Adressen zu Weihnachten verwendet, um Weihnachts- und Neujahrsgrüße zu versenden.

Auch Konferenzen, Verbandstagungen und Symposien können wichtige Adressen liefern. In der Regel verfahren die meisten Führungskräfte der Bauwirtschaft ähnlich und so verschwinden die zunächst sehr interessanten Kontaktadressen verschwinden in den Visitenkartenmappen. Durch Mailingaktionen, Werbung oder „Tage der offenen Tür" werden ebenfalls Kontakte gewonnen, die über ein mögliches Umsatzpotenzial verfügen. Die so gewonnenen Adressen sollten ebenfalls in die Zielkundendatenbank aufgenommen werden.

Die systematische Auswertung der Netzwerkkontakte beginnt mit der Erfassung derselben, die in der Regel elektronisch erfolgt. Das lückenlose Aufbereiten dieser Kontakte kann überdies dazu beitragen, dass diese Kontakte später auch von anderen Mitarbeitern des Unternehmens zur Vertriebstätigkeit genutzt werden können. Gerade in klein- und mittelstandsgeprägten eigentümergeführten Bauunternehmen kann es besonders hilfreich sein, eine vom Unternehmer unabhängige Datenbank dieser Potenziale aufzubauen. Eine derartige Datenbank kann nicht nur einen Beitrag zur Entlastung des „Chefs" leisten; zudem müssen die Mitarbeiter die Adressen der Kontakte, beispielsweise während der Angebotsphase, nicht in jedem Einzelfall vom häufig stark eingespannten Unternehmer abrufen.

Eng angelehnt an das Netzwerkmanagement ist das *zielgerichtete Auswerten von Schnittstellenkontakten*. Zunächst einmal bietet es sich an, die zahlreichen Schnittstellen vor diesem Hintergrund zu prüfen. Auf der Basis des „Wertschöpfungskettenmodells Bau" sind die Schnittstellen zu definieren und die als nützlich erscheinenden Kontakte strukturiert aufzubereiten.

Wenn man sich die aus der Wertschöpfungskette ergebenden Schnittstellenkontakte chronologisch erschließt, beginnt man sinnvollerweise auf der Beschaffungsseite des Unternehmens. Die in der Wertschöpfung dort angesiedelten Schnittstellenkontakte beziehen sich im Wesentlichen auf die ausschreibenden Stellen, die Finanzierer, die Nachunternehmer (NU) und die Lieferanten. Teilweise sind diese Datensätze bereits in den Unternehmen vorhanden; oftmals werden in der für den Einkauf zuständigen Organisationseinheit zumindest die Stammdatensätze der NU und der Lieferanten geführt und gepflegt.

Im weiteren Verlauf des Wertschöpfungsprozesses kommen je nach Struktur Partnerunternehmer bzw. Unternehmer weiterer nachgeordneter Gewerke hinzu. Auch hier besteht die Möglichkeit, durch eine gezielte Ansprache die Adressen und weitere wichtige Informationen in Erfahrung zu bringen. Bei unterschiedlichen Gelegenheiten kann man dies bewerkstelligen, so z. B. bei Baustellenbesprechungen oder ähnlichen Gelegenheiten.

Ein weiteres Beispiel für ein erfolgreiches Schnittstellenmanagement: In zahlreichen Fällen sind Planer und Architekten dem Bauunternehmen chronologisch vorgeschaltet. Ein geschickter Schachzug ist es, wenn das eigene Bauunternehmen in anderen Projekten ebenfalls

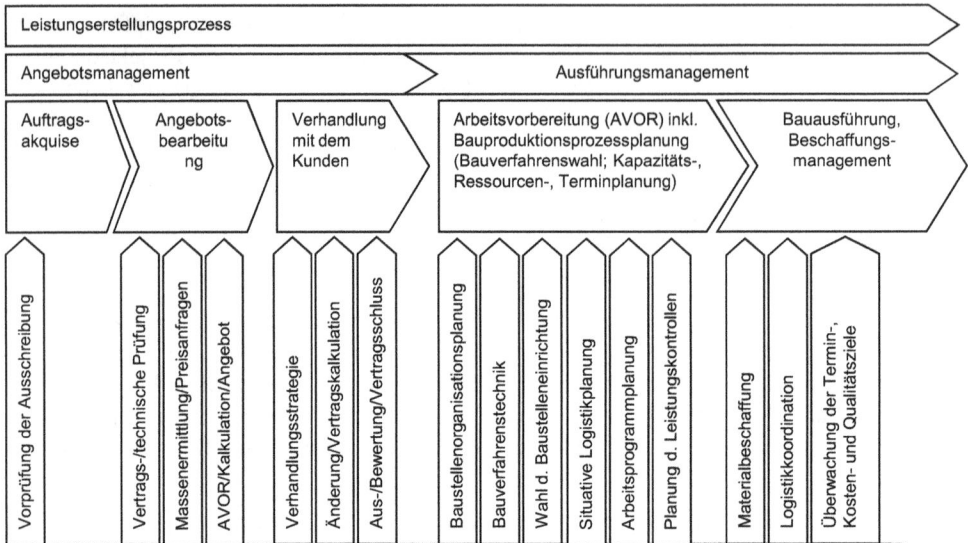

Abb. 4.2:     Überblick Wertschöpfungskette Bau inkl. Schnittstellen

Aufträge an jene Planer und Architekten vergibt, mit denen es möglicherweise zu einem späteren Zeitpunkt im Vorfeld von Auftragsverhandlungen zu tun haben könnte. Selbstverständlich ist das kein „Selbstläufer", aber über diese Konstruktion können zumindest häufig wichtige Informationen gewonnen werden. Die Doppelrolle sowohl der Planer als auch der Bauunternehmen wirkt vor diesem Hintergrund als „Grenzen verwischend" und kann allein aufgrund dieser Tatsache grundsätzlich als nützlich betrachtet werden.

Was vielfach unterschätzt und daher nicht strukturiert organisiert wird: Viele der Schnittstellenkontakte verfügen über weitere Schnittstellenkontakte; beispielsweise kann ein Lieferant von der Besprechung auf einer anderen Baustelle über den geplanten Bau einer Mehrzweckhalle berichten. Da das Bauvorhaben zu diesem Zeitpunkt noch nicht auf dem Markt ist, ist es in diesem Stadium nur wenigen Anbietern bekannt ist. Ein weiteres Beispiel: Ein Nachunternehmer, mit dem ein Bauunternehmer auf Baustelle A zusammenarbeitet, wurde aufgrund eines privaten Kontaktes zu einem Planer auf ein kompetentes Bauunternehmen angesprochen, das über ein vergleichbares Kompetenzprofil verfügt wie das auf Baustelle A. Über den Nachunternehmer kann der Kontakt zu dem Planer hergestellt werden wodurch im Vorfeld wichtige Vertriebsinformationen gewonnen werden können.

Was die Beispiele verdeutlichen sollen, auch wenn es profan klingt: Oftmals können wichtige Informationen, die man für die weitere Vertriebsarbeit verwenden kann, ohne viel Aufwand aus dem Umfeld herausgefiltert werden, in dem man ohnehin agiert.

**Interessentenidentifikation und Interessentendokumentation**

Während es bei der Adressgenerierung im Wesentlichen um das Auffinden und Aufgreifen von Erstrohdaten geht, werden diese Daten im nächsten Verarbeitungsschritt nach spezifischen Kriterien mit dem Ziel selektiert, die weniger nützlichen bis unbrauchbaren Adressen zu eliminieren. Die Kriterien, die zur Eliminierung der Adressen führen, können unterschiedlicher Natur sein:

- Die Kundendaten sind veraltet
- Der Kunde hat keinen Bedarf (ist aus Erfahrung bekannt)
- Der Kunde ist ein „Problemkandidat", d. h. beispielsweise, dass sein Zahlungsverhalten bekanntermaßen schlecht ist und er sich häufig über Rechtsstreitigkeiten einen Vorteil zu erheischen versucht
- Der potenzielle Kunde liegt außerhalb des Vertriebsgebiets

Diesen Selektionsvorgang nennt man auch Adressqualifizierung (Diller, Haas, Ivens 2005). Die Qualifizierung der Adressenbestände führt im Ergebnis dazu, dass das Unternehmen diese effektiver und vor allem auch effizienter bearbeiten kann. In die Phase der Interessentenidentifizierung fallen auch die Aktualisierung, die Präzisierung und die Charakterisierung der möglichen Zielkunden.

Im Rahmen der weiteren Verarbeitung der Rohdaten sollen unter anderem die folgenden Daten als Vorstufe zur Aufnahme in die Stammdatenbank aufbereitet werden:

- Die Rahmeninformationen wie Name des Kunden, aktuelle Adresse, sowie die grundsätzlichen Kontaktaufnahmemöglichkeiten (Telefon, Fax, E-Mail etc.)
- Die relevanten Ansprechpartner wie z. B. Geschäftsführung, Bereichsleiterbzw. der Leiter oder die Leiterin des Einkaufs, oder die Ansprechpartner für Bauleistungen
- Die Rechtsform des Unternehmens bzw. das strukturelle Umfeld; ist derKunde beispielsweise Teil einer Konzernstruktur, was bedeuten kann, dass die möglichen Kaufentscheidungen auf einer anderen Führungsebene getroffen werden können
- Das mögliche Beschaffungspotenzial nach Art und Umfang (sofern entsprechende Informationen verfügbar sind; beispielweise ob ein Stahlhersteller über einen Gebäudebestand, der aus einer Vielzahl von Wohn- und Gewerbeimmobilien besteht, verfügt)
- Die Kundenstruktur des Zielkunden, die Rückschlüsse auf die Nachfragestruktur des Zielkunden geben kann
- Gegebenenfalls getätigte Bau-Investitionen der letzten Jahre

Die qualifizierte Aufarbeitung der Adressdaten schafft die Voraussetzung, diese im Rahmen der Interessentendokumentation in einen Stammdatensatz zu überführen. Wenn ein Customer-Relationship Managementsystem (CRM-System) existiert, können diese Daten in das System importiert werden.

Die Bauunternehmen können den Informationsaustausch bzw. die Abstimmung in unterschiedlicher Form organisieren: In der Regel werden turnusmäßig stattfindende Besprechungen dazu genutzt, sich strukturiert über die möglichen Zielkunden auszutauschen und abzustimmen. Sinnvoll ist es, sich einmal pro Woche mit sämtlichen für den Vertrieb verantwortlichen Personen zusammenzusetzen. Je nach Unternehmensgröße kann das innerhalb der gesamten Organisation an einem Ort mit allen Beteiligten stattfinden, wie bei einer Bauunternehmung mit nur einem Unternehmenssitz und ca. 60 Mitarbeitern, oder, wie bei einer bundesweit tätigen Unternehmung mit mehr als 1.000 Mitarbeitern, auf Niederlassungs – und/oder Hauptniederlassungsebene. Es empfiehlt sich, die relevanten Punkte stets in der Form einer Daueragenda durchzusprechen und zu aktualisieren. Dabei können verschiedene Aspekte kontinuierlich angesprochen werden. Für die Phase der Interessentenidentifikation und -dokumentation können neben den bereits angeführten auch die folgenden Kriterien zur Vertriebsinformationsgewinnung beitragen:

- Untersuchung der Bonität eines möglichen Kunden
- Gegebenenfalls welche vertraglichen Varianten er bevorzugt

- Kommunikations- und Entscheidungsverhalten
- Welche technischen Risiken existieren

Die Bonitätsprüfung ist ein extrem wichtiger Faktor innerhalb des Risikomanagements der Unternehmen und stellt gerade für Bauunternehmen das A und O dar. Eine schwierige Bonitätssituation des Kunden bedeutet nicht notwendigerweise das Aus für eine potenzielle Kunden-Lieferanten-Beziehung; es ist jedoch ein Warnindikator für das Bauunternehmen. Eine Lösung für das Bauunternehmen könnte das Beibringen weiterer Sicherheiten beinhalten; ggf. kann ein Auftrag auf der Basis hoher Vorauszahlungen erfolgen, die das Zahlungsausfallrisiko deutlich reduzieren. Wichtig ist: Die Unternehmen legen bereits in der Frühphase einer Geschäftsbeziehung die Grundlage für die Rentabilität; für die Baudienstleister zehrt ein Forderungsausfall bzw. ein Teilforderungsausfall eines Bauprojekts häufig nicht nur den gesamten Gewinn des spezifischen Projekts auf. Bei der durchschnittlichen Gewinnmarge in der Bauwirtschaft kann ein ergebnisdefizitäres Projekt das Gesamtergebnis eines Baudienstleisters derartig negativ beeinträchtigen, dass viele profitable Projekte kaum ausreichen, diese Verluste ausreichend zu kompensieren.

Vertragskonstellationen sind ein weiterer Ort für versteckte Risiken. Je nachdem, welche Vertragsform Grundlage einer möglichen Geschäftsbeziehung ist, kann das Risiko für den Bauunternehmer deutlich variieren. Der Vertrag regelt Rechte und Pflichten beider Parteien und ordnet dementsprechend die Risiken zu. Beispielsweise kann sich die Bodenbeschaffenheit im Verlauf eines Projektes für den Bauprozess problematischer und aufwändiger erweisen, als erwartet. Dies führt üblicherweise zu höheren Kosten; was die zentrale Frage nach sich zieht, wer diesen Zusatzaufwand trägt – Bauherr oder Bauunternehmer. Zur Ausgestaltung der Vertragswerke gehört ebenfalls das so genannte Nachtragsmanagement. Bei unvorhersehbaren Änderungen der Bauausführung entsteht nicht selten ein signifikanter Mehraufwand, auch hier ist es entscheidend, wie fair der Bauherr sich bisher in vergleichbaren Bauprojekten verhalten hat. Diese Informationen sind von hoher Bedeutung, weil konfliktäre Lösungen sich in der Praxis häufig für beide Seiten als kostenintensiver erweisen, und für den Bauunternehmer eindeutig ein Bedrohungspotenzial für den Gewinn bedeuten. Insofern sind Informationen über das Verhalten bei Nachträgen hilfreich, potenzielle Kunden einzustufen.

Ein wichtiger Baustein ist auch das Kommunikations- und Entscheidungsverhalten eines Potenzialkunden. Wie sind die Kommunikationswege – wer muss wen innerhalb des Unternehmens informieren, um Entscheidungen fällen zu können? Sind die Entscheidungen eher zentralisiert oder dezentralisiert? Diese Fragen lassen zumindest bedingt Rückschlüsse im Hinblick auf die Qualität einer möglichen Zusammenarbeit zu. Auch hier ein Beispiel zur Verdeutlichung: Wenn ein deutsches Maschinenbauunternehmen, das jüngst von einem chinesischen Konzern aufgekauft wurde, neue Produktionskapazitäten im idyllischen Hayn im Harz in Sachsen-Anhalt aufzubauen beabsichtigt, sind die Entscheidungsverfahren vor dem Hintergrund des Eigentümerwechsels komplexer, als wäre die Konzernzentrale in Deutschland. Die veränderte Situation führt erfahrungsgemäß dazu, dass innerhalb des Unternehmens ein relativ hoher Abstimmungsbedarf existiert. Tendenziell unterscheidet sich das Führungs- und Entscheidungsverhalten chinesischer Unternehmen von deutschen Vorgehensweisen, sodass hier zumindest mit Zeitverzögerungen zu rechnen ist, die sich innerhalb der Bauausführung als problematisch erweisen können. Für das Bauunternehmen kann es daher bedeutsam sein zu wissen, wie das Zielkundenunternehmen „tickt".

Darüber hinaus kann es für Bauunternehmen ebenfalls wichtig sein, typische Projekte des möglichen Kunden, falls bekannt, im Hinblick auf damit projekttypische technische Risiken zu untersuchen. Ein möglicher Auftraggeber, dessen typische Projekte technisch höchst anspruchsvoll sind, z. B. ein Produktionswerk für einen Chiphersteller, wird aus Sicht des Bauunternehmers möglicherweise eine andere technische Risikostruktur aufweisen als ein klassischer Hochbaukunde.

Innerhalb der Phase der Interessentenidentifikation und -dokumentation werden demnach weitere, für den Vertrieb wichtige Informationen für das Bauunternehmen verdichtet. Je nach definierter Zielkunden- oder Risikostruktur können in diesem Schritt mögliche Kunden ausgefiltert werden, die nicht in das Zielprofil des Baudienstleisters passen. Diejenigen, die anschließend verblieben sind, werden in der Phase der Kundenanalyse weiter auf ihre Nützlichkeit für den Vertrieb von Bauleistungen untersucht.

## 4.2.2    Kundenanalyse

Die vorausgegangenen Recherchen und Informationsaufbereitungen stellen die Voraussetzung für den nächsten Teilprozessschritt, den der Kundenanalyse, dar. Zur Kundenanalyse gehören drei Unterprozessstufen: die *Kundenpotenzial-*, die *Kundenprozess-* und die *Kundenpräferenzanalyse*.

Das Wesentliche, das die Prozessphase Kundenanalyse liefert, ist dass durch die systematische Informationsverarbeitung die Trefferquote im Vertrieb der Baudienstleistungen höher werden soll, was die Effektivität und die Effizienz gleichermaßen betrifft. In der Regel ist der Vertrieb mit der Beschaffung und Auswertung derartiger Informationen überfordert, da er nicht über die entsprechenden Ressourcen und ggf. Kompetenzen verfügt. Es erscheint daher sinnvoll, dass der Vertrieb an dieser Nahtstelle der Informationsverarbeitung eng mit dem Marketing des Unternehmens zusammenarbeitet. Ohne den Funktionsträgern des Marketings hier zu nahe treten zu wollen, ist die effektivste Unterstützung, die das Marketing in diesem Bereich leisten kann, die des Steigbügelhalters für den Vertrieb. Präzise Informationen über das zukünftige Agieren potenzieller Kunden ermöglichen es dem Vertrieb, seine Ressourcen zielbringend und effektiv einzusetzen.

Die *Kundenpotenzialanalyse* zielt vor allem auf das Umsatzvolumen, das mit dem möglichen Kunden generiert werden kann. Dabei können die Bauunternehmen unterschiedliche Aspekte berücksichtigen:

Zunächst die zeitlichen Beschaffungsintervalle, in denen aus Bauunternehmersicht eine Bauleistungsnachfrage entstehen kann. Ein Beispiel: Wenn ein Bauunternehmen einen Discounter wie Aldi oder Lidl als Interessenten herausgefiltert hat, stellt sich nicht nur die Frage nach dem einzelnen Bauprojektvolumen, das durch den Bau eines Supermarktes entsteht, sondern auch, wie viele Folgeprojekte aus dieser Kundenbeziehung entstehen können. Wichtig ist dabei, die Zeiträume möglichst exakt vorherzubestimmen. Diese Informationen sind in der Regel nicht ohne weiteren Aufwand erhältlich, daher sind z. B. entsprechende Publikationen wie Verbands-, Unternehmensinformationen oder Informationen von auf den Einzelhandel spezialisierten Analysten einzuholen. Ebenso können historische Daten herangezogen werden, um die gesammelten Informationen zu untermauern. Bisweilen können diese Vorinformationen auch direkt von den Unternehmen gewonnen werden. In diesem Zusammenhang bieten sich Kundenlebenszyklusanalysen an, die einen möglichen Lebenszyklus des Kunden aus der Perspektive des Bauunternehmens erfassen und aufzeigen.

Der Projektcharakter des Baugeschäfts bringt es mit sich, dass sich die viele Führungskräfte verständlicherweise stark auf die Höhe des einzelnen Projektvolumens konzentrieren, auch aus Gründen des Zeitmangels. Die Bauleistung, die man mit einem einzelnen Bauprojekt erwirtschaftet, stellt je nach Größe des Bauunternehmens einen anteilig unterschiedlich hohen Beitrag an der Gesamtbauleistung (Gesamtumsatz des Bauunternehmers) dar. Auch hier zur Verdeutlichung ein Beispiel: Ein mittelständisches Bauunternehmen, das in einem üblichen Geschäftsjahr zehn Projekte mit einem durchschnittlichen Projektvolumen von 100.000 Euro abwickelt, erzielt demnach eine Bauleistung von 1.000.000 Euro. Weiterhin wird unterstellt, dass das Unternehmen über einen Auftragsbestand einer Jahresbauleistung verfügt, sodass es die Bauleistung für das nächste Jahr bereits akquiriert hat. Wenn nun zwei Bauprojekte auf den Markt kommen, ein relativ kleines mit einem preislichen Volumen von 50.000 Euro und ein Projekt mit einem Bauvolumen von 600.000 Euro, ist es verständlich, dass sich der Bauunternehmer oder die Führungskräfte grundsätzlich auf den großen Auftrag konzentrieren, da er dem Unternehmen 60 % der Jahresbauleistung liefert.

Die Entwicklung der Bauunternehmen in Deutschland in den letzten Dekaden hat allerdings gezeigt, dass die Fokussierung auf die Projektgröße bzw. Bauleistungsvolumen nicht ausreichend ist; vielmehr zählt die Rentabilität der Projekte, die nicht notwendigerweise mit der Projektgröße positiv korreliert. Ein renommierter deutscher Baukonzern baute in Berlin seinerzeit an einer der größten Baustellen der Bundesrepublik Deutschland, und erwirtschaftete ein Negativergebnis in Millionenhöhe. Insofern ist es empfehlenswert, bei der projektorientierten Betrachtung sowohl die quantitative (Bauleistung des einzelnen Projekts) als auch die qualitative (Rentabilität) Ebene ausreichend und ausgewogen zu berücksichtigen.

Die Kundenpotenzialanalyse führt zu einem ersten Zwischenergebnis der Kundenanalyse. Die Interessentenliste sämtlicher bisher untersuchter Unternehmen ist nun um eine wichtige Kenngröße, um die des Umsatzvolumens und ggf. um die der Rentabilität, erweitert und somit weiterentwickelt worden. Jetzt kann das Bauunternehmen über diese Informationen eine Zielkundenpriorisierung vornehmen und in absteigender Reihenfolge weiterverarbeiten.

Kernpunkte der Kundenprozessanalyse sind Informationen über die Informationsverarbeitungs- und Entscheidungsprozesse auf der Kundenseite. In Anlehnung an das in der Betriebswirtschaftslehre bekannte Modell des Buying Centres, das im Anschluss kurz rekapituliert werden soll, werden dabei sowohl formelle als auch informelle Entscheidungsfindungsprozesse transparent aufgeführt und ggf. visualisiert.

Jeder kennt es aus eigener Erfahrung der Arbeitswelt oder aus der Erfahrung von Freunden und Bekannten: Häufig werden Entscheidungen zwar von den formal für die Entscheidung Zuständigen gefällt, die Zuarbeit für die Entscheidungsvorbereitung erfolgt aber oftmals auf unterschiedlichen Wegen und basiert nicht immer auf formalen Strukturen. Dieses Wissen ist von außen nur selten erkennbar, hier ist ein gewisses Talent erforderlich, sich dieses Wissen zu erschließen. Dies ist nur möglich, wenn Menschen in einen Kommunikationsaustausch eintreten. Ein Beispiel: Ein mittelständisches Chemieunternehmen, die Müller Chemie GmbH & Co. KG plant, sich deutschlandweit im Bereich seiner Produktionskapazitäten neu zu organisieren. Der Produktionsmanager, ein älterer Mitarbeiter, der in vier Jahren in seinen wohlverdienten Ruhestand gehen wird, zeigt auch aus persönlichen Erwägungen wenig Interesse, die zahlreichen Möglichkeiten unvoreingenommen zu eruieren, was er selbstverständlich nicht in dieser Form artikuliert. Der Leiter Finanzen & Controlling, der formal nicht in die Entscheidung eingebunden ist, sieht die mittel- bis langfristigen Kostensenkungspotenziale, die ggf. durch eine Teilverlagerung möglich wären. Er denkt dabei auch gezielt an staatliche Subventionen, deren Erhalt durch eine Verlagerung in so genannte Fördergebiete möglich wäre. Der Inhaber, Herr Müller, der das Unternehmen führt, ist ein geborener Verkäufer ohne besondere emotionale Affinität zu finanzwirtschaftlichen Themen; er verlässt sich bei derartigen Entscheidungen gerne auf „seinen" Leiter Finanzen & Controlling. Der Chefeinkäufer, ebenfalls in die Entscheidung eingebunden und ein langjähriger persönlicher Freund des Produktionsleiters, sieht zunächst die Anschaffungskosten der neuen Produktionskapazitäten. Grundsätzlich geht es um zwei Basispositionen: Entweder gegenwärtig ein relativ hoher Aufwand, der das Unternehmen jedoch mittelfristig in eine günstige Position bringen kann oder eine kleine Lösung, die das Problem zeitlich eher verschiebt als löst. Der Architekt, ein Freund des Eigentümers, hat keinerlei Erfahrung mit diesen Projekttypen, ist jedoch für die Erstellung der Ausschreibungsunterlagen verantwortlich.

In dieser Situation kann man sich leicht vorstellen, dass nicht nur rationale Aspekte von den Vertretern des Chemieunternehmens bewertet werden, und dass jenseits der formalen Entscheidungsstrukturen auch informelle Aspekte eine kaufrelevante Entscheidung spielen können. Für ein Bauunternehmen, das in einer derartigen Interessengemengelage ein Angebot ohne weitere Informationen abgibt, ein Vabanquespiel. Das Beispiel zeigt auf eine pointierte Art, wie komplex Entscheidungssituationen bisweilen sein können, und wie weit entfernt sie sich von den formalen Strukturen bewegen können. Man kann das Beispiel konsequent weiterentwickeln: Sollte dieses Projekt aufgrund der vorhergehenden Recherchen für das 40 Kilometer vom Chemieunternehmen ortsansässige Bauunternehmen Terwesten Bau GmbH interessant sein, müsste dessen Geschäftsführer, Dr. Ruben Terwesten, die Lage klären und sich unter anderem die folgenden Fragen stellen: Welche Interessen bestehen?, wer verfolgt sie?, welche „Koalitionen" oder Zweckbündnisse bestehen dabei?, Wer wirkt informell mit welchem Einfluss auf den Eigentümer ein?, Wen kann ich, Dr. Ruben Terwesten, mir zum Bündnispartner machen?, etc. Die Botschaft ist simpel: Trotz aller gegenteiliger Behauptungen gilt, dass auch bei technisch orientierten Entscheidungen psychologische Faktoren eine ausschlaggebende Rolle spielen können. Diese gilt es, aus Bauunternehmersicht situativ angemessen zu untersuchen.

Das Ergebnis der Kundenprozessanalyse ist eine Blaupause der formalen Entscheidungswege, wie es beispielsweise ein Organigramm suggeriert, mit weiteren Informationen versehen, was die spezifische Entscheidung, ein Projekt an einen bestimmten Bauunternehmer zu vergeben, wesentlich mitbeeinflussen wird. Der Bau-Praktiker wird an dieser Stelle vielleicht intervenieren und anführen, das sei nicht praxisnah, weil die Informationen zu diesem Zeitpunkt nicht in ausreichender Form existieren. Er könnte einwenden, dass die Beschaffung derartig spezifischer Informationen sehr aufwändig und in diesem Stadium wirtschaftlich nicht gerechtfertigt sei. Ohne Wenn und Aber – der Einwand wäre berechtigt; wenn es sich hier nur um einen „üblichen" potenziellen Kunden ohne weitere strategische Bedeutung für das Bauunternehmen handelte, dessen Entscheidungsfindungsprozesse nicht bekannt seien, wäre der Arbeitsaufwand tatsächlich unverhältnismäßig hoch. Hier geht es allerdings um eine grundsätzliche Betrachtung, und nicht in der Hauptsache darum, in welcher Phase die Arbeit zur Ausführung kommt. Was in dieser Phase bekannt ist, sollte ohne viel Aufwand dokumentiert werden. Definitive Relevanz können diese Informationen in einer späteren Angebotsphase des Baudienstleisters erhalten, und dann hat man bekanntermaßen weniger Zeit, diese Informationen dezidiert zu sammeln, daher sollte nach der pragmatischen Devise verfahren werden: Was in dieser Phase der Informationsgewinnung (Kundenprozessanalyse) an relevanten Informationen vorhanden und aktuell ist, wird dokumentiert. Regelmäßig werden die Informationen ergänzt, wenn sich die Chance bietet. Eine strukturierte Recherche kann dann ggf. im Rahmen einer Angebotsbearbeitung erfolgen; dann kann man jedoch auf den bereits vorhandenen Informationen aufsetzen und somit in einem begrenzten Zeitraum wertvolle Zeit für andere wichtige Aufgaben gewinnen.

Die Kundenpräferenzphase ist die letzte Prozessstufe vor der Hauptphase der Kundengewinnung und verdichtet daher sämtliche vorgelagerte Informationen über den potenziellen Kunden. Die Kundenpräferenzphase schließt nach Diller, Haas, Ivens (2005) mit einem Chancenprofil ab, aus welchem für den Baudienstleistungsanbieter die grundsätzlichen Chancen, seine Leistungen bei diesem Kunden erfolgreich anzubieten, hervorgehen. Darüber hinaus ergibt sich auch der Weg, wie dies möglichst effektiv umzusetzen ist, eine so genannte „Roadmap", die für die nächste Hauptphase der Kundengewinnung von Bedeutung ist.

Direkt abgeleitet von der Wortbedeutung spielen vor allem die Präferenzen im Hinblick auf die Beschaffung der Entscheider die dominierende Rolle. Insbesondere die Bedeutung und damit der Einfluss selektiver Faktoren an der Gesamtkaufentscheidung sollen durch diesen Schritt transparent und damit für den Anbieter besser bewertbar werden. Im Wesentlichen handelt es sich um die folgenden Fragestellungen aus Bauanbietersicht:

- Welche Rolle spielen terminliche und vertragliche Zuverlässigkeit, was ist der Kunde bereit, dafür an „Preis", nicht nur monetär, zu zahlen?
- Wie wichtig ist die Qualität der Bauleistung, welches Ziel verfolgt der potenzielle Kunde durch den Einkauf dieser Leistung?
- Welchen preislichen Restriktionen unterliegt der Kunde – welche Strategie verfolgt er? Welche Zahlungsmodalitäten bevorzugt er?
- Welche Risikokultur wird im Interessentenunternehmen „gelebt"? Welche Risikopräferenz ergibt sich dadurch für den Entscheider? Welche Risikopräferenz gesteht er dem Bauunternehmer zu?
- Welche Vertragsmodalitäten bevorzugt der potenzielle Kunde? Wie offen ist er gegenüber neuen Vertragsmodellen wie z.B „Cost plus Fee" oder „GMP" Vertragskonstellationen?
- Welche „philosophische" Grundlage prägt seinen Verhandlungsstil? Wird der Bauunternehmer „nur" als Lieferant gesehen, den man auspresst „wie eine Zitrone" oder sind echte partnerschaftliche Modelle, die im Ergebnis auch den Verhandlungsstil prägen, Teil der Vorstellungswelt des potenziellen Kunden?
- Wie reagiert der Kunde auf Veränderungen, die zu Nachträgen führen? Welche Präferenzen hat er in Bezug auf ein Änderungsmanagement und wie steht er grundsätzlich zu änderungsbedingten Preisanpassungen?

Es ist klar, dass diese Informationen dem Baudienstleister nicht auf dem „Silbertablett" angeboten werden; manche Informationen wird er schlichtweg nicht oder nur durch einen unverhältnismäßig hohen und damit kaum vertretbaren Aufwand erhalten können. Unabhängig von den Schwierigkeiten bei der Informationsbeschaffung ist es jedoch erstrebens- und empfehlenswert, möglichst viele Informationsbausteine aus dem Gesamtgefüge zu beschaffen, da dies zu einer Komplettierung des Lagebildes beiträgt, was dadurch zu einer verbesserten Entscheidungsqualität führen kann.

Die Quellen zur Beschaffung derartiger Informationen sind unterschiedlich. Teilweise können diese direkt durch eine gezielte Kontaktaufnahme zu den Potenzialkunden beschafft werden, aber auch durch Gespräche mit Wettbewerbern auf Messen oder Fachtagungen. Ein

Beispiel mit etwas anderer Akzentsetzung, das sich im Dezember 2011 zutrug: Ein Verband der Bauwirtschaft befragte jüngst seine Mitglieder, welche Erfahrungen sie mit einem spezifischen Kunden hätten, da sich mehrere Mitglieder wegen dieses Kunden an die Verbandsspitze gewandt hatten. Der Hintergrund war ein aus Bauunternehmerperspektive befremdliche Geschäftsgebaren, das dieser Potenzialkunde an den Tag gelegt zu haben schien. Ein anderes Beispiel: Auf der Verbandstagung eines Bauverbands wurde der Autor dieses Fachbuchs Zeuge, wie sich drei Bauunternehmer über die Präferenzen eines Kunden austauschten, wobei zwei von Ihnen bereits über Erfahrungen mit diesem verfügten, während der dritte aufmerksam zuhörte und mit einem der beiden eine spätere Kontaktaufnahme zur Abklärung weiterer Aspekte in Bezug auf den Kunden vereinbarte.

Auch das Internet bzw. spezifische Foren können bei der Aufklärung helfen. Beispielsweise wollte der Autor Informationen über die Entscheidungswege innerhalb eines Unternehmens eruieren; dabei bediente er sich des Social Media Networks „Xing", gab im Suchfilter das Unternehmen ein und erhielt zahlreiche Personen mit ihren Funktionen angezeigt. Das mehrfache Kontaktieren von Mitarbeitern des Marketings half, zumindest einen grundsätzlichen Einblick in die unternehmensspezifische Vorgehensweise zu gewinnen.

Auch Stellenausschreibungen können in dieser Form genutzt werden. Häufig bewerben sich Mitarbeiter von Wettbewerbsunternehmen, da die meisten Anforderungsprofile Branchenkenntnisse entweder voraussetzen oder zumindest begrüßen. Bei einem Vorstellungsgespräch sollte der Bewerber zwar nicht primär abgeschöpft werden, allerdings sind die durch das Gespräch gewonnenen Erkenntnisse selbstverständlich zu nutzen. Gleichzeitig können durch Nachfragen bereits vorhandene Informationen verifiziert werden; bedauerlicherweise werden die Möglichkeiten der Informationsgewinnung häufig nicht vollumfänglich genutzt, da der Vertrieb oder das Marketing in der Regel nur an Bewerbungsgesprächen teilnehmen, wenn diese ihren eigenen Bereich betreffen – wird ein Controller gesucht, sind sie generell nicht vertreten.

## 4.3 Kundengewinnung

Die Kundengewinnung ist die Phase, in der die Entscheidung – Kauf oder Nichtkauf – angesiedelt ist. Bildlich gesprochen: Alles was vorher an Aktivitäten gelaufen ist, war Training – jetzt läuft das Entscheidungsspiel, denn nur einer, je nach Projektkonstellation, kann den Auftrag gewinnen. Die Qualität des Trainings wird jetzt klar unter Beweis gestellt. Diese Prozessphase kann in drei Unterprozesse, die *Kundenkontaktvorbereitung*, die *Kontaktdurchführung* und die *Ergebnisabsicherung,* aufgeteilt werden.

### 4.3.1 Kundenkontaktvorbereitung

Die Informationen, die im Rahmen der einzelnen Schrittabfolgen der Kundenidentifikation gewonnen wurden, dienen jetzt als Grundlage für die weitere Vorgehensweise. Das Ziel der Kundenkontaktvorbereitung ist es, ein auf die Kundenwünsche spezifisches Konzept zu erstellen, um einen Termin beim Kunden zu erhalten. Um dieses Ziel erfolgversprechend angehen zu können, müssen sämtliche Faktoren, die einen Einfluss auf den Gesprächsverlauf haben können, identifiziert und in ihrer inhaltlichen Ausgestaltung geplant werden.

**Kundengewinnung**

| Kontaktvorbereitung | Kontakt-durchführung | Ergebnis-absicherung |

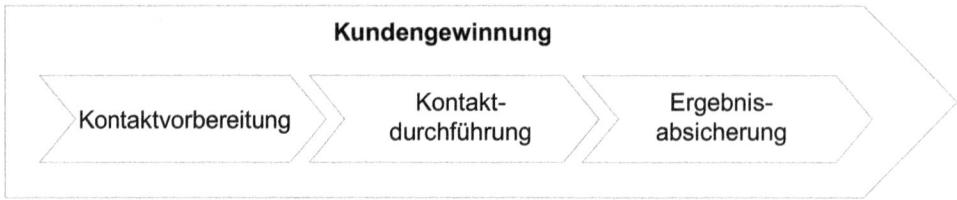

Abb. 4.3:    Prozessstufen der Kundengewinnung

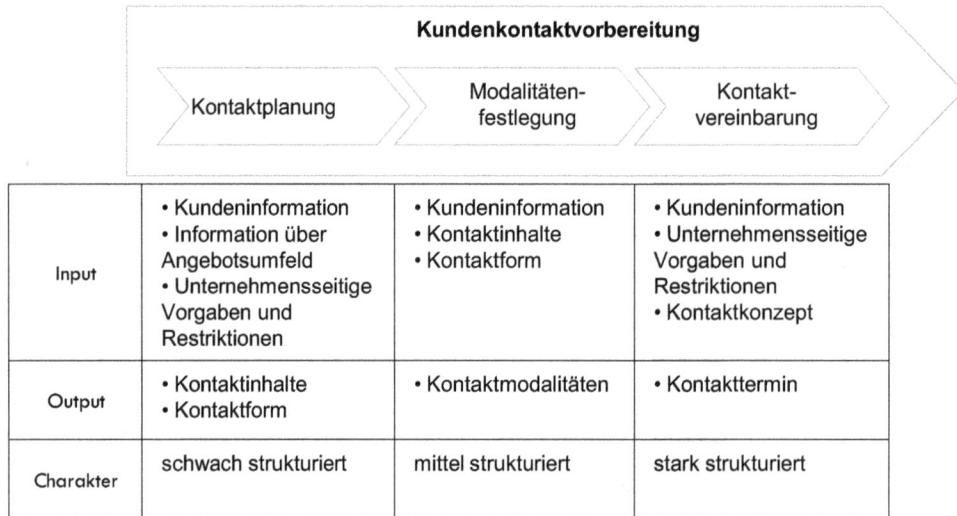

**Kundenkontaktvorbereitung**

| Kontaktplanung | Modalitäten-festlegung | Kontakt-vereinbarung |

| | Kontaktplanung | Modalitäten-festlegung | Kontaktvereinbarung |
|---|---|---|---|
| Input | • Kundeninformation<br>• Information über Angebotsumfeld<br>• Unternehmensseitige Vorgaben und Restriktionen | • Kundeninformation<br>• Kontaktinhalte<br>• Kontaktform | • Kundeninformation<br>• Unternehmensseitige Vorgaben und Restriktionen<br>• Kontaktkonzept |
| Output | • Kontaktinhalte<br>• Kontaktform | • Kontaktmodalitäten | • Kontakttermin |
| Charakter | schwach strukturiert | mittel strukturiert | stark strukturiert |

Abb. 4.4:    Teilprozesse der Kundenkontaktvorbereitung  (aus Diller/Haas/Iven, S. 182)

Die Kundenkontaktvorbereitung kann wiederum in drei Unterphasen, in die *Kundenkontakt-planung*, in die *Modalitätenfestlegung* und in die *Kontaktvereinbarung* unterschieden werden.

An dieser Stelle mag ein Einschub erlaubt sein: Während junge Verkäufer das Thema „Kundenkontaktplanung" auch mangels Erfahrung tendenziell ernster nehmen, um ihre Vorgaben zu erreichen, neigen die erfahreneren und routinierteren Kollegen gelegentlich eher dazu, hier weniger akkurat zu agieren. Vielfach wird dies mit Zeitmangel, oftmals auch mit der Dauer der Erfahrung, beispielsweise „ich mache das schon seit über 20 Jahren so" schwach begründet. Richtig ist: Zumindest bei Neukunden ist eine ausreichende Vorbereitung aus vielfältigen Gründen geboten:

• Die faktengestützte Vorbereitung kann vor allem dazu dienen, realistische Erwartungen und Zielsetzungen zu generieren.

• Eine gute Vorbereitung hilft dem Verkäufer, eine auf die Bedürfnisse des potenziellen Kunden konkret zugeschnittene Argumentationskette zu entwickeln und somit mögliche Einwände und Nutzen entsprechend argumentativ vorbereitet in das Gespräch einbringen zu können.

• Die gezielte Vorbereitung wird in der Regel vom Kunden wahrgenommen und häufig als positiv bewertet; wenn eine gute Vorbereitung von Kundenseite als üblich bewertet werden wird, existiert gegenüber jenen Wettbewerbern, die dies nicht machen, ein Wettbewerbsvorteil, da schlechte Vorbereitungen dann als Malus vom Kunden bewertet werden kann.

- Gute Vorbereitungen helfen, effektiver und effizienter zu agieren und schonen somit mindestens die Zeitressourcen, die anderweitig sinnvoll eingesetzt werden können.

Gerade weil im Baugeschäft überwiegend mit Unikaten und nicht mit Standardleistungen „gehandelt" wird, ist eine Vorbereitung auf die diversen Erwartungen grundsätzlich von hoher Bedeutung.

**Kundenkontaktplanung**

Für die Kontaktplanung ist es erforderlich, dass sich der Verkäufer spezifisch auf die Beschaffung und Interpretation der verkaufsrelevanten Informationen konzentriert. Hier gilt: Weniger ist manchmal mehr. Bei Bauprojekten oder anderen baunahen Dienstleistungen ist es nicht üblich, dass nach dem ersten Gespräch eine Entscheidung zugunsten eines Anbieters fällt; umgekehrt kann jedoch bereits nach dem Erstkontakt deutlich werden, dass sich eine zukünftige Zusammenarbeit tendenziell nicht abzeichnet. Insofern sollte der Erstkontakt sich zunächst auf die für diese Phase verkaufsrelevanten Informationen begrenzen.

In Anlehnung an Diller/Haas/Ivens (2005) können die folgenden Informationen für die Erstkontaktplanung relevant sein:

**Individuelle Ebene des Zielkunden**
- **Persönliche Informationen** (Name, Titel, Familienstand, Ausbildung, Hobbies)
- **Einstellungen** (Qualitäts-Preisphilosophie, Ingenieur- oder Kaufmannsmentalität)
- **Beziehung innerhalb des Unternehmens** (formale und informale Einbindung und Gestaltungsspielraum)

**Organisationsebene des Zielkunden**
- **Marktinformationen** (Produktangebot des Kunden, Bedürfnisse seiner Kunden, Wettbewerber des Kunden, Wettbewerbsintensität der Segmente des Kunden, etc.)
- **Personen** (Beteiligung welcher Personen)
- **Unternehmen** (nach welchen „Spielregeln" wird die Auftragsvergabe organisiert, existieren historische Kaufmuster)

Die sich nun anschließende Konzeptentwicklung erfolgt auf der Basis der beschafften und ausgewerteten Informationen. Zunächst sind die Verkaufsziele zu planen, bevor die Kontaktaufnahmeform und der Kontaktablauf festgelegt werden können.

Das finale Ziel für den Vertrieb ist naturgemäß der Verkauf; aufgrund der mehrstufigen Kaufentscheidungsprozesse in der Bauwirtschaft auf Kundenseite ist dieses Ziel für einen Erstkontakt jedoch unrealistisch. Vielmehr erscheint es in dieser Phase ratsam, in Teilzielen auf das Finalziel hinzuarbeiten. Das Festlegen möglichst überprüfbarer und situationsangemessener Zwischenziele erscheint auch deshalb zweckmäßig, da es dem Verkäufer erlaubt, unterschiedliche Ziele vorbereitet zu haben und somit seine Flexibilität zu erhöhen. Um es deutlich zu sagen: Es geht nicht darum, durch ein Aufweichen der Zwischenziele, je nach Bedarf, einen Gesprächserfolg zu generieren, sondern darum, durch eine Auswahl an wichtigen Zwischenzielen, je nach Gesprächsverlauf, flexibel und situationsangepasst reagieren zu können. Ein Beispiel: Der Verkaufsingenieur eines Bauunternehmens setzt für sein erstes Kontaktgespräch diese Zwischenziele: „Präsentation des Leistungsspektrums", „Demonstration der eigenen Leistungskompetenz", „Aufbau eines persönlich guten Verhältnisses zum Perspektivkunden" sowie „Terminzusage zu einem Folgetermin". Wenn der Verkäufer im

| Verkaufsziele planen | Kontaktform bestimmen | Kontaktablauf festlegen |
|---|---|---|
| Verkaufsziele bestimmen | Kontaktform auswählen | Kontaktinhalte planen |
| | | Vertrauensaufbau festlegen |
| Zielfolge festlegen | Abfolge der Kontaktformen festlegen | Informationsvermittlung bestimmen |

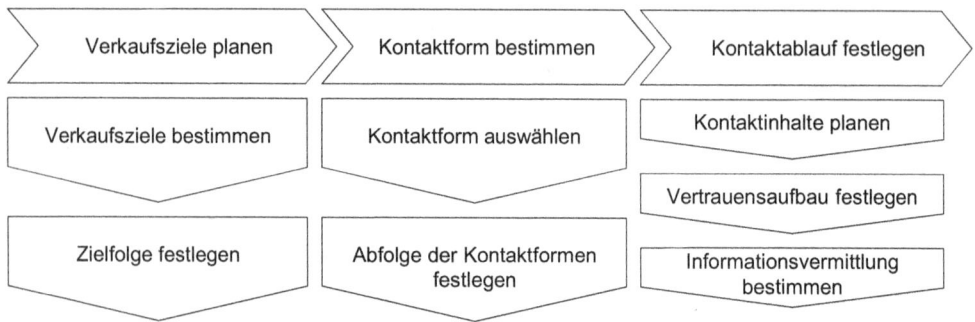

Abb. 4.5:    Teilprozesse der Kontaktkonzeptentwicklung (aus Diller/Haas/Iven, S. 187)

Gesprächsverlauf erkennt, dass es seinem Gesprächspartner zunächst wichtig ist, die fachliche Expertise zu überprüfen, so kann er aus seinem „Zielkatalog" das für den Kunden wichtige Anliegen stärker betonen, ohne die anderen Ziele aufzugeben. Eine multidimensionale Zielsetzung leistet darüber hinaus einen Beitrag dazu, dass sich der Verkäufer nicht auf ein Ziel versteift und aufgrund des psychologischen Drucks, den er sich dadurch möglicherweise selber macht, Verzerrungen in der Gesprächsführung zu vermeiden. Auch hier ein Beispiel zur Illustration: Klassische Versicherungsvertreter gehen in der Regel mit dem Ziel in ein Erstgespräch, möglichst schnell einen Abschluss zu tätigen, und dies unabhängig von der psychologischen Bereitschaft des Kunden, tatsächlich kaufen zu wollen. Dieser relativ hohe „Abschlussdruck" ist oftmals im Gespräch spürbar, wenn auch hinter Scheinargumenten verborgen. Da wird dann von Stichtagen für Prämien oder anderen Restriktionen gesprochen, die den Kunden zeitlich unter Zugzwang setzen sollen; eine Vorgehensweise, die auch schlichten Gemütern zumindest atmosphärisch schnell auffällt. In vielen Fällen führt diese Methode zwar zunächst zu einem Abschluss, allerdings ist bei dieser „Überrumpelungstaktik" auch mit einer erhöhten Stornierungsquote zu rechnen.

Wichtige Ziele für einen Erstkontakt zum Vertrieb von Bauleistungen oder baunahen Dienstleistungen können die folgenden sein:

- Das eigene Unternehmen in seinem Aktionsrahmen vorzustellen
- Die eigene technische und wirtschaftliche Leistungskompetenz grundsätzlich zu demonstrieren
- Das eigene Unternehmen als Partner für eine mögliche Zusammenarbeit zu etablieren
- Dem Kunden die unternehmensphilosophischen Grundlagen des eigenen Handelns grundsätzlich zu vermitteln
- Dem Kunden grundsätzlich zu vermitteln, dass man seine Branche, sein Geschäftsmodell und daher seine Interessensituation ausreichend kompetent versteht
- Aufbau einer guten und zielführenden zwischenmenschlichen Atmosphäre, die die Plattform zu einer weiteren positiven Intensivierung des Verhältnisses führen kann
- Eine „Gesprächsbrücke" in die Zukunft aufzubauen, d. h. einen Folgetermin zu vereinbaren.

*Das Vorstellen des eigenen Unternehmens* ist lediglich in den Situationen erforderlich, in denen der Potenzialkunde wenig bis gar keine Kenntnisse über das eigene Unternehmen hat. Hier bietet es sich an, nachzufragen, ob bzw. inwieweit der Interessent sich mit Fragen des Leistungsspektrums oder mit dem Aktionsrahmen auseinandergesetzt hat. So kann man im

Sinne des Gesprächspartners langweilige Wiederholungen vermeiden und stattdessen die Zeit für den Kunden sinnvoller nutzen. Ein Beispiel: Wenn ein Verkäufer eines Baudienstleisters mit einem multiplen Leistungsspektrum wie Hochbau, Ingenieurbau und diversen Facility Management Leistungen bei einem Kunden vorstellig wird, der ein neues Bürogebäude bauen möchte, ist es wenig sinnvoll, detailverliebt über die Vorzüge des Ingenieurbaus zu referieren. Hier bietet es sich an, die anderen Bereiche zu streifen, um die Expertise des Baudienstleisters zu skizzieren, im Schwerpunkt jedoch auf die umfangreiche Erfahrung im Bürohochbau zurückzugreifen.

Die eigene technische und wirtschaftliche Kompetenz wird in der Regel durch die zahlreichen „Referenzprojekte" belegt. Die meisten Unternehmen gehen den Weg, vergleichbare Projekte als Beweis ihres technischen Könnens zu demonstrieren. Dies gilt in der Branche üblicherweise als ausreichend. Eine Stufe besser: Wenn der Vertriebler ein vergleichbares Projekt, bei dem er dem damaligen Kunden durch Änderungsvorschläge oder z. B. durch eine verbesserte Baulogistik einen substanziellen Betrag einzusparen half, wird nicht nur die technische und wirtschaftliche Expertise ausgewiesen, sondern auch seine Kundenorientierungskompetenz.

**Modalitätenfestlegung**
Die Bestimmung der Modalitäten bezieht sich im Wesentlichen auf den örtlichen Rahmen, in den der Austausch eingebettet sein soll. Zunächst einmal stellt sich grundsätzlich die Frage, ob das Gespräch in den Räumen des Bauunternehmens, des Interessenten oder potenziellen Kunden oder an einem neutralen Ort stattfinden soll. Die unterschiedlichen Optionen bieten unterschiedliche Vor- und Nachteile: Findet das Gespräch beim vertriebsorientierten Bauunternehmen statt, kann es sich je nach Möglichkeit umfänglicher darstellen. Ein Illustrationsbeispiel: Ein Bauunternehmen, das sich auf eine besondere Modulbauweise im Hochbau spezialisiert hat, stellt auf dem firmeneigenen Gelände lebensgroße Exponate dieser Technologieanwendung aus, die bei den Besuchern einen sehr positiven Eindruck hinterlassen. Nach einer Präsentation der eigenen Kompetenzen können Kunde und Verkäufer diese Ausstellung besuchen und so die Glaubwürdigkeit der Verkaufsaussagen durch die Begehbarkeit und die physische Erfassbarkeit des Produkts deutlich erhöhen. Damit wird das grundsätzliche Problem von Dienstleistungen, die mangelnde Bewertbarkeit, ein Stück weit reduziert. Neben diesen Vorteilen kann der Interessent auch weitere Informationen über den Anbieter erhalten wie beispielsweise die Atmosphäre innerhalb des Unternehmens. Für das Bauunternehmen ist es ein weiterer Vorteil, dass grundsätzlich sämtliche Experten zur Verfügung stehen oder ohne größeren Aufwand bei Bedarf kurzfristig am Gespräch teilnehmen können.

In vielen Fällen finden die Erstkontaktgespräche beim Zielkunden statt. Dies bedeutet, dass keinen zeitlichen und wirtschaftlichen Aufwand durch die Reisetätigkeit zu erbringen hat und zudem signalisiert der Baudienstleister eine kundenorientierte Haltung, ihm diesen zu ersparen. Analog zur zuvor beschriebenen Situation stehen beim Interessenten sämtlich zu beteiligende Personen und Experten zur Verfügung, was grundsätzlich eine gute Basis für einen sachorientierten Austausch liefert. Das Risiko für den Baudienstleister ist allerdings, dass er dadurch mit Fragen konfrontiert wird, auf die er nicht oder nicht ausreichend vorbereitet ist und die er im ersten Schritt nicht zufriedenstellend beantworten kann.

Ein Treffen an einem neutralen Ort ist ebenfalls möglich, diese Form wird oftmals dann gewählt, wenn die räumliche Distanz groß ist und man sich bewusst „in der Mitte" treffen möchte.

Ein weiterer Aspekt der Modalitätenbestimmung neben der Abklärung der Örtlichkeit ist die personelle Zusammensetzung der Gesprächspartner, was seitens des Baudienstleistungsanbieters nicht dem Zufall überlassen werden sollte. Für die Zusammensetzung des Teams des Bauanbieters gilt, dass es sich nach Möglichkeit nach den Bedürfnissen des Interessenten und nach der Zusammensetzung des Buying Centers orientieren sollte. Sind auf der Nachfrage- bzw. Potenzialkundenseite ein Einkäufer, der Leiter der Produktion und ein Mitglied der Geschäftsleitung anwesend, bedeutet dies, dass hier bestimmte Kompetenzen gebündelt sind, die einer fachlichen Entsprechung durch den Baudienstleister bedürfen.

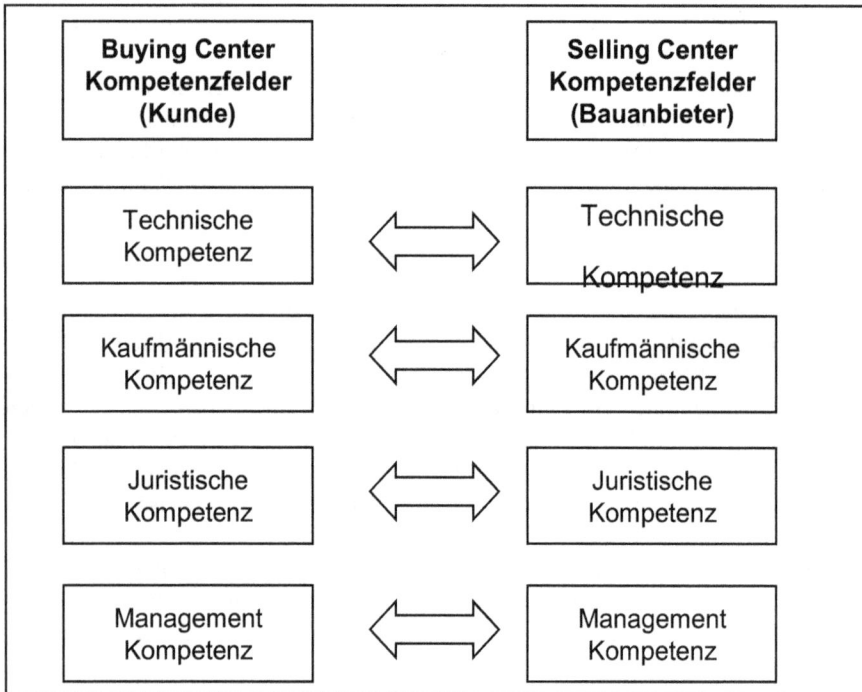

Abb. 4.6:     Entsprechung von Kompetenzen im Buying/Selling Center

Grundsätzlich gilt: Je größer die Übereinstimmung der Kompetenzbereiche zwischen Interessenten und Anbieter, desto höher ist die Wahrscheinlichkeit, dass es ein fruchtbares und weiter ausbaubares Erstgespräch wird. Insofern ist es empfehlenswert, dass im Vorfeld dieses Kontaktgesprächs vom Baudienstleistungsanbieter abgeklärt wird, wer daran auf der Kundenseite teilnehmen wird.

Der Ort und die Teilnehmer ermöglichen es dem Vertrieb, die Gesprächssituation im Hinblick auf die Rollen im Vorhinein zu durchdenken. Es ist offensichtlich, dass ein Einkäufer sich beispielsweise eher für Beschaffungsvolumina und vertragliche Konditionen interessiert, während der Produktionsleiter einen größeren Wert auf die technischen Produkteigenschaften legt. Eine professionelle Auswertung der Rahmenbedingungen kann somit einen positiven Beitrag zur Auftragsgewinnung leisten.

**Kontaktvereinbarung**

Die Kontaktvereinbarung schließt die Phase der Kundenkontaktvorbereitung ab. Damit ist eine wichtige Hürde genommen; die Auftragswahrscheinlichkeit steigt grundsätzlich mit jedem erfolgreich abgeschlossenem Prozessschritt. Gerade bei Interessenten, die zu einem Neukunden entwickelt werden sollen, bietet der vereinbarte Termin die Chance, das eigene Bauunternehmen in seiner Leistungs- und Problemlösungskompetenz entsprechend positiv zu positionieren.

## 4.3.2    Kontaktdurchführung

Die Kontaktdurchführung ist die zweite Hauptphase innerhalb der Kundengewinnungsphase. In dieser Prozessstufe wird der Kaufabschluss besiegelt. Die Aktivitäten und gewonnenen Informationen der vorangegangenen Phasen bilden die Plattform für diesen wichtigen Prozessschritt. Auch diese Aktivität wird in drei Unterschritte differenziert, in die Kontakteröffnung, die Verkaufspräsentation sowie den Kontaktabschluss.

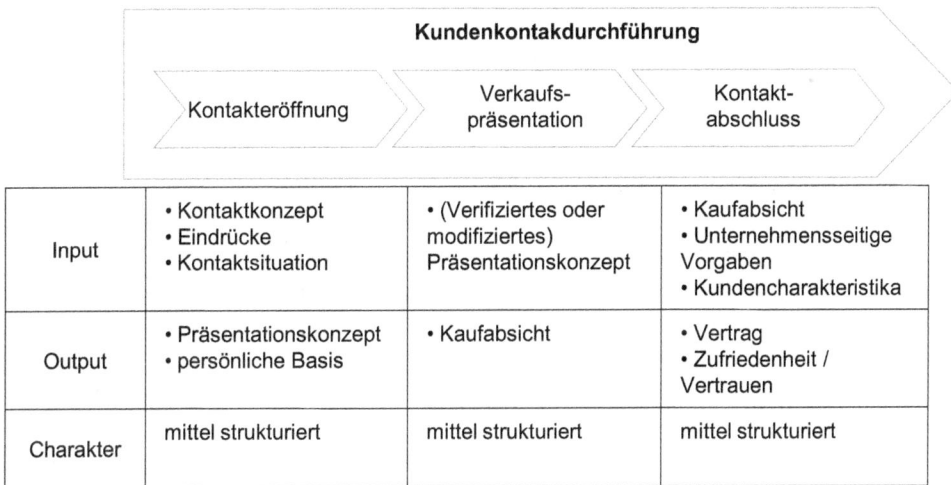

| Kundenkontakdurchführung | | |
|---|---|---|
| Kontakteröffnung | Verkaufs-präsentation | Kontakt-abschluss |

| | Kontakteröffnung | Verkaufspräsentation | Kontaktabschluss |
|---|---|---|---|
| Input | • Kontaktkonzept<br>• Eindrücke<br>• Kontaktsituation | • (Verifiziertes oder modifiziertes) Präsentationskonzept | • Kaufabsicht<br>• Unternehmensseitige Vorgaben<br>• Kundencharakteristika |
| Output | • Präsentationskonzept<br>• persönliche Basis | • Kaufabsicht | • Vertrag<br>• Zufriedenheit / Vertrauen |
| Charakter | mittel strukturiert | mittel strukturiert | mittel strukturiert |

Abb. 4.7:    Teilprozesse der Kontaktdurchführung (aus Diller/Haas/Iven, S. 199)

An dieser Stelle ist ein wichtiger Hinweis für die Baubranche erforderlich: Nur in den seltensten Fällen trifft ein potenzieller Kunde die Entscheidung, Baudienstleistungen von einem bestimmten Unternehmen nach einem ersten Kontaktgespräch zu kaufen; dazu führt das interessierte Unternehmen in der Regel mehrere Gespräche mit unterschiedlichen Wettbewerbern aus der Branche. Insofern muss dem möglicherweise falschen Eindruck, der sich durch die hier dargestellte Prozessabfolge bilden kann, begegnet werden. An der prinzipiellen Vorgehensweise ändert dieser Sachverhalt jedoch wenig; auch bei Folgegesprächen muss sich der Baudienstleister auf das Gespräch detailliert vorbereiten, die Phasen Kontakteröffnung und Verkaufspräsentation müssen bei den Folgegesprächen dementsprechend modifiziert werden.

Die Kontakteröffnung dient der Herstellung einer persönlichen und thematisch-inhaltlichen Gesprächsgrundlage, während die Verkaufspräsentation dem Interessenten die mit dem Er-

werb der Leistung verbundenen Nutzen oder Vorteile verdeutlichen soll. Der Kontaktabschluss beendet die Verhandlungen und endet mit dem Vertragsabschluss.

**Kontakteröffnung**
Die Art und Weise der Kontakteröffnung soll den Weg zur erfolgreichen Verkaufspräsentation ebnen und ist damit von zentraler Bedeutung für beide Seiten. In der Fachliteratur wird
vielfach diskutiert, dass sich die meisten Menschen aufgrund ihrer psychologischen Disposi-
tion bereits nach wenigen Sekunden einen Eindruck machen, den sie später in der Tendenz
nur sehr selten korrigieren. Häufig wird der „erste Eindruck" bei den Menschen durch Faktoren beeinflusst, die zu einem großen Teil unbewusster Natur sind. Das fängt schon beim
Begrüßen und beim Händedruck an: Schaut der Begrüßende der anderen Person klar in die
Augen, ist der Händedruck angemessen etc. Eine kraftlos gereichte oder extrem feuchte
Hand wirkt sehr unangenehm, obwohl diese Tatsache nichts mit der Qualität der Leistung zu
tun haben muss; dennoch kann es sehr gut sein, dass dadurch negative Assoziationen beim
Interessenten entstehen.

Auch wenn es fast zu simpel und profan erscheint, werden hier die wichtigsten Verhaltens-
maßnahmen bei der Kontakteröffnung zusammengefasst:

- Ein klares Vorstellen unter Nennung des eigenen Namens und der des Unternehmens,
  das man vertritt; in der Regel Übergabe der eigenen und Entgegennahme der Visiten-
  karte des potenziellen Kunden.
- Ein Bedanken, dass der Gesprächspartner die Zeit gefunden hat, sich mit dem Vertriebsmitarbeiter zu unterhalten.
- Ansprechen positiver und wertschätzender Aspekte gegenüber dem Kunden.
- Gegebenenfalls das Verweisen auf eine Referenz, die den Kontakt mitermöglicht hat.

Das klare Vorstellen dient der Schaffung einer persönlichen Beziehungsgrundlage. In der
Praxis ist die folgende Gesprächseröffnung üblich (Hintergrund: Ein Potenzialkunde möchte
seine Niederlassung in Ratingen bei Düsseldorf ausbauen, da die gegenwärtig angemieteten
Räume bereits heute nicht mehr ausreichen und die Niederlassung in Zukunft weitere administrative Aufgaben übernehmen soll):

*Verkäufer*: „Guten Tag, Frau Müller, Wasser mein Name, Marc Wasser von der Interbau
GmbH, wir hatten in der letzten Woche miteinander telefoniert – vielen Dank, dass Sie sich
die Zeit für unser Gespräch nehmen!"

*Interessentin*: „Guten Tag Herr Wasser, sehr gerne, haben Sie gut hergefunden?"

*Verkäufer*: „Sehr gut, vielen Dank! Ihr Firmengelände ist ja nicht zu übersehen, aber die
Anfahrtsskizze und das Navi haben mich zugegebenermaßen unterstützt – Ihr neuer Unternehmenssitz ist nicht nur architektonisch etwas Besonderes; ich habe gelesen, dass Sie damit
auch neue Maßstäbe in der Energiebilanz gesetzt haben…"

*Interessentin*: „Ja, danke, darauf sind wir auch sehr stolz. Bitte setzen Sie sich – darf ich
Ihnen Tee oder Kaffee anbieten?"

Bei allen Empfehlungen gilt, dass die Verkäufer vom Kunden als authentisch wahrgenommen werden müssen. Ein übertriebenes Anbiedern wird tendenziell eher als unehrlich wahrgenommen; eine übliche Respektbekundung hingegen häufig erwartet. Nach der Gesprächseröffnung sitzt der Verkäufer am Tisch und kann zur nächsten Phase übergehen, die Bedürf-
nisermittlung. Zur Illustration setzen wir das fiktive Gespräch fort:

*Verkäufer*: „Ich hatte Ihnen ja vorab Unterlagen zugesandt, haben Sie diese erhalten?"

*Interessentin*: „Ja, vielen Dank!"

*Verkäufer*: „Haben Sie dazu Fragen, wenn ja, können wir diese gerne vorziehen, ansonsten würde ich das Angebot gerne mit Ihnen im Detail durchsprechen. Wäre diese Vorgehensweise in Ordnung für Sie?"

Nun kann sich die Interessentin Frau Müller sowohl zur Vorgehensweise als auch zum Inhalt äußern; gleichzeitig hat ihr der Verkäufer signalisiert, dass Sie den Fortgang des Gesprächs gestalten kann. Sollte die Interessentin nun Fragen stellen, können diese durch den Verkäufer beantwortet werden. Zur Abklärung der Bedürfnisse ist es empfehlenswert, dem Potenzialkunden intensiv zuzuhören und ggf. Verständnisfragen zu stellen. Diller/Haas/Ivens (2005) schlagen dabei die folgende Vorgehensweise vor:

- Situationsfragen
- Problemfragen
- Implikationsfragen
- Problemlösungsfragen

Das Stellen von *Situationsfragen* soll dem Verkäufer helfen, allgemeine und relevante Informationen zur Hintergrundsituation zu erhalten. Beispiel: Verkäufer: „Wie viel Bürofläche steht Ihnen derzeit in Ihrer Niederlassung in Ratingen zur Verfügung? Wie viele Mitarbeiter sitzen in einem Büro?" Situationsfragen klären auch bereits vorhandene Informationen des Verkäufers und leisten einen Beitrag zur Aktualisierung seines Lagebildes.

*Problemfragen* sollen spezifische Problemfelder aufdecken, die derzeit existieren und die der Interessent durch den Kauf ggf. gelöst haben möchte. Im vorliegenden Fall ist die Raumknappheit zu thematisieren, etwa folgendermaßen: Verkäufer: „Kommen Ihre Mitarbeiter gut damit klar, dass sie teilweise zu viert in einem Raum von zwanzig Quadratmetern sitzen?" Problemfragen dienen auch dazu, dem Interessenten über die Existenz aktueller Probleme hinaus auch mögliche zukünftige Problemebereiche aufzuzeigen.

Ein weiterer wichtiger Schritt zur Identifikation von Bedürfnissen ist das Stellen von *Implikationsfragen*. Dieser Fragetypus zeigt mögliche Konsequenzen des aufgedeckten Problems oder der Probleme auf. Das bietet die Chance, vorhandene, nicht ausreichend durchdachte Konsequenzen transparenter und damit bewusster zu machen. Gleichzeitig ermöglicht die Antwort, die Problemintensität in unterschiedlichen Kontexten zu besprechen. Auch hier ein Fortsetzungsbeispiel: Verkäufer: „Was passiert, wenn Ihre Auftragsbearbeitung parallel an mehreren größeren Aufträgen arbeitet und Sie gleichzeitig die für Sie wichtige Luna-Messe vorbereiten müssen?" Um im Beispielfall zu bleiben: Die Antwort der Interessentin Frau Müller wird Herrn Wasser helfen, die Wichtigkeit spezifischer „Produktfunktionalitäten" herauszuarbeiten. Beispielsweise kann es für die Angebotsbearbeitung des Baudienstleisters wichtig sein, ein hohes Maß an Flexibilität bei der geplanten Bürofläche zu berücksichtigen. Darüber hinaus kann das Bauunternehmen einen später steigenden Raumbedarf bei der Ausnutzung des Baugrunds einkalkulieren.

*Problemlösungsfragen* sollen das Augenmerk des Kunden auf mögliche Lösungsoptionen lenken und ihn so für das eigene Leistungsangebot zu sensibilisieren. Zur Abrundung des Beispiels: Verkäufer: „Wenn wir Ihnen ein Bürogebäude bauen, das Ihnen deutlich mehr Platz und durch den Einbau neuester Technologien deutlich mehr Nutzen bei gleichzeitig geringeren Betriebskosten als momentan bietet, wäre das für Sie interessant?"

In der Regel werden nach dem Erstkontakt die grundsätzlichen Linien für eine mögliche Zusammenarbeit gelegt; das Gespräch zwischen Vertriebsmitarbeiter und Interessenten oder Potenzialkunden dient vorrangig der „Grundsteinlegung" einer Geschäftsbeziehung. Die ausgetauschten Informationen sind für beide Seiten von Vorteil: Der Interessent kann sich ein erstes umfassenderes Bild von der Leistungsfähigkeit des Bauunternehmens machen und seinem Geschäftspartner dabei „in die Augen" schauen. Was in einigen Kulturen gängige Praxis ist, ist auch in Deutschland zumindest psychologisch von Bedeutung: Menschen wollen sich einen persönlichen Eindruck vom Geschäftspartner machen, um die Möglichkeit zu erhalten, über ihre unterschiedlichen Wahrnehmungskanäle (z. B. Sehen, Hören, Fühlen) eine Einschätzung des Gegenübers vorzunehmen. Dies dient, betriebswirtschaftlich ausgedrückt, der Risikobewertung. Insofern fällt der Kontakteröffnung eine sehr bedeutsame Rolle zu.

Häufig ist eine kurze Vorstellung beider Unternehmen Teil des Erstgesprächs. Dabei werden sowohl allgemeine als auch spezifische Informationen ausgetauscht. Der Interessent beabsichtigt dabei, das Unternehmen in einer Form darzustellen, die es dem Verkäufer ermöglicht, das Geschäftsmodell und die damit verbundenen Restriktionen zu verstehen. Die Unternehmensvorstellung des Verkäufers zielt darauf ab, das eigene Unternehmen als kompetenten Problemlöser zu präsentieren. Die erhaltenen Informationen werden vom Vertriebler in sein Problemlösungsangebot integriert.

**Verkaufspräsentation**

Je nach Ausschreibungsform und Kundenprofil spielen Verkaufspräsentationen eine unterschiedlich wichtige Rolle. Bei staatlichen Ausschreibungsverfahren müssen die Angebotsunterlagen häufig zu einem bestimmten Termin abgegeben werden. In dieser Situation kann sich das abgebende Unternehmen grundsätzlich nicht persönlich präsentieren und eine Auswahl des Bauanbieters durch den Kunden erfolgt aufgrund der eingereichten Unterlagen.

Bei nicht-staatlichen Verfahren ist die Verkaufspräsentation grundsätzlich von höherer Wichtigkeit. Sie ist bei komplexen Bauprojekten oder Baudienstleistungen ein mehrstufiger Prozess, da der Klärungs- und Abstimmungsbedarf dementsprechend hoch ist und kaum in einem einzigen Termin abgearbeitet werden kann, zumal auch in dieser Phase häufig noch Änderungsbedarf besteht. Aus diesem Grund ist eine einzige Verkaufspräsentation nicht ausreichend; vielmehr erscheint es sinnvoll, die klassische Präsentation in eine Einführungs- und Folgepräsentationen aufzuteilen. Ein organisatorischer Tipp: Es ist bekannt, dass die Vortragenden häufig an einer eigenen Präsentation, in der Regel auf Power Point-Basis, arbeiten. Aufgrund der relativ hohen zeitlichen Einbindung im Arbeitsalltag geschieht dies erfahrungsgemäß „auf den letzten Drücker". Dabei werden zuvor bereits benutzte Elemente mit neuen Elementen verquickt; vielfach muss der Vortragende bei jeder neuen Veranstaltung eine insgesamt neue Präsentation erstellen; eine grundsätzlich sehr zeitintensive Vorgehensweise. Da dies von sämtlichen Vortragenden geleistet wird, bietet sich eine effizientere Methodik an: Das Unternehmen erstellt eine Standardpräsentation für derartige Zwecke, ohne die notwendige Flexibilität einzuschränken, was am besten durch einen modularen Aufbau erreicht werden kann.

Folgender Aufbau ist empfehlenswert:

• *Klassisches Unternehmensprofil:* z. B. Unternehmensgeschichte, Leistungsspektrum, Standorte, Anzahl der Mitarbeiter, Bauleistung etc.

- *Ergänzende Faktoren*: z. B. Preise, die das Unternehmen in der Vergangenheit gewonnen hat, Kooperation mit Hochschulen zum Auf- oder Ausbau spezifischer Kompetenzen, soziales Engagement, Aus- und Weiterqualifizierungsaufwand, wenn er branchenunüblich hoch ist, etc.
- *Aktualisierte Referenzliste*: z. B. Referenzprojekte, die das Gesamtleistungsspektrum darstellen, Referenzprojekte, die einen direkten Bezug zum Akquisitionsprojekt haben

Das *klassische Unternehmensprofil* wird vom Interessenten erwartet und liefert ihm ein komprimiertes und sachorientiertes Bild über das Bauunternehmen. Dieses Modul kann vom Unternehmen als Standardbestandteil einer jeden Verkaufspräsentation definiert werden. Diese Vorgehensweise bietet zwei Vorteile: Erstens, der Marktauftritt wird vereinheitlicht, was zu einem konsistenten Bild in der Fachöffentlichkeit führt. Zweitens, der Aufwand für den Ersteller der Präsentation sinkt erheblich.

Die *ergänzenden Faktoren* bieten die Möglichkeit, sich gegenüber den Wettbewerbern positiv abzuheben. Beispielsweise kann ein verliehener Preis den Anbieter im jeweiligen Kompetenzfeld differenzieren; so kann ein gemessen am Branchendurchschnitt relativ hoher Aufwand für Forschung und Entwicklung die technische Expertise deutlich untermauern. Auch hier bietet es sich an, diese ergänzenden Faktoren in jede Präsentation aufzunehmen, allerdings sollte hier ein Projektbezug hergestellt werden. Zur Erläuterung: Ist ein anspruchsvolles Bürohochhaus Gegenstand der Verhandlung, so sollte der Baudienstleister einen Bezug zu seiner Hochbaukompetenz herstellen.

*Aktualisierte Referenzlisten* sollen das Vertrauen des potenziellen Kunden in die Umsetzungsfähigkeit des Anbieters stärken. Die oftmals rein tabellarischen Präsentationen können durch eine Besonderheit ergänzt und so in der Aussagekraft verstärkt werden: In der Regel treten bei jedem Bauprojekt Probleme unterschiedlicher Intensität auf. Unabhängig von der verantwortlichen Zuordnung kann der Baudienstleister erläutern, wie erfolgreich er bei verschiedenen, konkret aufgetretenen Problemen agiert hat und welchen wirtschaftlichen Nutzen er damit für die jeweiligen Bauherrn geschaffen hat. Dies soll einen Beitrag dazu leisten, dem Kunden eine hohe Kundenorientierung, gepaart mit einer hohen Problemlösungskompetenz, zu demonstrieren.

**Elemente einer Einführungspräsentation**
Im Anschluss an die Einführungspräsentation sollte der Vertriebsmitarbeiter die Fragen aufnehmen und, wenn er diese nicht direkt beantworten kann, eine Klärung in naher Zukunft zusichern. Die Beantwortung der Fragen kann auch im Rahmen einer Folgepräsentation erfolgen.

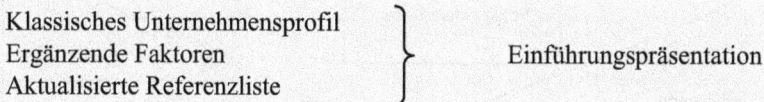

Klassisches Unternehmensprofil
Ergänzende Faktoren                    }    Einführungspräsentation
Aktualisierte Referenzliste

Der Inhalt der Folgepräsentationen hängt stark mit der stattfindenden Austauschdynamik zusammen. In jedem Fall sollte die Folgepräsentation die folgenden Elemente enthalten:

Die *Zusammenfassung der bisherigen Aktivitäten/Vereinbarungen* vergegenwärtigt die bisherigen Aktivitäten, um sämtliche Teilnehmer des Meetings ins aktuelle Lagebild zu versetzen. Mit diesem Konzept sind die folgenden Vorteile für den Vertrieb verbunden: Erstens ist häufig der Teilnehmerkreis mehrerer Gesprächsrunden nicht identisch, so kommt es vor, dass ein bereits mit dem Vorhaben Vertrauter an einem Folgetreffen nicht teilnehmen kann, und eine weitere, nicht eingewiesene Person einspringen muss. Zweitens, je nachdem, wie lange das Erstgespräch zeitlich zurückliegt, kann der Vertriebler durch die Wiederholung eine gemeinsame Gesprächs- und Verständnisplattform herstellen. Dazu gehört es auch, die wesentlichen, bereits geklärten Fragen und Antworten kurz zu wiederholen.

Ein weiteres wichtiges Element der Folgepräsentation ist die *Skizzierung der noch zu klärenden Bereiche* aus der Perspektive des Bauanbieters. Da Bauprojekte weitgehend einen Unikatcharakter besitzen, ergeben sich üblicherweise zahlreiche klärungsbedürftige Aspekte. Aus der Verkaufspraxis ein Beispiel: Der Verkäufer präsentiert eine Gesamtliste, bei der die zu klärenden Oberpunkte aufgezeigt werden, wobei bereits geklärte Punkte mit einem grünen Pfeil als abgehakt dargestellt werden. So entsteht beim Zielkunden der Eindruck, dass der Verkäufer den Gesamtkomplex präsent hat und sich über den Zeitraum ein Fortschritt bei den Verhandlungen abzeichnet.

Je nach Bauprojekt können auch *Sonderlösungen* in den Folgepräsentationen diskutiert werden.

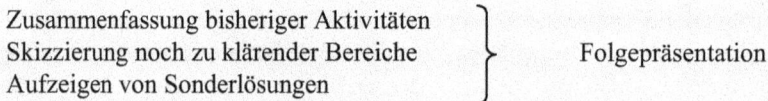

Zusammenfassung bisheriger Aktivitäten  
Skizzierung noch zu klärender Bereiche          } Folgepräsentation  
Aufzeigen von Sonderlösungen

**Elemente einer Folgepräsentation**  
Ein wichtiges Ziel der Verkaufspräsentationen (Einführungs- und Folgepräsentationen) ist, dass über die Zeitdauer der Verhandlungen sukzessive die unterschiedlichen Kompetenzbereiche des Bauunternehmens deutlich werden. Zeitgleich soll auch auf der persönlichen Ebene die Vertrauensbasis zunehmen, während die möglichen Vorbehalte abgebaut werden; auf der Sachebene sollen die zahlreichen existierenden Fragen geklärt sein. Abb. 4.8 zeigt den Zielzusammenhang auf.

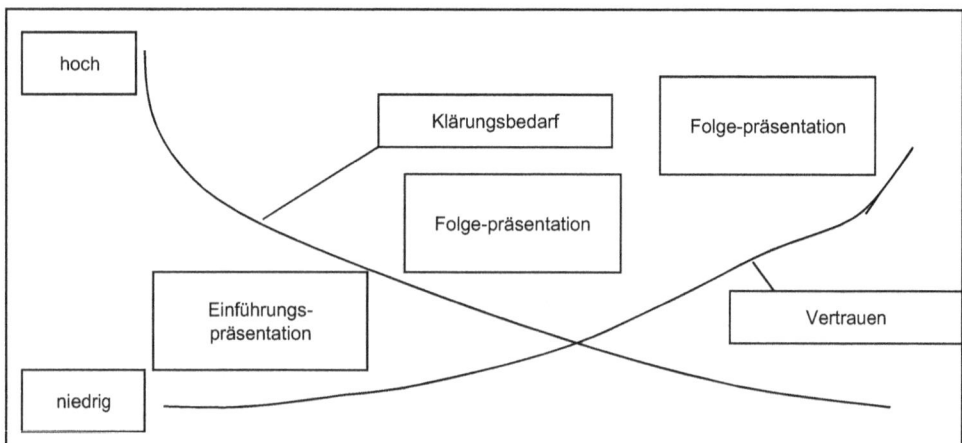

Abb. 4.8:    Ziele der Verkaufspräsentation

**Der Kontaktabschluss**

Das prozessorientierte allgemeine Vertriebsmodell nach Diller/Haas/Ivens (2005) sieht für den Kontaktabschluss zwei Unterphasen vor, die Preisverhandlung und den Verkaufsabschluss. Der Kontaktabschluss markiert für den Bauanbieter einen der wichtigsten Teilschritte, da nun die Konkretisierung der zahlreichen Absprachen erforderlich ist.

In der Bauwirtschaft übt der Preis in der Regel einen hohen Einfluss auf die Kaufentscheidung des Kunden aus, wobei Preis hier lediglich aus einer Einkäufersicht die Anschaffungskosten beinhaltet. Obwohl der überwiegende Teil der Gesamtkosten auf den Betrieb des Bauwerks entfällt, existiert bei Bauleistungen historisch eine starke Fokussierung auf die Beschaffungskosten, obwohl dies in vielen Fällen betriebswirtschaftlich nur unter Auslassung der Gesamtperspektive nachvollziehbar ist.

Zu den Konditionen gehört auch die Ausgestaltung der gegenseitigen Sicherheitsleistungen.

Der Verkaufsabschluss im Sinne von Diller/Haas/Ivens (2005) bedeutet zunächst die Verhandlung sämtlicher vertraglich relevanter Aspekte wie Art und Umfang der Leistung, Termine, Zahlungsmodalitäten, Garantien etc. Als Prozessoutput dieser Verhandlungen ist das Verhandlungsergebnis zu sehen, das anschließend noch in eine entsprechende schriftliche Form gegossen werden muss. Diese schriftliche Fixierung der vereinbarten Rechte und Pflichten des Bauanbieters und des Baunachfragers können in unterschiedlicher Form gestaltet werden; manche Bauunternehmen oder Baunachfrager verfügen über Standardverträge, die sie je nach Verhandlungsresultat in Einzelaspekten anpassen.

## 4.3.3    Ergebnisabsicherung

In diesem Teilprozess wird der Vertragsabschluss angesiedelt, sofern dies nicht bereits während des Kontaktabschlusses geschehen ist. Darüber hinaus fällt in diese Prozessphase auch die unternehmensinterne Vorbereitung zur Umsetzung des Bauvorhabens.

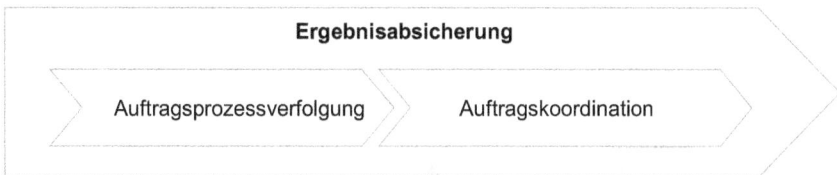

| | Ergebnisabsicherung | |
|---|---|---|
| | Auftragsprozessverfolgung | Auftragskoordination |
| Input | • Vereinbarung aus Kundenkontakt<br>• Kundeninformationen<br>• Informationen über „Abschlussumfeld"<br>• Unternehmensseitige Prozess und Restriktionen | • Vertragsinhalte<br>• Unternehmensorganisation<br>• Verfahrensvorschriften |
| Output | • Kundenauftrag (Vertrag)<br>• Neu) Kunde | • Kapazitäten- und Terminplan |
| Charakter | stark bis mittel strukturiert | stark strukturiert |

Abb. 4.9:    Teilprozesse der Ergebnisabsicherung (aus Diller/Haas/Iven, S. 211)

Der Ergebnisabsicherungsprozess besteht aus zwei Unterprozessen: Aus der Auftragspro-zessverfolgung und Auftragskoordination, die relativ nahe beieinander liegen.

Die *Auftragsprozessverfolgung* sieht die unternehmensinternen- und externen Aktivitäten vor, die in der Vorphase der Auftragsabwicklung erforderlich sind. Gerade bei komplexen Bauprojekten sind auf beiden Seiten unterschiedliche Personen zu koordinieren, Teilprojekt-pläne für die Vorstrukturierung zu erstellen, ggf. neue Abstimmungen mit Lieferanten und Nachunternehmern zu treffen etc.

Sobald der Auftrag erteilt ist, ist im Rahmen der *Auftragskoordination* die Information an sämtliche Projektbeteiligte weiterzuleiten. Dies gilt sowohl für die Abteilung Kalkulation, für das Finanz- und Rechnungswesen, für den Einkauf, für die Personalabteilung etc. Da-rüber hinaus wird auch bei wichtigen Projekten eine Pressemitteilung zur Auftragsakquisi-tion durch die PR-Abteilung herausgegeben.

**Exkurs**

An dieser Stelle wird ein Spezifikum der Baubranche deutlich: In der Regel erfolgt nach der Ergebnisabsicherung bzw. nach der Vertragsunterzeichnung der Leistungsaustausch, Ware oder Dienstleistung gegen Geld. Bei einer Industrieversicherung wären die Übergabe der Police und der Beginn des Versicherungsschutzes die Leistung, die der Leistungsanbieter zu erbringen hat. Wäre das Produkt eine LKW-Flotte, wäre nach Auslieferung der bestellten Fahrzeuge die Leistung grundsätzlich erbracht. Im Fall einer klassischen Bauleistung erfolgt nach Vertragsabschluss die Vorbereitung für die Leistungserstellung, die Bauausführung bzw. die Bauproduktion. Je nach Art und Umfang des spezifischen Projekts kann die Leis-tungserbringung sich über mehrere Jahre hinziehen; wie beispielsweise an der Berliner Chausseestrasse zu besichtigen ist, wo die neue Zentrale des Bundesnachrichtendienstes gebaut wird.

Der im Vergleich zu anderen Anbietern relativ lange Produktionszeitraum kollidiert auch mit dem allgemeinen Vertriebsprozessrahmen von Diller/Haas/Ivens (2005), auf dessen Basis hier das „Vertriebsmodell Bau" entwickelt wurde. Ist das angebotene Produkt eine Sachleis-tung, kann es zeitnah nach Vertragsabschluss in das Eigentum des Käufers übergehen. Wenn es sich bei dem angebotenen Produkt um eine Dienstleistung – beispielsweise eine steuer-rechtliche Beratung handelt- kann diese relativ zeitnah beginnen; auch die Dauer der Leis-tungserbringung ist im Regelfall deutlich kürzer. Insofern findet die Leistungserstellung aus einer vertriebsprozessualen Betrachtung im Modell keine Berücksichtigung. Die zentrale Frage an dieser Stelle lautet: „Welche Auswirkungen ergeben sich aus vertrieblicher Sicht aus dieser baubranchenspezifischen Rahmenbedingung?"

Klar ist: Der Bauproduktionsprozess strahlt auf das Kunden-Lieferanten-Verhältnis ab.

Die wesentlichen Bereiche, die durch die Phase der Bauproduktion beeinflusst werden, sind in Abb. 4.10 dargestellt.

*Vertrauen und Glaubwürdigkeit* können in unterschiedlicher Richtung durch die Bauausfüh-rung tangiert werden. Verläuft die Bauproduktion wie geplant störungsfrei, werden sich das Vertrauensverhältnis und die Glaubwürdigkeit durch das gemeinsame Agieren in der Ten-denz vertiefen. Dies spiegelt jedoch nicht die ganze Bandbreite möglicher Szenarien wider. Oftmals entwickelt sich ein Änderungsbedarf oder Bauabläufe werden gestört, sodass sich zwischen Bauherr oder dessen Vertreter und dem Bauunternehmen auch nach Vertragsab-schluss noch ein erheblicher Klärungsbedarf entwickeln kann.

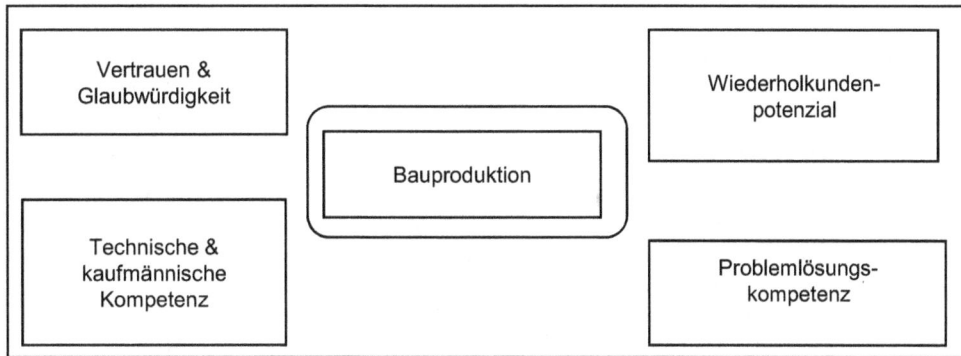

Abb. 4.10:   Einflussbereiche der Bauproduktion auf das Kunden-Lieferanten-Verhältnis

Bei nachträglichen Änderungen können sich Mehraufwendungen für den Bauunternehmer ergeben, die er verständlicherweise an den Bauherrn weiterleitet, da sich seine Angebotskal-kulation auf die ursprünglichen Planungsunterlagen bezieht. Die entscheidende Frage ist, wer für die nachträglichen Änderungen ursächlich verantwortlich ist; analog dazu sollten die zusätzlichen Aufwendungen vom Verursacher getragen werden. Allerdings ist nicht jede Situation bei einer laufenden Baustelle derartig eindeutig zuzuordnen, weshalb sich hieraus Konfliktpotenzial entwickeln kann. Ein weiterer Sachverhalt beeinflusst die Nachtragssitua-tion: Während der Angebotsphase üben die meisten Bauherren einen hohen Druck auf die Preisgestaltung aus, um niedrige Angebotspreise durchzusetzen. Eine nicht unerhebliche Anzahl an Bauunternehmen reagiert auf dieses Verhalten in der Form, dass sie zunächst auf das niedrige Preisniveau einsteigen, um den Auftrag zu erhalten. Nach der Auftragsvergabe wird dann erbittert um jeden Nachtrag verhandelt, um über diese Verhandlung die niedrige Gewinnmarge im Nachhinein zu steigern. Beide Seiten vertagen einen Teil des bestehenden Konfliktpotenzials in die Zukunft, was in zahlreichen Fällen zu deutlichen Dissonanzen beiträgt. Jeder Akteur versucht in unterschiedlichen Stadien der Geschäftsbeziehung seinen Nutzen zu mehren; der Nachfrager während der Angebotsphase und der Anbieter nach Ver-tragsabschluss. Diese konfliktäre Vorgehensweise ist bedauerlicherweise geeignet, das Ver-trauensverhältnis beider Seiten negativ zu beeinträchtigen, weshalb es aus einer Marketing- und Vertriebsperspektive zu vermeiden ist. Ein Vertrauens- oder Glaubwürdigkeitsverlust kann beispielsweise dazu führen, dass sich im Ergebnis die Anwälte des Kunden und des Lieferanten über Jahre eine juristische Auseinandersetzung liefern. Insofern kommt dem professionellen Nachtragsmanagement eine zentrale Rolle zu. Fairness, Transparenz und Nachvollziehbarkeit sollten dabei den Orientierungsrahmen bilden. Die in der Bauwirtschaft häufig anzutreffende Projektfokussierung in Verbindung mit dem wenig auskömmlichen Preisniveau führt in manchen Fällen dazu, dass teilweise wegen geringfügiger Interessens- und Interpretationsunterschiede ein Schaden entsteht, der nicht mehr im Verhältnis steht.

Die aus Kundenperspektive wahrgenommene *technische und kaufmännische Kompetenz* entwickelt sich während der Bauproduktion weiter. Wenn das Bauunternehmen dem Kunden vor der Auftragsvergabe nicht bereits bekannt war, wurde das Bild über die Kompetenzbe-reiche hauptsächlich durch die unterschiedlichen Prozessstufen während des Bau-Vertriebs geprägt. Grundsätzlich bemühen sich die Baudienstleister in diesen Phasen darum, bei ihren Zielkunden eine möglichst hohe technische und kaufmännische Expertise zu demonstrieren, besonders weil es ihren Akquisitionserfolg tendenziell erhöht. Nicht zu rechtfertigender

Verzug, eine mangelnde Professionalisierung bei den Bauprozessabläufen oder nicht eingehaltene Zusagen lassen den potenziellen Kunden nachvollziehbarerweise an der technischen
und wirtschaftlichen Kompetenz zweifeln und stehen damit häufig im Widerspruch zu den
Eindrücken, die der Bauunternehmer zu vermitteln bemühte. Eine stringente und durchdachte Bauablaufplanung und Umsetzung erhöht die Kompetenzwerte, eine schlecht organi-
sierte Bauabwicklung führt schnell zu gegenteiligen Ergebnissen.

Eng mit den oben genannten Kompetenzen verbunden ist die *Problemlösungskompetenz*, die
im Wesentlichen ausdrückt, in welchem Umfang der Bauunternehmer die Problemfelder des
Bauherren erkennt und zu dessen Reduzierung er beizutragen fähig und willens ist. Da es
üblicherweise beim klassischen Bauablauf zu zahlreichen unterschiedlichen Problemen
kommen kann, hat der Baudienstleister die Möglichkeit, durch eine professionelle Vorgehensweise seine Kundenorientierung unter Beweis zu stellen.

*Wiederholkundenpotenzial* bedeutet in diesem Zusammenhang, dass durch den Bauproduktionsprozess ein Fundament dafür gelegt wird, ob der Kunde zu einem späteren Zeitpunkt bei
einem vorhandenen Bedarf nach Bauleistungen erneut auf diesen Bauunternehmer zurückgreifen würde. Ist das Verhältnis zwischen Auftraggeber (Bauherrn) und Auftragnehmer
(Bauunternehmen) durch die Bauausführung stark negativ beeinträchtigt, ist das Ergebnis
absehbar; bei einer Vertiefung des Vertrauens ist dies grundsätzlich möglich. Der Vorteil für
eine erneute Zusammenarbeit liegt für beide Seiten auf der Hand: Der Kunde kennt „sein"
Bauunternehmen und muss keinen hohen Aufwand in Such- und Absicherungsaktivitäten
investieren, was ihn nicht nur Zeit und Geld spart sondern auch das Risiko minimiert, sich
für einen weniger geeigneten Baupartner entschieden zu haben. Für den Bauunternehmer
liegt der Vorteil in der tieferen Kenntnis des Kunden in Bezug auf seine Denk- Vorgehens-
und Zahlungsweise, seine Probleme und Präferenzen, was für ihn bei der Angebotsabgabe
und bei den Verhandlungen zu einem enormen Wissensvorsprung führt.

Die Produktion im Bau gibt beiden Seiten Gelegenheit, sich über einen längeren Zeitraum
unter „Realbedingungen" kennenzulernen und so eine tiefere Beziehung zueinander zu entwickeln. Unternehmen, die auch die Bauproduktion als Teil des Gesamtvertriebsprozesses
sehen, können sich so geschickt für die Zukunft positionieren. Diese Logik gilt auch umgekehrt; wird die Chance für eine zukünftige Zusammenarbeit nicht als solche durch den Baudienstleister begriffen, schmälert er seine Akquisitionspotenziale. Einige Unternehmen der
Bauwirtschaft schaffen es, auf eine Wiederholkundenquote von 60 % zu kommen, ein Sachverhalt, der ohne eine kundenorientierte Bauabwicklung nicht denkbar wäre.

Der grundsätzlichen Möglichkeit, sich über die Erstellungsphase des Bauwerks vertrieblich
zu profilieren, läuft allerdings eine weitere bauspezifische Besonderheit entgegen. Der Produktlebenszyklus von Immobilien geht in vielen Fällen über mehrere Dekaden und das Volumen ist für viele Kunden, verglichen mit anderen Investitionen relativ hoch. Daher können
zwischen einem ersten Bauprojekt und einem Folgeprojekt teilweise Jahre liegen, was oft
dazu führt, dass sich auf beiden Seiten die Ansprechpartner ändern. Umso wichtiger ist es für
die vertriebsorientierten Bauunternehmen, möglichst viele relevante Informationen zu dokumentieren und regelmäßig zu aktualisieren. Wegen der möglichen langfristigen Unterbrechung der Kunden-Lieferanten-Beziehung sprechen Fachleute daher vom notwendigen „Management von Diskontinuitäten", was nichts anderes heißt, als dass der Vertrieb den einmal
gesponnenen Kontaktfaden zwischen unterschiedlichen Bauprojekten nicht abreißen lässt
und durch geeignete Maßnahmen gegensteuert. Dies wird im Abschnitt „Kundenbindung"
erneut aufgegriffen.

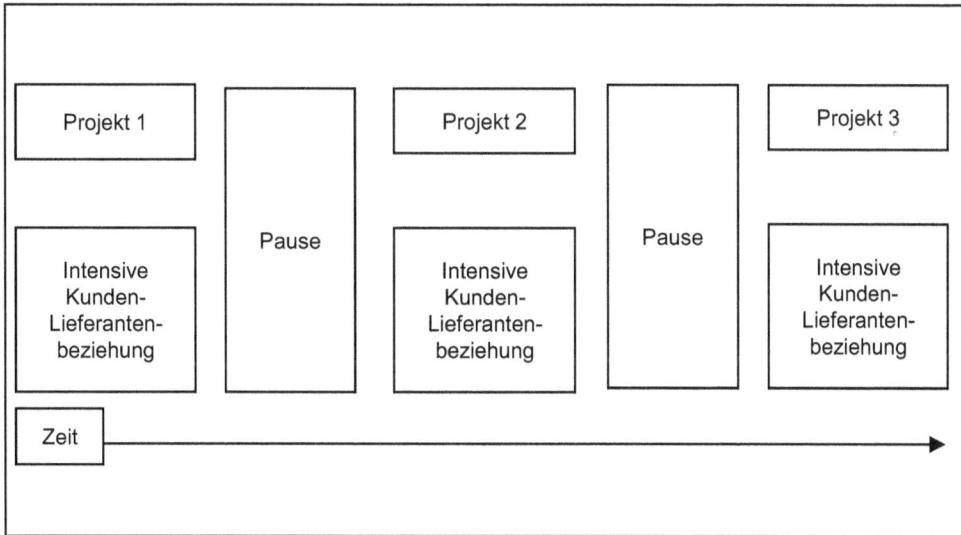

Abb. 4.11:    Klassisches Management von Kunden-Lieferanten-Beziehungen im Bau

# 4.4    Kundenbetreuung

Die dritte Hauptprozessstufe ist die Nach-Verkauf-Phase, die Zeit der Kundenbetreuung. Unter 4.3.3 Ergebnisabsicherung wurde bereits auf die Besonderheit des Bauproduktionsprozesses hingewiesen. Bei klassischen Konsumgütern findet der Leistungsaustausch unmittelbar nach Verkaufsabschluss statt, in der Bauwirtschaft ist der Verkaufsabschluss der Auftakt zur Produktion der zugesicherten Leistung. Insofern sollte die Bauwerkserstellung konsequenterweise bereits als Kundenbetreuung angesehen werden. In der betriebswirtschaftlichen Literatur werden Kundenbindung, Beschwerdemanagement und Kundenrückgewinnung, so auch bei Diller/Haas/Ivens (2005), als Teilprozesse der Kundenbetreuung aufgeführt.

## 4.4.1    Kundenbindung

Eine der zentralen Funktionen der Kundenbindung ist, wie der Begriff bereits suggeriert, eine Verbindung zum Kunden aufzubauen, sodass sich dieser bei oder vor einer erneuten Bedarfssituation idealerweise an das spezifische Unternehmen wendet. Um eine derartige Impulsreaktion auszulösen, muss sich der Leistungsanbieter auf eine ganz besondere Weise im Kopf des Kunden verankern. Eine der Schwierigkeiten hierfür ist die teilweise lange zeitliche Unterbrechung zwischen den einzelnen Geschäftstransaktionen. Selbst ein sehr positiver Eindruck, den ein Unternehmen bei einem Kunden hinterlässt, verblasst mit der Zeit was in dieser relativ informationsüberladenen Zeit auch durchaus nichts ungewöhnliches darstellt.

Die Herausforderung für ein Unternehmen besteht demnach auf zwei Ebenen: Zunächst muss es dafür sorgen, dass es durch seine Leistungserbringung eine positive Wirkung beim Kunden erzielt. Dann, und das ist meist der schwierigere Part, muss es diese so lange wie möglich zu erhalten versuchen. Bildhaft ausgedrückt: Wenn es den Mitarbeitern des Unternehmens gelingt, eine „Flamme der Begeisterung" zu entfachen und diese auf Dauer soweit zu erhalten, dass ein ausreichendes Maß an Grundbegeisterung existiert, sodass bei einer erneuten Notwendigkeit für eine Leistung „automatisch" an dieses Unternehmen und seine Leistung gedacht wird, ist das Ziel erreicht.

Je nach Branche herrschen unterschiedliche Gepflogenheiten, um diese von den Unternehmen gewünschten Effekte auf der Kundenseite zu erzielen. Primär spielen die Qualität der abgegebenen Leistung, bzw. der Erwartungswert des Kunden eine wichtige Rolle, um überhaupt in dieser Form grundpositioniert zu werden. Um den Kunden aus seiner Perspektive bestmöglich zu betreuen, ist zunächst zu klären, welche Bedürfnisse er hat, um die Ansprache auf dieser Erkenntnisbasis optimal gestalten zu können. Die unterschiedlichen Instrumente, beispielsweise Direct Mailing, können dadurch zielgenauer wirken. Die Kontaktbedürfnisse der Kunden variieren je nach Kundengruppe, in der Bauwirtschaft gilt es, die zahlreichen Entscheider wie die Planer und die Architekten ebenso wie die Kundengruppen einzubinden. Somit ergeben sich unterschiedliche Anknüpfungspunkte für die Kontaktaufrechterhaltung. Diller/Haas/Ivens (2005) identifizieren zwei unterschiedliche Bedürfnisarten möglicher Kunden und Interessenten:

*Informationsbedürfnisse*: Diese zielen direkt auf die Leistungen des Anbieters, insbesondere auf die Produkteigenschaften, Neuerungen oder Innovationen ab. Aber auch Veränderungen organisatorischer Art, wie eine neue Gebietsaufteilung und dadurch neue personelle Verantwortlichkeiten fallen in diese Kategorie. Besonders häufig informieren Unternehmen ihre Kunden auch dann, wenn für ihre Leistungen vorteilhafte Testergebnisse wie z. B. „Testsieger in Kundenorientierung" erzielt wurden.

*Soziale Bedürfnisse*: Zahlreiche Kunden möchten auch ihre sozialen Kontaktbedürfnisse befriedigen, daher eignen sich Fan-Gruppen oder Kundenclubs, wenn die Zugehörigkeit zu einer dieser Kundengruppen zudem Exklusivität verspricht. Dies entspricht auch dem Bedürfnis nach Anerkennung, wie beispielsweise die Mitgliedschaft in einem der regionalen Porsche Clubs.

Die Klärung, welche Kunden- bzw. Interessengruppen über welche Bedürfnisprofile verfügen, kann auf unterschiedliche Art erfolgen. Klassische Marktbefragungen helfen, sowohl die Bereiche des Interesses als auch Muster bei einzelnen Kunden zu erkennen. Teilweise werden auch direkte Befragungen durchgeführt. Unabhängig davon, welche Methode zur Anwendung kommt, ist es wichtig, dass das Unternehmen den Bedürfnissen so weit wie möglich entgegenkommt, sofern dies ökonomisch vertretbar erscheint. Auch die Anbieter verfolgen mit der Aufrechterhaltung des Kundenkontakts spezifische Ziele, plausibel kann man drei Grundziele annehmen:

- Die Aufrechterhaltung des Kundenkontakts aufgrund potenzieller Absatzmöglichkeiten.
- Die Multiplikatorwirkung, die der Kunde entfalten kann .
- Das Gegenwirken gegen eine „Abwanderung".

**Instrumente der Kundenbindung**
Die Instrumente der Kundenbindung können je nach Branche und Unternehmenskultur variieren. Im Konsumgüterbereich sind beispielsweise „Treuepunkte" – früher Rabattmarken genannt, eine traditionelle Möglichkeit der Kundenbindung. Vielfach werden auch Karten wie die DeutschlandCard der Bertelsmann-Gruppe genutzt, die einen Konsumenten durch seine

Einkäufe bei unterschiedlichen Leistungsanbietern Punkte sammeln lässt, die er oder sie später in Prämien umsetzen kann.

In der Bauwirtschaft gestaltet sich das aufgrund der Branchenspezifika tendenziell anders. Hier bieten sich je nach Wichtigkeit der Kundengruppe unterschiedliche Möglichkeiten an:

*Messebesuche*
Da zahlreiche Bauunternehmen als Aussteller auf Messen vertreten sind, bieten sich hier vielfältige Gelegenheiten. Eine persönliche Einladung zu einer Veranstaltung am firmeneigenen Messestand mit anschließendem Abendessen mit dem Geschäftsführer ist sicherlich eine besondere Form der Aufwertung, in dessen Genuss nicht jeder Kunde kommt. Aber auch ohne eine exklusive Abendveranstaltung ist die Einladung zu einer Messe mit entsprechender Verköstigung eine wirkungsvolle Methode, mit wertvollen Kunden im Gespräch zu bleiben und sowohl die informatorischen als auch die sozialen Bedürfnisse des Kunden zu treffen und seine Bindungstreue zu stabilisieren oder zu erhöhen. Zudem ist es üblich, nach der Messe an der Hotelbar noch einige Getränke zu sich zu nehmen; oftmals lockert sich die Atmosphäre erst nach einigem Alkoholgenuss auf, sodass hierdurch auch die zwischenmenschliche Basis weiter ausgebaut werden kann. Messeeinladungen sind in der Regel sicherlich den Kunden vorbehalten, die einem Unternehmen wichtig erscheinen. Der Vorteil bei der Kundenbindung durch Messeeinladungen besteht darin, dass man als Unternehmen davon ausgehen kann, dass der Kunde sich für die spezifische Materie interessiert. Darüber hinaus ist der persönliche Austausch von besonderer Bedeutung, da über diese Plattform die Möglichkeit erhöht wird, auch in Zukunft in einen geschäftlichen Austausch zu treten bzw. in einem solchen zu bleiben.

*Fachveranstaltungen*
Gerade in der Bauwirtschaft existieren zahlreiche Fachveranstaltungen unterschiedlicher Ausrichter. Verbände, Forschungseinrichtungen, aber auch gelegentlich regierungsnahe Organisationen veranstalten zu bestimmten Themenkomplexen Tagungen; beispielsweise finden momentan zahlreiche Veranstaltungen zur „Bedeutung der Energiewende für die deutsche Bauwirtschaft" statt. Ein aktuelles Beispiel: Am 24. Mai 2012 fand der „Tag der Bauindustrie" statt, eine Veranstaltung, die der Hauptverband der Deutschen Bauindustrie e.V. seit langem einmal jährlich ausrichtet; Thema: „Herausforderung Energiewende – Chancen und Risiken für die deutsche Bauindustrie". Derartige Tagungen befriedigen immer beide Bedürfnisse der Kunden; zum einen können sie sich umfangreich auch mit Experten auseinandersetzen und sich dadurch auf einen aktuellen Wissensstand bringen. Andererseits können sie netzwerken und somit ihren sozialen Erwartungen Rechnung tragen.

Wenn Unternehmen ihre Kunden zu Fachveranstaltungen einladen, bieten sie ihnen zunächst die Möglichkeit, ihren Kenntnisstand zu aktualisieren. Gleichzeitig können sie dort persönlich mit ihren Kunden und Interessenten sprechen; eine Tatsache, die in ihrer Bedeutung für die Kundenbindung nicht unterschätzt werden sollte. Darüber hinaus signalisiert man seinen Kunden, wie auch bei der Einladung zu einer Messe, dass man sie besonders wertschätzt und auch bereit ist, sich wirtschaftlich zu engagieren. Der große Vorteil bei derartigen Events ist der, dass man über das Konstrukt des reinen Informationsaustausches die sozialen Verbindungen entweder wieder auffrischen oder sogar vertiefen kann, was sich bei einer zukünftigen Geschäftsanbahnung tendenziell eher als hilfreich erweisen wird.

*Einladungen bei Neuprodukteinführungen*

Bei der Einführung neuer Produkte werden gerne bedeutsame Kunden eingeladen, um sie daran teilhaben zu lassen und um Ihnen dadurch die Referenz zu erweisen. Wer würde sich nicht geschmeichelt fühlen, bei der Vorstellung des neuen Mercedes dabei sein zu können. Nicht anders geht es den Kunden in der Bauwirtschaft, die sich auch darüber freuen, wenn das Unternehmen, das sie zuvor beauftragten, sie bei der Vorstellung neuer Technologien einlädt. Bei einer solchen Gelegenheit greift nicht nur das Informationsbedürfnis, sondern auch das Bedürfnis nach sozialer Anerkennung, denn es dürfte klar sein, dass diese Veranstaltung nur für einen ausgewählten Kreis von Menschen vorbehalten sein wird. Wenn ein Bauunternehmen aus dem Verkehrswegebau eine neue Systemlösung entwickelt hat, ist dies ein geeigneter Anlass, seine Kunden einzuladen und mit Ihnen diesen Erfolg gemeinsam zu begehen. Ein Bauunternehmen, das dem Autor persönlich bekannt ist, hat an seinem Stammsitz eine große Halle mit Exponaten seiner Hauptprodukte, die gerade auch für Kundenveranstaltungen genutzt wird. In diesem Umfeld werden oft Kundenveranstaltungen abgehalten; so können zahlreiche fruchtbare Gespräche gedeihen, und der Kunde fühlt sich aufgewertet – eine gute Voraussetzung für zukünftige Geschäfte. Ähnlich wie bei Fachtagungen und Messen stehen hier die persönliche Erfahrung und das persönliche Gespräch im Vordergrund.

Häufig werden bei diesen Veranstaltungen so genannte Rahmenprogramme geboten, die nach Beendigung des berufsspezifischen Austauschs auch ein weiteres Programm bieten, beispielsweise eine Rallye in Seifenkisten oder künstlerische Darbietungen, die auch die Bedürfnisse der Damen mit berücksichtigen.

*Spezifische Kundenbindungsmaßnahmen*

In einigen Fällen werden auch Jubiläen des fertiggestellten Bauwerks genutzt, um den Kunden erneut zu kontaktieren. Der erste, fünfte oder gar zehnte „Geburtstag" eines Gebäudes ist immer wieder ein guter Aufhänger, den Kunden anzusprechen und den Kontakt zu suchen bzw. aufrechtzuhalten.

Manche Unternehmen gehen je nach Bauwerk gar soweit, je, eine unaufgeforderte Baubegehung durchzuführen, um den Zustand zu untersuchen und um ggf. aufgetretene Mängel zu identifizieren. Nach Beseitigung erhält der Bauherr dann ein Protokoll dieser Tätigkeit, was sicherlich einen positiven Eindruck erweckt, denn üblicherweise käme keine Baufirma auf die Idee, sich in dieser intensiven Form mit den Kundenbedürfnissen auseinanderzusetzen. In diesem Zusammenhang suchen auch einige vorbildhafte Unternehmen den Kontakt zum Bauherrn, um mit ihm einen Termin zur Begehung vor Ablauf von Gewährleistungsfristen zu arrangieren, eine Vorgehensweise, die ein Kunde nur honorieren kann.

Ein weiterer Fall: Ein Bauunternehmen, das eine umfangreiche Baumaßnahme im Bestand einer alten Brauerei realisierte, lud den Bauherrn kurz vor Beendigung auf die Baustelle zu einer Feier ein. Dort traten verschiedenen Künstlern auf und das ganze Ambiente war besonders ausgerichtet und wurde ein voller Erfolg.

Der unschlagbare Vorteil bei geeignet spezifischen Kundenbindungsmaßnahmen ist das Überraschungsmoment. Die oben geschilderten Beispiele zeigen, wie Kunden oberhalb ihrer Erwartungshaltung positiv überrascht werden können, was mit einer hohen Wahrscheinlichkeit zu einer guten Reputation und darüber hinaus zu neuen Kunden oder Wiederholkunden führt. Zudem schaffen sie ein Alleinstellungsmerkmal, denn gerade der Baubranche eilt ein tendenziell eher negativer Ruf voraus.

*Kundenzeitschriften und Mailings*

Kundenzeitschriften sind relativ verbreitet und haben eine hohe Reichweite, allerdings sind sie relativ unpersönlich. Der Kunde erhält ein Potpourri unterschiedlicher Themen und Nachrichten, die sich üblicherweise über neue Bauprojekte, organisatorische und personelle Veränderungen, neue Lösungsangebote etc. erstrecken.

Mailings sind ein Stück weit die elektronische Variante einer Zeitschrift und sicherlich für einen Teil der Kundschaft attraktiv, zudem haben Mailings den Vorteil, dass sie ohne größeren Aufwand weltweit versendbar und quasi unendlich reproduzierbar sind. Allerdings muss sich der Mailingversender darüber bewusst sein, dass auch Wettbewerber und andere Institutionen Mailings versenden, somit stellt sich die Frage des Abhebens aus der Überflutung von Informationen. Mailings können ebenfalls wie Kundenzeitschriften über neueste Entwicklungen informieren, Veranstaltungen ankündigen oder neue und spannende Bauprojekte vorstellen.

*Kundenbindung durch Dienstleistungen*

Gerade in der Bauwirtschaft ist der Anteil baunaher Dienstleistungen in den letzten Jahren enorm angestiegen, viele deutsche Bauunternehmen erwirtschaften einen hohen Anteil ihrer Bauleistung durch das Angebot von baurelevanten Dienstleistungen. Je nach Ausgestaltung der Dienstleistung, beispielsweise im so genannten Facility Management, entstehen dauerhafte Kunden-Lieferanten-Beziehungen, die eine gute Plattform für zukünftige Baugeschäfte darstellen. Allein aufgrund der Tatsache, dass man das Gebäude sowohl durch den Bau als auch durch den Betrieb gut kennt, besitzt man gegenüber Wettbewerbern einen Informationssprung. Darüber hinaus kennt man den Kunden und seine Bedürfnisse, was ebenfalls nur hilfreich sein kann.

Die skizzierten Kundenbindungsmaßnahmen können durch zahlreiche weitere Aktivitäten unterstützt werden. Üblich sind beispielsweise Grußkarten zu Weihnachten und Neujahr, Geburtstagskarten. Wenn man den Kunden besser kennt, kann man auch bei Heirat oder bei Geburt eine Karte versenden.

**Spannungsfeld Kundenbindungsmanagement**

Das Unternehmen muss vor Einsatz der einzelnen Instrumentarien festlegen, welche Ziele durch diesen Einsatz erreicht werden sollen. Beispielsweise ist eine starke Emotionalisierung eher im persönlichen Austausch oder im persönlichen Erleben möglich; der Einsatz eines neuen hochmodernen Gleitschalungsfertigers ist im realen Einsatz beeindruckender als auf einem Foto. Insofern ist es ratsam, den Zielen, die erreicht werden sollen, die entsprechend geeigneten Maßnahmen gegenüberzustellen. Da sich auch das Kundenbindungsmanagement in einem betriebswirtschaftlichen Spannungsverhältnis bewegt, müssen mehrere Zielgrößen miteinander vereinbar sein.

Zunächst ist es wichtig, die Kunden in einem *angemessenen Zeitabstand kontinuierlich zu kontaktieren*. Der Zeitabstand muss so bemessen sein, dass genügend aktuelle und spannende Informationen existieren, die eine Kontaktaufnahme legitimieren. Je nach gewähltem Instrument ergeben sich die Zeiträume unter Umständen durch die externen Rahmenbedingungen; bei einer Kundeneinladung zu einer Messe ist das einladende Unternehmen an die Frequenz der stattfindenden Messe, in der Regel einmal pro Jahr oder in zweijährigem Rhythmus, gebunden. Das gleiche gilt für Fachtagungen, sofern sie nicht vom eigenen Unternehmen ausgerichtet werden.

Gleichzeitig darf die *Intensität der Kontaktfrequenz* nicht zu hoch sein, da die beabsichtigte Wirkung sich schnell ins Gegenteil verkehren und der Kunde sich eher belästigt oder bedrängt fühlen könnte. Fachleute sprechen in diesem Zusammenhang von Reaktanz.

Der *Nutzen für den Kunden* muss klar definiert werden. Der Besuch einer Fachveranstaltung oder einer Messe ist für den Kunden nur dann sinnvoll, wenn er an dem Thema interessiert ist (Informationsbedürfnis) oder wenn andere Erwägungen (Sozialbedürfnis) dafür sprechen; ansonsten kann diese Maßnahme ihre volle Wirkung nicht entfalten. Wer kennt es nicht von Geburtstagen oder von Weihnachten: Oftmals bekommt man Geschenke, die nur die Funktion haben, dem Schenkenden zu attestieren, das er formal den Erwartungshaltungen des Beschenkten entspricht, ein echter Nutzen entsteht allerdings unter diesen Bedingungen nicht oder nur in begrenztem Rahmen.

Der *wirtschaftliche vertretbare Einsatz der Kundenbindungsinstrumente* stellt eine weitere Zielgröße für die Unternehmen dar. Es ist nachvollziehbar, dass beispielsweise eine Einladung in Begleitung des Partners zu einer Fachveranstaltung für das einladende Unternehmen mit einem signifikanten wirtschaftlichen Aufwand einhergeht. Im Gegensatz dazu sind Direkt-Mailing Aktionen wenig kostenintensiv – was die Hemmschwelle eines grundsätzlichen Einsatzes deutlich reduziert.

Da die meisten Kunden zwar über unterschiedliche, aber dennoch über kategorisierbare Bedürfnisprofile verfügen, ist es wichtig, für jeden Kunden bzw. für jede Kundengruppe eine Kundenkontaktplanung vorzunehmen. Diese ist an den Bedürfnissen der Kunden und an den Zielsetzungen des Unternehmens auszurichten und zu kontrollieren.

| Name des Kunden | Wichtigkeit des Kunden | Ziel der Kontaktaufnahme | Maßnahme | Ergebniskontrolle |
|---|---|---|---|---|
|  |  |  |  |  |

Abb. 4.12:    Beispiel eines strukturierten Vorgehens beim Kundenkontaktmanagement

Eine grundsätzlich strukturierte Vorgehensweise kann man Abb. 4.12 entnehmen. Für die Unternehmen ist es auch vor dem Hintergrund des ökonomischen Aufwands notwendig, eine Ergebnisauswertung der durchgeführten Maßnahmen vorzunehmen. Durch die relativ langen Geschäftszyklen in der Bauwirtschaft kann man dies in Abhängigkeit von Kundengruppe und Maßnahme nur in langen Zeiträumen betrachten. Bei kurzfristigen Aktionen wie bei Mailings ist die Auswertung allerdings relativ zeitnah möglich. Hier können elektronische Systeme eine wertvolle Hilfe bieten.

Zum Ende dieses Abschnitts soll ein Beispiel eines Kontaktverlaufs bei einem Kunden exemplarisch aufgezeigt werden, um die praktische Anwendbarkeit zu verdeutlichen.

| KUNDE | KONTAKT | DATUM | REAKTION | BEMERKUNGEN |
|---|---|---|---|---|
| VIEBROCK AG | Abgabe Angebot für den Bau eines Bürohauses | 20.03.06 | Annahme des Angebots | Kunde legt Wert auf langfristige Geschäftsbeziehung |
| | Richtfest | 20.08.06 | Bauherr zugesagt | Bauherr ist zufrieden über Baufortschritt |
| | Übergabe | 23.04.07 | | |
| | Firmenveranstaltung „Gebäudebewirtschaftung" | 28.04.07 | Einladung angenommen | Kunde wünscht langfristige und nachhaltige Bewirtschaftung |
| | Mailing „Förderinstrumente bei Solartechnologie" | 18.09.07 | Keine Reaktion | |
| | Einladung zum „Einjährigen" | 21.04.08 | zugesagt | Kunde hat sich gefreut und ist noch immer begeistert |
| | Einladung zur exporeal nach München | 30.06.08 | zugesagt | Bei gemeinsamen Abendessen wurden langfristige Projekte skizziert |
| | Gratulation zum Geburtstag/Weihnachten | Regel- mäßig | | |

Abb. 4.13:   Übersicht über einen Kontaktverlauf

Der Einsatz der Kundenbindungsinstrumente in der Bauwirtschaft folgt in den Grundsätzen denen anderer Branchen, unter Berücksichtigung bauspezifischer Rahmenbedingungen. Die Entwicklung des Instrumentenrahmens und des Einsatzes erfordert eine unternehmensbezogene Betrachtung, die sowohl die unternehmerischen Ziele als auch die Kundenziele ausreichend spezifisch berücksichtigt. Das häufig anzutreffende „Gießkannenprinzip" ist in der Regel nicht zielführend.

## 4.4.2    Beschwerdemanagement

Beschwerdemanagement ist ein in der Bauwirtschaft weniger häufig verwendeter Begriff, obwohl sich häufig durch die sehr arbeitsteiligen Produktionsprozesse Beschwerden ergeben. In vielen Fällen lehnen die Verantwortlichen der einzelnen Gewerke ihre Zuständigkeit mit dem Verweis auf eine andere Gewerkezuständigkeit ab. Die meisten Kunden kennen dieses wenig kundenorientierte Verhalten aus dem eigenen Erleben oder vom so genannten „Hörensagen". Dabei wird von den bauausführenden Unternehmen oftmals übersehen, dass mit einer Beschwerde zwei gewichtige Vorteile verbunden sind:

- Erstens, der Kunde teilt dem Bauunternehmen mit, womit er unzufrieden ist; dies ist eine wichtige Information für das Unternehmen, da dieses Manko möglicherweise auch bei anderen Kunden zu Irritationen und Unzufriedenheit führen könnte.

- Zweitens, das Unternehmen bekommt dadurch die Chance, sich dem Kunden gegenüber durch eine professionelle Beschwerdebearbeitung erneut zu profilieren und so den möglicherweise entstandenen Vertrauensschaden wieder zu beheben.

Viel gravierender ist es, wenn unzufriedene Kunden dies dem Bauunternehmen gegenüber gar nicht äußern und stattdessen geräuschlos abwandern und ihre negativen Erfahrungen ggf. durch „Mund-zu-Mund-Propaganda" an potenzielle Kunden weitergeben. Insofern kann die Beschwerde auch als eine Facette zur Verbesserung der Leistungsqualität gewertet werden.

Viele Menschen scheuen, sich bei geringfügigen Abweichungen ihrer Vorstellungen an die entsprechenden Personen zu wenden und ihre Unzufriedenheit bzw. ihre Veränderungsbedürfnisse zu artikulieren. Diese Informationszurückhaltung ist zwar kurzfristig angenehm für die Baudienstleister, birgt jedoch die Gefahr, dass der Kunde mit einem Eindruck aus dem Geschäft aussteigt, der unterhalb seines Erwartungswertes liegt. Daher stellen innovative Bauunternehmen gezielt Fragen zur Zufriedenheit, fordern zu Vorschlägen für Verbesserungen auf und bemühen sich so um eine authentische Kundenbewertung. Diese Informationen werden unternehmensintern ausgewertet, um diese Unzufriedenheitspotenziale in Zukunft zu vermeiden oder zumindest deutlich zu reduzieren.

Die Beschwerde enthält somit zwei Dimensionen: Die erste Dimension bezieht sich auf den Beschwerdeinhalt, den Grund für die Beschwerde. Ist es eine zugesicherte technische Eigenschaft, die nicht funktioniert, beispielsweise die Kellertüren lassen sich nur schwer schließen, ist die Sache relativ einfach zuzuordnen und zu regeln. Bezieht sich die Beschwerde dagegen auf einen Verzug im Baufertigstellungsprozess, könnte die ursächliche Klärung komplexer ausfallen. Unabhängig von Art und Umfang der Beschwerde ist die zweite und ebenfalls wichtige Dimension die des Umgangs mit der Beschwerde durch das Unternehmen; in manchen Situationen spielt dieser Punkt die gewichtigere Rolle. Ähnlich wie bei den zahlreichen Skandalen in der Politik zu beobachten ist: Nicht die Verfehlung, wie beispielsweise das Plagiieren von Dissertationen oder die dauerhaft bereitwillige Annahme von materiellen Vorteilen ist am Ende ausschlaggebend für die Rücktrittsforderungen, sondern der inadäquate Umgang mit diesen Situationen. Auf die Wirtschaft übertragen: Grundsätzlich besitzt die Beschwerde sowohl Chancen- als auch Risikopotenzial, der Ausgang hängt ganz wesentlich vom Agieren des Unternehmens ab.

Um einen für die Kunden zufriedenstellenden Beschwerdeverlauf zu ermöglichen, müssen die Unternehmen auf mindestens zwei Ebenen agieren: Kulturell und strukturell. Wenn es dem Bauunternehmen gelingt, trotz aller Sachzwänge und zeitlicher Engpässe eine stringente Kultur der Kundenorientierung zu etablieren, ist eine wesentliche Voraussetzung für ein professionelles Beschwerdemanagement geschaffen. Das Verständnis für den Kunden und seine Probleme hilft den Mitarbeitern grundsätzlich, im jeweiligen Moment entsprechend gut zu agieren. Das setzt nicht nur ein entsprechendes Bewusstsein in den Führungsetagen voraus, sondern auch intensive Schulungsmaßnahmen für die Mannschaft, die das Bauprojekt abwickelt.

Die kulturell verankerte Absicht eines kundenorientierten Umgangs mit Beschwerden erfordert ebenso eine dafür geeignete Struktur. Sollen Beschwerden zentral bearbeitet werden, wer ist verantwortlich bzw. mitverantwortlich, bei welcher Schadenhöhe soll welcher Mitarbeiter autorisiert sein, handeln zu dürfen? etc. Grundsätzlich empfiehlt sich eine prozessorientierte Vorgehensweise, bei der die persönlichen Verantwortlichkeiten klar festgelegt werden.

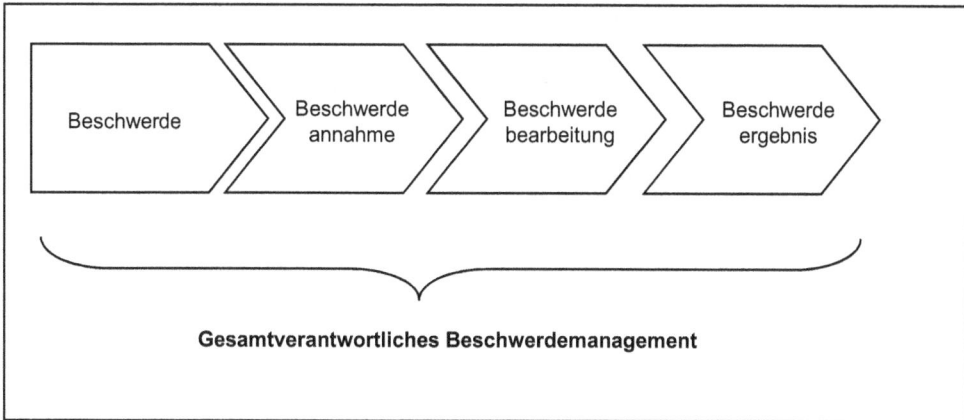

Abb. 4.14:    Mögliche Struktur eines Beschwerdemanagements

**Der Beschwerdeprozess**

Die Beschwerde kann vom Kunden in unterschiedlicher Form artikuliert werden: Mündlich persönlich, telefonisch, schriftlich postalisch, per E-Mail, auf einem dafür vorgesehenen Vordruck oder in anderer Form. Unabhängig davon, welchen Kommunikationskanal der Kunde wählt, muss das Unternehmen gewährleisten, dass die Beschwerde sachgerecht bearbeitet wird und nicht im allgemeinen Geschäftsbetrieb „untergeht". Empfehlenswert ist ein strukturierter Prozess, der gewährleistet, dass sämtliche Beschwerdeverfahren einheitlich nach vorher definierten Parametern verfolgt und abgewickelt werden.

Der Prozess beginnt bei der *Artikulation der Beschwerde* des Kunden. Die Beschwerdeäußerung kann auf zwei unterschiedlichen Wegen zustande kommen: Erstens, der Kunde ist mit einem Teil der Leistungen unzufrieden und äußert diesen Sachverhalt gegenüber dem Lieferanten. Ein Beispiel: Ein Bauunternehmer soll ein Einfamilienhaus zu einem vertraglich vereinbarten Zeitpunkt bezugsfertig übergeben. Nun ist wenige Wochen vorher absehbar, dass die Übergabe aufgrund des verzögerten Baufortschritts erst einen Monat später als ursprünglich geplant erfolgen kann, was sämtliche Prozesse auf der Kundenseite wie die Kündigung der Wohnung, die Umzugsaktivitäten, notwendige Ummeldungen, ggf. Einschulung der Kinder etc. in Mitleidenschaft zieht. Der Kunde ruft zunächst bei der Bauunternehmung an und schreibt auf Anraten seines Anwalts einen Beschwerdebrief mit Androhung juristischer Konsequenzen. Hier ist das Bauunternehmen zweifelsohne gefragt, zeitnah eine Lösung zu finden, um die Belastungen für den Kunden so gering wie möglich zu halten.

Zweitens, der Kunde äußert nach Aufforderung durch den Baudienstleister, was ihm nicht gefallen hat und wo er sich beispielsweise gerne eine andere Verfahrensweise gewünscht hätte. Das aktive Auf-den-Kunden-zugehen und ihn geradezu dazu aufzufordern, Verbesserungsvorschläge zu machen oder Beanstandungen zu formulieren, signalisiert dem Kunden nicht nur eine höhere Authentizität des Anbieters im Hinblick auf seine Kundenorientierungspolitik. Darüber hinaus bietet diese Variante die Möglichkeit, Informationen, die der Kunde vermutlich nicht oder nicht in der Form artikuliert hätte, zu gewinnen.

Ist die Beschwerde durch den Kunden formuliert, muss sie vom Unternehmen in einer *Beschwerdeannahme* münden. Je komplexer der Beschwerdesachverhalt, desto eher empfiehlt es sich, die Beschwerde zu verschriftlichen, um seine Beschwerdegründe nachvollziehbar

gegliedert darzulegen und gleichzeitig eine notwendige Dokumentation des Beschwerdever-
fahrens vornehmen zu können. Grundsätzlich ist die personelle und organisatorische Zuständigkeit vom Unternehmen festzulegen, worüber der Kunde ebenfalls informiert werden
sollte. Des weiteren bietet es sich an, die Beschwerden im Annahmeverfahren zu standardi-
sieren, um in einer späteren Auswertung sämtliche Beschwerden vergleichbar machen zu
können. Für die Praxis bietet sich folgende Vorgehensweise an:

- Das Unternehmen schafft eine zentrale Beschwerdeinstanz, je nach Unternehmensgröße
  und personeller Ausstattung kann diese Funktion auch von einem Mitarbeiter in Neben-
  funktion wahrgenommen werden. In dieser zentralen Beschwerdestelle werden alle auf-
  laufenden Beschwerden, Anfragen und Anregungen zunächst archiviert und an die dezentrale Stelle weitergeleitet.
- Die dezentrale Beschwerdestelle ist entweder beim Bauprojektleiter angesiedelt oder
  beim Vertriebsingenieur, der die Sachlage in Abstimmung mit den Beteiligten, ggf. mit
  einigen Nachunternehmern oder ARGE-Partnern, zeitnah aufklärt.
- Die Rollen- und Aufgabenverteilung sollte klar abgegrenzt werden: Die zentrale Beschwerdeannahme führt und überwacht den Beschwerdevorgang, die dezentrale Einheit
  setzt die Erfordernisse vor Ort in Abstimmung mit der Zentralstelle um.
- Als Ergebnis des beschriebenen Prozesses wird ein standardisierter Beschwerdebericht
  erstellt, aus dem der Beschwerdegrund nach Art und Umfang, der eventuell zu quantifi-
  zierende Schaden, sowie die Verantwortlichkeiten hervorgehen.
- Der Kunde erhält zeitnah Auskunft darüber, a) dass die Beschwerde eingegangen ist,
  b) unter welcher Bearbeitungsnummer diese bearbeitet wird und c) welche Person hierbei als Ansprechpartner fungiert.

Die Information an den Kunden über den aktuellen Stand der Beschwerdebearbeitung ist ein
wichtiges Element, um dem Kunden trotz des möglicherweise berechtigten Beschwerdegrundes das Gefühl zu geben, er werde mit seinen Bedürfnissen ernst- und wahrgenommen.
Nichts ist für viele Kunden frustrierender, als mit einem „Schaden" dazustehen, während das
Unternehmen kein erkennbares Bemühen zeigt, diesen schnellstmöglich zu beheben. Wer
kennt es nicht aus eigenem Erleben: Ein Bauhandwerker hat eine Reparatur vorgenommen
und nachher funktioniert es noch schlechter als vorher. Zahlreiche telefonische Kontaktauf-
nahmeversuche bleiben zunächst erfolglos, erst nach Tagen meldet sich der Handwerker mit
einem „lockeren Spruch" über die unzureichende Leistung. Grundsätzlich sind Kunden bereit, auch gelegentlich einen Fehler zu akzeptieren, wenn bei Erkennen dieser Fehlleistung
alles daran gesetzt wird, diesen auszumerzen. Das Vertrauenskapital ist allerdings in diesen
Situationen schnell verspielt, wenn man hier ungeschickt agiert.

Im Rahmen der *Beschwerdebearbeitung* sind zunächst unterschiedliche Prüfschritte vorzunehmen:

- Die *Charakterisierung des Beschwerdeführers* hilft, die Beschwerde im entsprechenden
  Kontext wahrzunehmen. Diller/Haas/Ivens (2005) unterscheiden drei Grundtypen von
  Beschwerdeführern: Den „Erstbeschwerdeführer", den „Wiederholbeschwerdeführer"
  und den „Querulanten". Grundsätzlich erscheint die folgende Vorgehensweise geeignet:
  Bei „Wiederholbeschwerdeführern" ist allgemein davon auszugehen, dass diese dem
  Leistungsanbieter gegenüber bereits ein verringertes Vertrauen entgegenbringen, da be-
  reits ein Teil ihrer Frustrationstoleranz aufgezehrt ist. Diese Kunden besitzen daher tendenziell eine geringere Bindung an das Unternehmen und damit eine höhere Wechsel-

neigung zu Wettbewerbern. Dies sollte möglicherweise im Beschwerdeverfahren berücksichtigt werden. Die „Erstbeschwerdeführer" verbinden im Gegensatz dazu noch keine negativen Erfahrungen mit dem Anbieter, zumindest kann das plausibel geschlussfolgert werden. Die Querulanten sind die Beschwerdeführer, die sich kein Lieferant wünscht, weil eine harmonische Zusammenarbeit oftmals durch die Wahrnehmung bzw. durch das Agieren des Kunden erschwert und bisweilen verunmöglicht wird. Hier ist unter langfristigen Erwägungen zu prüfen, ob die Geschäftsbeziehung zu derartigen Kunden perspektivisch nicht geräuschlos beendet werden kann.

- Im zweiten Schritt ist die *Berechtigung der Beschwerde* inhaltlich zu prüfen. Hat der Anbieter tatsächlich gegen seine Lieferverpflichtungen verstoßen? Diese Prüfung muss zunächst auf der Basis der Vertragsunterlagen erfolgen. Gerade bei umfangreichen Baumaßnahmen müssen nicht nur die Vertragsinhalte, sondern auch weitere Dokumente wie Protokolle von Nachtragsverhandlungen oder Protokolle der Besprechungen mit dem Bauherrn diesbezüglich ausgewertet werden. Wenn das Lieferunternehmen (Bauunternehmen) zu dem Schluss kommt, dass die Beschwerde im Grundsatz berechtigt ist, sind weitere Aspekte zu klären. Hierbei kann sich die Reaktion des Anbieters an der Rechtssituation ausrichten, darüber hinaus kann auch eine Entschädigung über eine so genannte Kulanz erfolgen, eine Kompensationsleistung, zu der der Anbieter nicht verpflichtet ist, die ihm aber aus anderen Gründen vorteilhaft erscheint. Hierbei erscheint es sinnvoll, die zu erwartenden Aufwendungen bei einer Kulanzregelung den zu erwartenden Erträgen gegenüberzustellen, auch unter Einbeziehung weicher Faktoren wie Reputation und Image. Gerade langfristig an das Unternehmen gebundene Kunden „erwarten" bei derartigen Situationen aufgrund ihrer meist guten und jahrelangen Beziehungen eine „Treueprämie" in Form einer Kulanzleistung; auch als Ausdruck der Wertschätzung ihrer „Treue".

Die Beschwerdebearbeitung muss zügig erfolgen, zumindest muss der Kunde das Gefühl bekommen, dass etwas passiert und dass die Dinge „im Fluss" sind. Je nach Schwere des Beschwerdegrundes können auch Zwischenstände an den Kunden kommuniziert werden; auf jeden Fall ist eine aktive Bearbeitung ratsam.

Das *Beschwerdeergebnis* ist das Resultat der unternehmensinternen Bewertung des vorgetragenen Beschwerdesachverhalts unter Berücksichtigung auch sachfremder Aspekte wie z. B. der Einbeziehung des Kunden-Lieferanten-Verhältnisses. Zunächst muss dem Kunden das Ergebnis dieses Verfahrens mitgeteilt werden. In der Regel erfolgt dies in schriftlicher Form, in Abhängigkeit von der Art der Beschwerde oder in Ausnahmefällen kann die Mitteilung auch mündlich persönlich erfolgen. Meist würde bei dieser Gelegenheit der Antwortbrief persönlich übergeben werden können. Die Antwort sollte aus folgenden Textbausteinen bestehen:

- Die erneute Zusammenfassung des Sachverhalts sowie die Aufführung der bisherigen Korrespondenzen.
- Das Prüfungsergebnis, wie der Schaden kompensiert werden soll (finanziell z. B. durch Rückerstattung bzw. durch Preisnachlass, materiell durch Austausch bestimmter Teile)
- Eine Begründung, v.a. im Fall der Ablehnung der Beschwerde
- Der Ausdruck des Bedauerns sollte geäußert werden, gleichzeitig sollte kommuniziert werden, dass man trotz des Vorfalls gerne mit diesem Kunden weiterhin in einer Geschäftsbeziehung stehen möchte

Gerade in der Bauwirtschaft ist der Bauanbieter ständig mit dem Kunden (Bauherrn) oder mit dessen Vertretern in Kontakt. Das ermöglicht, die Reaktion auf die Beschwerde mitverfolgen zu können und ggf. erneut eine Bewertung vorzunehmen. Beispielsweise kann es sein, dass ein junger ambitionierter Ingenieur als Bauleiter diverse politische Aspekte, die mit der Antwort verbunden sind, nicht ausreichend berücksichtigte, sodass der Kunde zu Recht verärgert auf das Beschwerdeantwortschreiben reagiert. In diesem Fall sollte das Unternehmen erneut eine Bewertung des Sachverhaltes vornehmen, um ggf. Schaden vom eigenen Unternehmen abzuwenden und die Situation nicht weiter eskalieren zu lassen, wenn dies aus dem Gesamtkontext zu rechtfertigen ist.

In diesem Abschnitt ist deutlich geworden, dass der Umgang mit Beschwerden ein sehr heikles Thema ist und dass, neben aller juristischen, wirtschaftlichen oder technischen Sachbezogenheit in diesem Bereich, v.a. auch psychologische Aspekte der miteinander handelnden Personen gelegentlich den Ausschlag für die weitere Zusammenarbeit geben können.

Die Bauwirtschaft ist bekannt dafür, dass die Akteure gelegentlich recht rustikal miteinander umgehen, allerdings weicht diese eher konfliktträchtige Kultur zumindest in Teilen einer eher partnerschaftlich organisierten Vorgehensweise. Zahlreiche Studien belegen, dass kooperative Konzepte konfliktären Ansätzen langfristig überlegen sind, auch daher ist ein intelligenterer Umgang mit Beschwerden betriebswirtschaftlich sinnvoller. Die oftmals in der Öffentlichkeit ausgetragenen Konfrontationen zwischen Auftraggeber und Bauunternehmen bei großen Bauvorhaben sind häufig für alle Beteiligten beschädigend.

## 4.4.3    Kundenrückgewinnung

So, wie ein Unternehmen neue Kunden gewinnt, gehen ihm auch Bestandskunden verloren. Dies sind im Wirtschaftsleben übliche Vorgänge, solange nicht dauerhaft mehr Kunden ab- als zuwandern. Bei manchen wechselwilligen Kunden sind die Zulieferunternehmen nicht unbedingt unglücklich darüber, da mit dem Weggang teilweise wenig rentable oder gar querulantenhafte Kunden die Geschäftsbeziehung aufgeben. In vielen Fällen bedeutet ein wegbrechender Kunde allerdings auch Ertragseinbußen, was das betroffene Unternehmen nicht unberührt lassen kann. Je nachdem, unter welchen Umständen die Geschäftsbeziehung vom Kunden beendet wurde bzw., wie bedeutsam der abgewanderte Kunde für das Unternehmen war, existiert grundsätzlich die Möglichkeit, diesen verlorengegangenen Kunden wiederzurückzugewinnen.

Im Rahmen des Rückgewinnungsmanagements haben Diller/Haas/Ivens (2005) zwei Prozessschritte definiert, mit deren Hilfe die Unternehmen versuchen können, bei rentablen und gewünschten Kunden verloren gegangenes Terrain wieder zurückzugewinnen und diese wieder als Kunden aufzunehmen. Diese werden in Abb. 4.15 dargestellt.

Um das Rückgewinnungsmanagement zielgerichtet planen und gestalten zu können, ist es erforderlich, zunächst eine Abwanderungsanalyse vorzunehmen. Mit dieser Vorgehensweise wird eine dreigliedrige Zielsetzung verfolgt:

- Die Abwanderungsanalyse soll die Grundlage dafür legen, die abgewanderten Kunden zunächst identifizieren zu können.
- In einem zweiten Schritt gewinnt die Unternehmung die Chance, die Abwanderungsmotive aus Kundensicht zu erfahren.

| | Abwanderungsanalyse | Rückgewinnungsversuch |
|---|---|---|
| Input | • Informationen über Kundenabwanderung<br>• Informationen über Kundenhistorie | • Abwanderungsberichte<br>• Rückgewinnungsinstrumente |
| Output | • Abwanderungsberichte | • Rückgewinnungsprotokoll |
| Charakter | mittel bis stark strukturiert | schwach bis mittel strukturiert |

Abb. 4.15:    Teilprozesse des Rückgewinnungsmanagements (aus Diller/Haas/Ivens, S. 269)

- In einem dritten Schritt wird die Unternehmung durch die Abwanderungsanalyse in die Lage versetzt, das Kundenverhalten nachvollziehen und verstehen zu können, eine unersetzliche Grundvoraussetzung für eine erfolgreiche Rückgewinnungsarbeit.

**Die Abwanderungsanalyse**

Um diese Aufgabe kompetent wahrnehmen zu können, müssen zunächst die historischen Kundeninformationen ausgewertet werden. Wie viel Umsatz wurde mit dem abgewanderten Kunden generiert?, wie rentabel war er?, welche Bedeutung hat er aufgrund seines Umsatzes für das eigene Unternehmen? (z. B. A-Kunde, B-Kunde oder C-Kunde). In welchen Frequenzen bezog er die eigenen Leistungen etc. Erst wenn diese Informationen vorliegen, kann man zur nächsten Auswertungsstufe übergehen.

Dabei spielt das Festlegen von Abwanderungskriterien eine zentrale Rolle. Ab wann ist ein Kunde „weggebrochen"? In vielen Fällen ist dies nicht eindeutig zu beantworten. Je nach Branche und Geschäftsmodell liegen die Kauffrequenzen zeitlich deutlich auseinander, in der Baubranche können bisweilen mehrere Jahre zwischen einem Erst- und einem Folgeauftrag liegen. Insofern ist es zur Operationalisierung wichtig, hier eindeutige Kriterien zu definieren:

- Die Kündigung eines Liefervertrages ist ein eindeutiger Hinweis dafür, dass das Unternehmen die Geschäftsbeziehung beenden möchte, unabhängig von der Motivlage des Kunden.
- Wenn der Kunde sein bisheriges Kaufverhalten signifikant ändert, beispielsweise bezog er bis dato Leistungen aus unterschiedlichen Produktgruppen, seit einiger Zeit ordert er lediglich einen in der Sortimentsbreite reduzierten Umfang. Für das Bauunternehmen kann dies bedeuten: Der Kunde bezieht wie bisher einen Teil der üblich bestellten Baudienstleistungen, einen anderen Teil aus dem Leistungsangebot jedoch entweder gar nicht oder von einem Wettbewerber.

Die Kriterien bilden die Grundlage dafür, die Unternehmen mit einer hohen Abwanderungswahrscheinlichkeit zu identifizieren. Dies kann in Form von Abwanderungsprofilen verdeutlicht werden. Hierbei werden ähnlich wie bei der Stärken-Schwächen-Analyse die zu mes-

```
                          ┌─────────────────────┐
                          │     Situationen      │
                          └─────────────────────┘
        ┌──────────────────────┼──────────────────────┐
┌───────────────┐    ┌──────────────────┐    ┌──────────────────┐
│ Kundenanfrage an│   │   Erfahrungs-    │    │  Wettbewerber-   │
│  Versicherer   │    │    berichte      │    │    ansprache     │
└───────────────┘    └──────────────────┘    └──────────────────┘
     │                      │                        │
┌──────────────┐    ┌──────────────────┐    ┌──────────────────┐
│  Beschwerde  │    │  Erfahrung im    │    │ Ansprache mit Ziel│
│              │    │  Bekanntenkreis  │    │ Ersatzversicherung│
└──────────────┘    └──────────────────┘    └──────────────────┘
     │                      │                        │
┌──────────────┐    ┌──────────────────┐    ┌──────────────────┐
│ Informations-│    │  Bericht über    │    │ Ansprache mit Ziel│
│   anfrage    │    │  Versicherungen  │    │  der Kündigung   │
└──────────────┘    └──────────────────┘    └──────────────────┘
                            │
                    ┌──────────────────┐
                    │ Versicherungstest│
                    └──────────────────┘
```

```
                          ┌─────────────────────┐
                          │       Gründe         │
                          └─────────────────────┘
               ┌──────────────────────┼──────────────────────┐
        ┌──────────────────┐    ┌──────────────────┐
        │    Schlechte     │    │  Unbefriedigender│
        │   Regulierung    │    │     Service      │
        └──────────────────┘    └──────────────────┘
               │                        │
        ┌──────────────────┐    ┌──────────────────┐
        │   Aufwendiges    │    │    Schlechte     │
        │    Verfahren     │    │  Erreichbarkeit  │
        └──────────────────┘    └──────────────────┘
               │                        │
        ┌──────────────────┐    ┌──────────────────┐
        │     Niedrige     │    │  Unfreundlichkeit│
        │   Auszahlungen   │    │                  │
        └──────────────────┘    └──────────────────┘
               │                        │
        ┌──────────────────┐    ┌──────────────────┐
        │    Prozess zu    │    │     Mangelnde    │
        │   intransparent  │    │     Kompetenz    │
        └──────────────────┘    └──────────────────┘
```

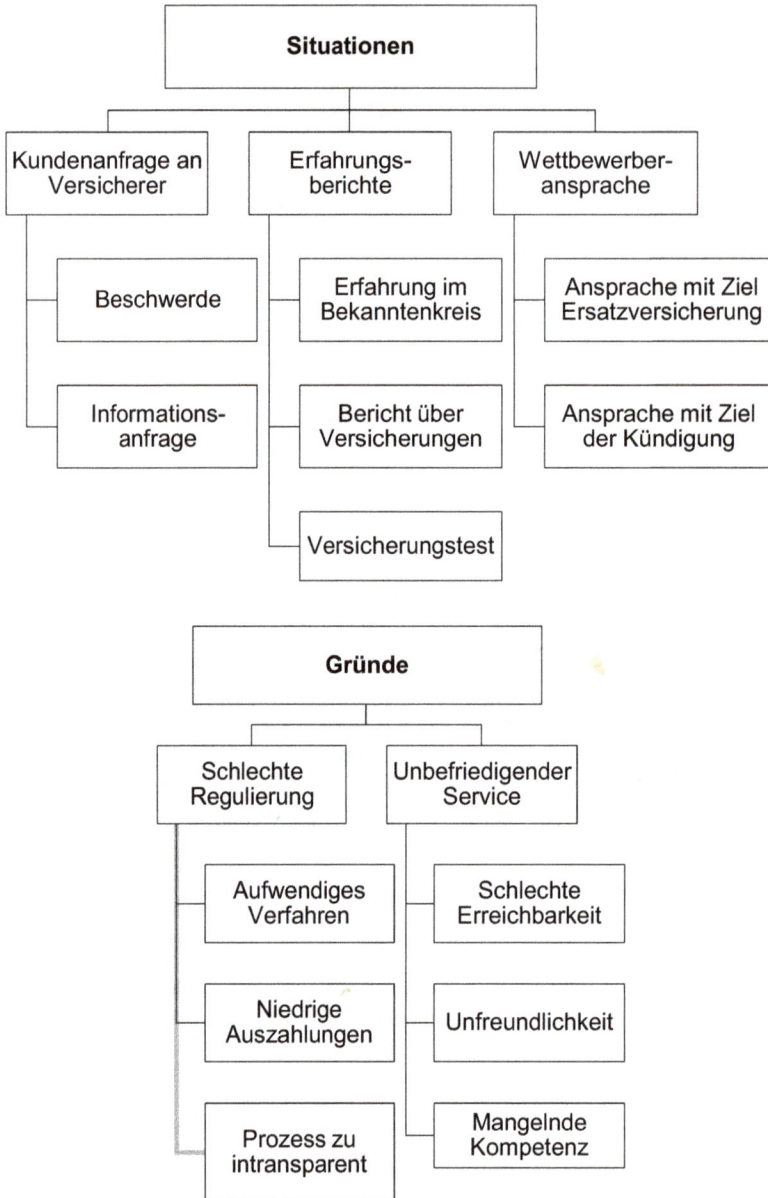

Abb. 4.16:   Abwanderungsprofil inkl. Kriterien (Aufforderung zu Angeboten/Letztes Projekt/Reduziertes Kaufver-
             halten/Kündigung etc.) (aus Diller/Haas/Iven, S. 272)

senden Parameter (die deckungsgleich somit den zuvor festgelegten Abwanderungskriterien sind) anhand einer persönlichen Einschätzung transparent aufgezeigt.

Nach der Identifikation „verlorener" Kunden ist es wichtig, die Motive für die Abwanderung zu ergründen. Dafür können nach Diller/Haas/Ivens (2005) unterschiedliche Methoden gewählt werden:

*Merkmalsorientierte Methoden* wie die Befragung dieser Abwanderungskunden ermöglichen eine Einschätzung aus der Perspektive des Kunden. Gleichzeitig werden auch die zuvor festgelegten Abwanderungskriterien einer Überprüfung unterzogen.

*Ergebnisorientierte Methoden* helfen dabei, durch umfangreiche Interviews Unstimmigkeiten auf der Beziehungsebene aufzuspüren, die den entscheidenden Impuls für die Abwanderung lieferten. Dies setzt allerdings voraus, dass die Beziehungsebene grundsätzlich funktioniert und der Kunde zudem bereit ist, seine Zeit für ein klärendes Gespräch zur Verfügung zu stellen.

*Prozessorientierte Methoden* können den Abwanderungsprozess phasenweise aufzeigen und somit den Pfad von der aufkommenden Unzufriedenheit bis hin zur Abwanderung nachvollziehbar erläutern.

*Dokumentenanalysen*, wie beispielsweise die Auswertung der Gespräche mit dem Bauherrn oder seinen Vertretern anhand von Protokollen, können ergänzend herangezogen werden, um Licht auf spezifische Sachverhalte zu werfen und um möglicherweise bereits vergessene Aspekte vor dem Abwanderungshintergrund zusätzlich neu zu beleuchten.

Gegebenenfalls können durch die Anwendung eines der oben beschriebenen Verfahren unterschiedliche „Verlustkunden" ermittelt werden, die sich im Hinblick auf ihre Motivation zur Abwanderung ähneln oder unterscheiden. Möglicherweise kann man diese Kunden entsprechend ihrer ähnlichen Motivsituation zusammenfassen bzw. segmentieren.

**Der Rückgewinnungsversuch**

Auf Basis der zuvor aufbereiteten Informationen kann der Rückgewinnungsversuch erfolgen. Dabei ist die folgende Vorgehensweise empfehlenswert:

*Vorbereiten der Kundenkontaktaufnahme*: Vor der Kontaktaufnahme sind einige Fakten zu prüfen. Zunächst, ob sich die Zuständigkeitsstrukturen beim Kunden geändert haben. Ist der „Leiter des Einkaufs" immer noch für die Vergabe von Bauaufträgen und Baudienstleistungen zuständig? Zum Zweiten sind die personellen Veränderungen seit dem letzten Kundenkontakt zu untersuchen, um auch den geeigneten Gesprächspartner zu kontaktieren. Einen „veralteten" Kontakt im Unternehmen anzuschreiben wirkt tendenziell negativ, insofern ist die Recherchearbeit vor der Rückgewinnung grundsätzlich sehr nützlich. Darüber hinaus ist es von hoher Relevanz, dass sich das Unternehmen, das den Rückgewinnungsversuch initiiert, bereits im Vorfeld ausreichend mit den möglichen analysierten Abwanderungsmotiven auseinandergesetzt hat, um dem Kunden ein neues, eher seinen Wünschen entsprechendes Angebot unterbreiten zu können.

*Kontaktieren des Kunden und Erstellen eines Angebots*: Je nachdem, ob der Gesprächspartner dem Vertriebsmitarbeiter des Bauunternehmers bekannt ist, kann ein Rückgewinnungsgespräch geführt werden. Dabei sollten die möglichen Gründe für die Abwanderung vom Anbieter offen angesprochen werden. Zum Beispiel kann das Bauunternehmen bei einer preisbedingten Abwanderung darauf verweisen, dass in Zukunft bei anderen Vertragsmodellen unter Umständen günstigere Preisgestaltungen möglich wären, je nach Art und Umfang der Risikoübernahme. Darüber hinaus kann der Vertriebsmitarbeiter darauf hinweisen, dass durch einen veränderten Verfahrensablauf auf der Baustelle (Baulogistik) schnellere Baufertigstellungsabläufe möglich sind, die dem Kunden eine frühere Nutzung ermöglichen und ihm somit einen wirtschaftlichen Vorteil bringen können. Beim Rückgewinnungsgespräch sollten je nach Sachlage auch alte noch existierende Probleme ausgeräumt werden, um das neue beabsichtigte Geschäftsverhältnis von „Altlasten" zu befreien. Um eventuell bestehende Ressentiments aufzulösen und um dem Kunden die „Rückkehr" zu erleichtern, kann ggf. auf materielle oder immaterielle Anreize zurückgegriffen werden. Bei dieser Form der „Anschubmotivation" sollte jedoch der entsprechende Rahmen gewahrt bleiben.

Das *Nachverfolgen und das Auswerten* der Rückgewinnungsaktivitäten ist ebenfalls wichtig, um die Erfolgsquote dieser Aktionen realistisch bewerten zu können. Dabei sollte auch untersucht werden, ob die Aktivitäten insgesamt erfolgreich waren bzw. welche Instrumente der Rückgewinnung vom Kunden angenommen wurden.

Ein strukturiertes Rückgewinnungsmanagement ist nur selten in der Bauwirtschaft anzutreffen. Obwohl die Erfahrungen in anderen Branchen zeigen, dass diese Aktivitäten auch wirtschaftlich durchaus erfolgreich sein können, bleiben aufgrund der Branchenspezifika und mangels einer entsprechenden Kultur zahlreiche, in diesem Bereich vorhandene Potenziale für die Bauunternehmen ungenutzt.

## 4.5     Fazit

In diesem Kapitel wurde ein allgemeines prozessorientiertes Vertriebsmodell in seinen strukturellen Ausprägungen auf die Bauwirtschaft übertragen. Dies ist in der betriebswirtschaftlichen Literatur ein bisher nicht oder kaum bekannter Ansatz. Insofern sind nicht sämtliche der hier aufgezeigten und empfohlenen Vorgehensweisen gleichermaßen auf alle Bauunternehmen übertragbar, auch weil die Wertschöpfungsprozesse in den unterschiedlichen Ausrichtungen (Hochbau, Tiefbau, Ingenieurbau etc.) stark variieren können. Dennoch bietet der hier präsentierte Rahmen eine vertriebsprozessuale Grundlage für jedes Bauunternehmen, die je nach Gegebenheiten und unternehmensspezifischen Erfordernissen anzupassen ist.

# 5 Ein CRM-System im Einsatz

## 5.1 Einführung

Im vorangegangenen Abschnitt wurde ein prozessuales Modell für den Vertrieb von Bau-dienstleistungen, respektive für den Bau-Vertrieb, entwickelt. Das Ziel dieses Kapitels ist es, dem Leser einen plastischen Eindruck von möglichen CRM-Anwendungen anhand von Screenshots (Abbildungen, die zeigen, was auf dem Bildschirm für den Nutzer des CRM-Systems sichtbar wird) zu geben. Zahlreiche IT-Unternehmen haben sich auf die Baubranche und deren Bedürfnisse spezialisiert und liefern unterschiedliche Lösungen zu den relevanten betriebswirtschaftlichen Problemen. Die hier vorgestellten Screenshots stammen von der rivera GmbH in Karlsruhe, deren Geschäftsführer, Herr Siegbert Heinecke so freundlich war, den Autor bei diesem Thema zu unterstützen. Die Verwendung der Systemlösungen der rivera GmbH bedeutet keine qualitative Aussage gegenüber anderen Anbietern, die mögli-cherweise Produkte in ähnlicher Ausgestaltung und Qualität vermarkten. Die Screenshots werden in der Prozessstruktur, Kundenidentifikation – Kundengewinnung und Kundenbe-treuung vorgestellt und kommentiert.

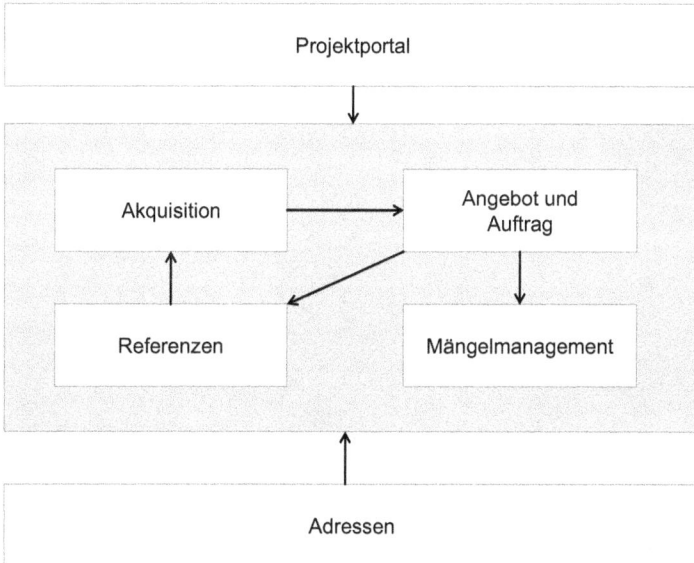

Abb. 5.1:   Aufbau der CRM-Systemlösung der rivera GmbH

Das System schafft grundsätzlich den größtmöglichen Nutzen, wenn es im Rahmen einer Verbundlösung verwendet wird, d. h. dass sämtliche der o.a. Komponenten in einer integrier-ten Form zum Einsatz kommen. Allerdings kann auch der isolierte Einsatz einzelner Teillö-

sungen sinnvoll sein, wenn beispielsweise ein Unternehmen der Immobilienbranche lediglich
ein „Tool" zur Verwaltung der zahlreichen unterschiedlichen Gewährleistungsansprüche
benötigt. Zur Veranschaulichung wird in den folgenden Abschnitten exemplarisch der zu
bearbeitende Weg im CRM-System, analog zu den bereits aufgezeigten Phasen Kundenidentifikation, Kundengewinnung und Kundenbetreuung, nachvollzogen werden.

## 5.2    CRM während der Kundenidentifikation

Einer der ersten Schritte im Rahmen des Verkaufsprozesses ist das Erfassen und Generieren
von Adressen, die im späteren Verlauf im Hinblick auf Ihre Verwertbarkeit für den Vertrieb
weiterverarbeitet werden müssen.

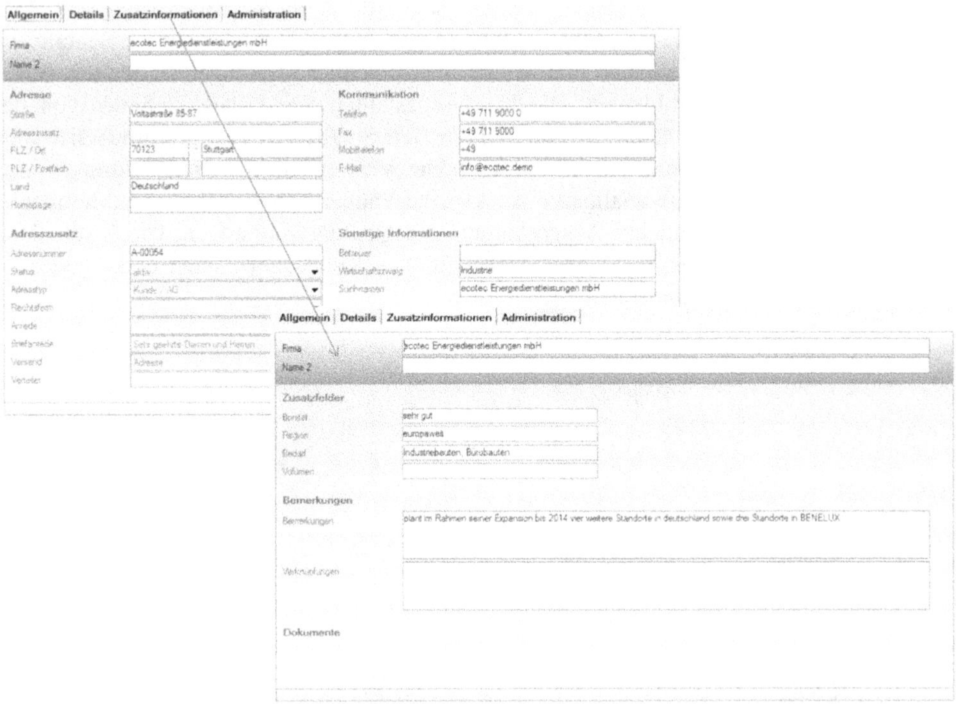

Abb. 5.2:    Adressblatt für ein Unternehmen mit Zusatzfeldern zur Einstufung eines Interessenten

Abbildung 5.2 zeigt die unterschiedlich abgestuften Eingabemöglichkeiten. In der Eingabemaske „Allgemein" werden die Adressangaben, die Adresszusätze und die Kommunikationsform, d. h. die telefonischer oder anderweitiger Erreichbarkeit eingegeben. Jeder Bearbeiter,
der nach diesen Basisdaten sucht, kann sie je nach Benutzerkonzept (vorher festgelegte und
im System abgebildete Autorisierung) einsehen bzw. ändern. Es empfiehlt sich allerdings,
die Eingabemöglichkeiten nur auf einen oder wenige Mitarbeiter zu beschränken, damit
diese Aufgabe möglichst einheitlich und mit einer eindeutig zuzuordnenden Verantwortung
wahrgenommen werden kann. Alternativ können auch die Adressen zunächst von sämtlichen
Mitarbeitern erfasst bzw. eingegeben werden, wobei der Adressstatus dann auf „Neu" gesetzt

wird. Im Anschluss daran kann eine ausschließlich für die Adressverwaltung zuständige Person diese Eingaben prüfen und nach erfolgreicher Prüfung auf den Status „Freigeben" setzen. Diese Möglichkeit der Statusänderung kann, je nach Wunsch, auf wenige Mitarbeiter beschränkt werden.

Unter der Eingabemaske „Zusatzinformationen" können weitere wichtige Anmerkungen abgelegt werden. Beispielsweise könnte die Bonität eines Interessenten mitunter eine signifikante Rolle spielen, oder die bei ihm zukünftig prognostizierbaren Bedarfe. So kann der Bearbeiter oder Vertriebler schnell die wichtigsten Daten eines Interessenten auf einen Blick erfassen. Auch das zu bearbeitende Bau-Segment kann, wie in Abb. 5.2 aufgezeigt, hierunter mit dokumentiert werden.

Je nach Bedarf des Bauunternehmens können unter dem Feld „Zusatzinformationen" auch weitere Faktoren aufgenommen werden. Die Bedarfsentwicklung im Feld „Bemerkungen" „plant im Rahmen seiner Expansion bis 2014 vier weitere Standorte in Deutschland und drei in BENELUX" gibt wichtige Hinweise über das potenzielle Gesamtvolumen, das sich aus einem einzelnen Projekt nicht direkt ableiten lässt und ermöglicht durch die Dokumentation bereits in der Frühphase der Kundenidentifikation eine entsprechende Vorbereitung für die Vertriebsarbeit.

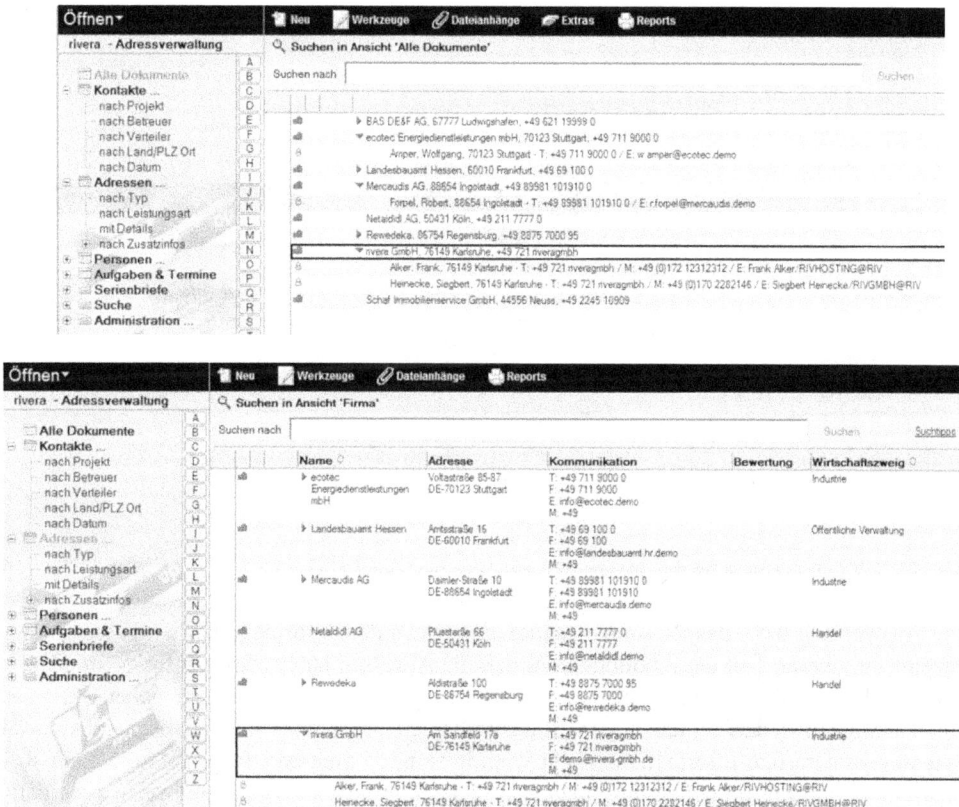

Abb. 5.3:    Ansicht einer Adressdatenbank

Ein elektronisches System bietet überdies die Möglichkeit, die eingegebenen Daten in unterschiedlicher Form aufzubereiten. Ein Beispiel: Die Adressen können später nach Typ, Leistungsart, Region und anderen Faktoren gruppiert gefiltert werden, was die Bearbeitung von Angeboten stark vereinfacht.

Darüber hinaus können auch die existierenden Kontakte im Hinblick auf eine mögliche Historie oder auch projektübergreifend ausgewertet werden. So kann man beispielsweise den Leiter des technischen Einkaufs eines großen Luft- und Raumfahrtkonzerns, den man aus anderen Projekten kennt, auch vor dem Hintergrund bereits gemeinsam realisierter Projekte ansprechen. Diese Möglichkeiten versetzen den Vertrieb in die Lage, geplante Projekte bzw. mögliche Interessenten in jeweils unterschiedlichen Kontexten zu betrachten.

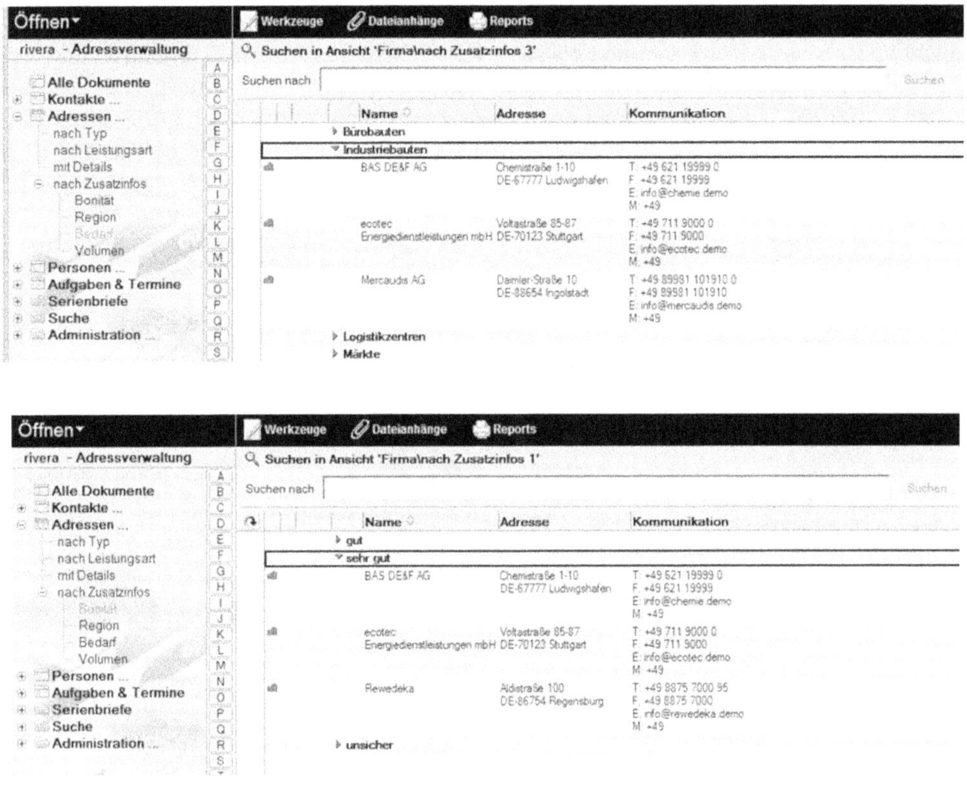

Abb. 5.4:    Auswertung von Interessenten nach Bedarf (oben) und Bonität (unten)

Die Auswertung bzw. das Zusammenstellen der relevanten Informationen wird in Abb. 5.4 gezeigt: Im oberen Teil der Abbildung wurden die Adressen nach „Zusatzinfos" – in diesem Fall „Bedarf" gefiltert. Die drei exemplarisch aufgeführten Unternehmen haben offenbar einen ähnlichen Bedarf an jeweiligen „Industriebauten". Aus einer baulogistischen Perspektive können derartige Informationen sehr wichtig sein, da mehrere Bauprojekte in einer Region durch eine Zusammenfassung mancher Wertschöpfungsaktivitäten teilweise synergetische Einspareffekte ermöglichen. Diese möglichen Einsparpotenziale können gegebenenfalls als Preisvorteil an den Kunden weitergereicht werden, was die Erfolgswahrscheinlichkeit, einen Auftrag zu erhalten, grundsätzlich erhöht. Im unteren Teil der Abbildung wurde ebenfalls gefiltert, allerdings nicht nach „Bedarf" sondern nach „Bonität". Hierdurch können sämtliche Interessenten nach Bonitätsklassen zusammengefasst werden. Ein möglicher Vorteil, der sich daraus ergibt, könnte in der Priorisierung der zu bearbeitenden Interessenten liegen; zuerst werden die Kunden mit den lukrativen Projekten und der guten Bonität bearbeitet, bevor die von der Bonität her schlechter eingestuften Interessenten angesprochen werden.

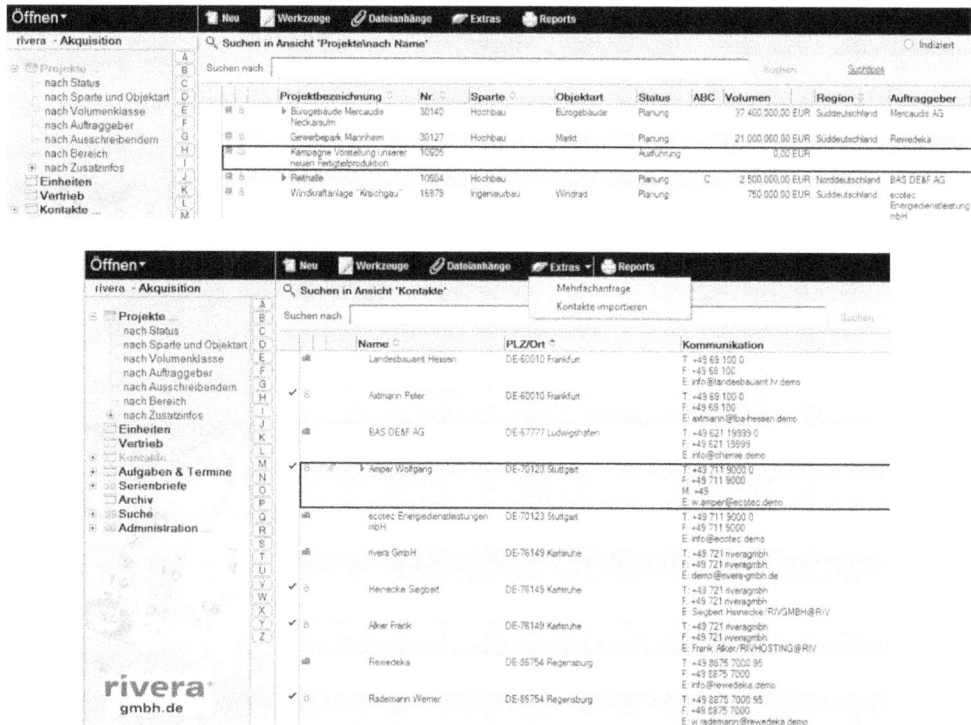

Abb. 5.5:    Ansicht eines Kampagnenprojekts

Auch ein professionelles Kampagnenmanagement lässt sich mit Hilfe des CRM-Systems relativ einfach organisieren. Dabei werden einer Kampagne, z. B. eine Informationsveranstaltung über die Änderung spezifischer technischer und steuerrechtlicher Aspekte bei der Gebäudesanierung, mehrere Kontakte zugeordnet. Die Liste der für diese Kampagne ausgewählten Interessenten wird im System über eine Mehrfachanfrage generiert, die im Verlauf der Kampagne weiterverfolgt wird.

Abbildung 5.6 zeigt den Prozessschritt des Anlegens einer Mehrfachanfrage im Rahmen des Kampagnenmanagements. Gut erkennbar ist, dass die Menüführung für diese Funktionen sehr bedienerfreundlich ausgelegt ist.

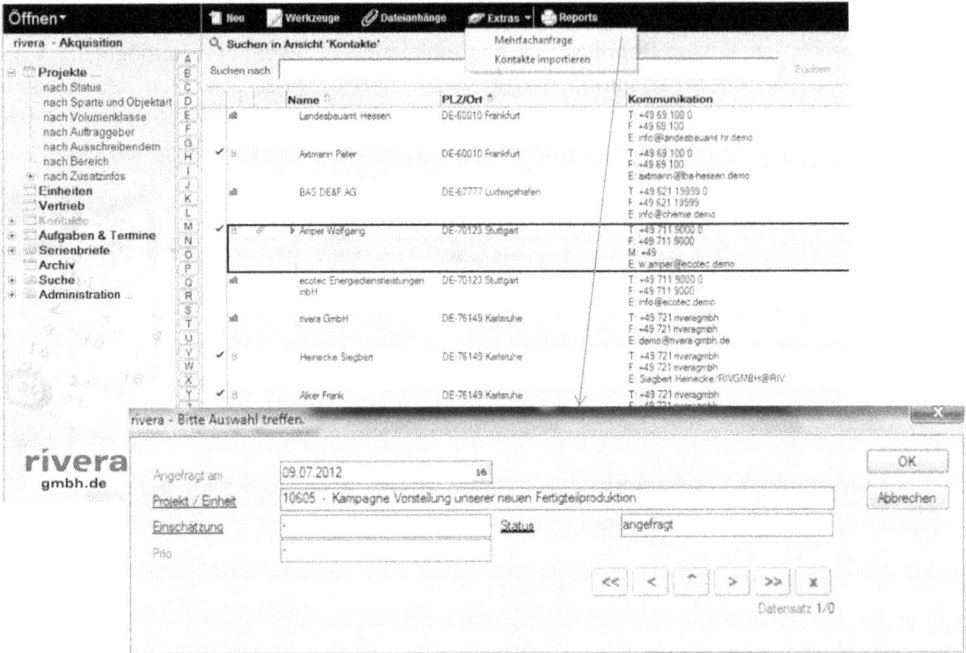

Abb. 5.6:    Ansicht eines Kampagnenprojekts, hier der angefragte Ausgangsstatus

Abb. 5.7:    Ansicht eines Kampagnenkontakts

Abbildung 5.7 verdeutlicht, wie ein Kampagnenkontakt sich auf dem Bildschirm darstellt. Der Bediener kann dabei einsehen, ob der Kampagnenkontakt sich bereits gemeldet hat.

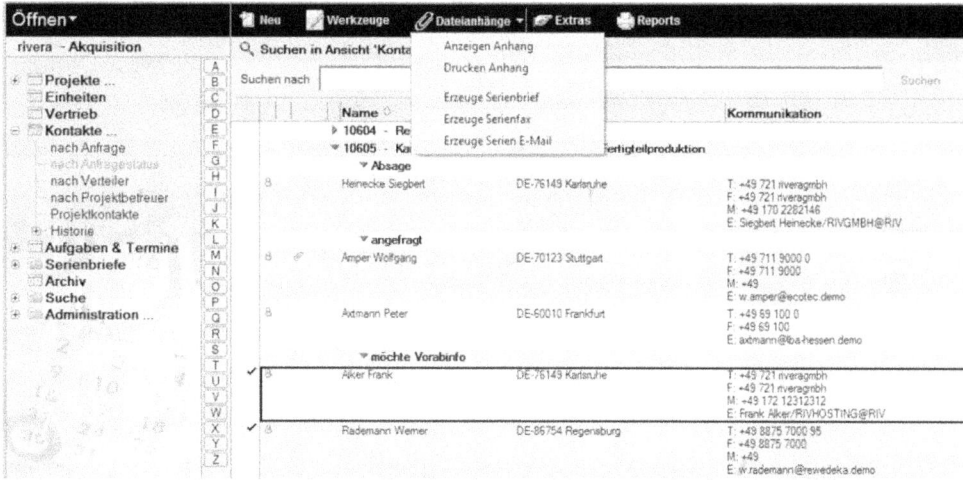

Abb. 5.8:    Auswertung Rückläufer der Kampagne

Mit Hilfe der Auswertung „Kontakte nach Anfragestatus" können die positiven Rückmel-
dungen gemanagt werden, aber auch die Kontakte, die sich nicht gemeldet haben. Das hilft
grundsätzlich, Streuverluste bei derartigen Veranstaltungen zu reduzieren. Gleichzeitig kann
bei den Kontakten, die sich noch nicht gemeldet haben, nachgefragt werden. Die Möglichkeit, so genannte „Serienaktionen", d. h. Serienbriefe, Serien-E-Mails oder Serien-Faxe zu
generieren, erleichtert den administrativen Aufwand enorm.

# 5.3     CRM während der Kundengewinnung

Im Rahmen der Kundengewinnung ist eine gute Gesprächsvorbereitung von hoher Relevanz.
Dazu ist es für den Vertriebler wichtig, sich sämtliche bisher gelaufenen Vorgänge erneut zu
vergegenwärtigen und auszuwerten. Das bedeutet auch, dass die gesamte Korrespondenz auf
Wünsche und Einwände des Kunden hin untersucht werden sollte. Im CRM-System existiert
die Möglichkeit, die gesamte Korrespondenz (Briefe/E-Mails/Faxe) zu hinterlegen. Darüber
hinaus bietet diese Funktion die Möglichkeit, dass im Falle der Abwesenheit des zuständigen
Vertriebsmitarbeiters auch ein „Stellvertreter" in der Lage ist, qualifizierte Auskünfte aufgrund der gesamten Kommunikationshistorie geben zu können.

Da die meisten Bauunternehmen nur einen Teil der Gesamtbauleistung durch eigene Kapazitäten abwickeln, benötigen sie zusätzlich Leistungen von Nachunternehmern (NU) sowie von
Lieferanten. Die Einbindung dieser Spezialisten versetzt das Bauunternehmen in die Lage, in
der Frühphase der Angebotserstellung auf eine fundierte Expertise zurückgreifen zu können,
um so ein möglichst auch preislich passgenaues Angebot erstellen zu können.

Auch hier kann das vorliegende CRM-System wertvolle Dienste leisten, da es nicht nur Inte-
ressenten- und Kundendaten, sondern auch Nachunternehmer und Lieferanten speichern
kann. So lassen sich diese benutzerfreundlich im System mit ihren gesamten Profilen und
Fähigkeiten einpflegen.

Abb. 5.9:    Ansicht eines Akquisitionsprojekts mit Aktivitätenhistorie

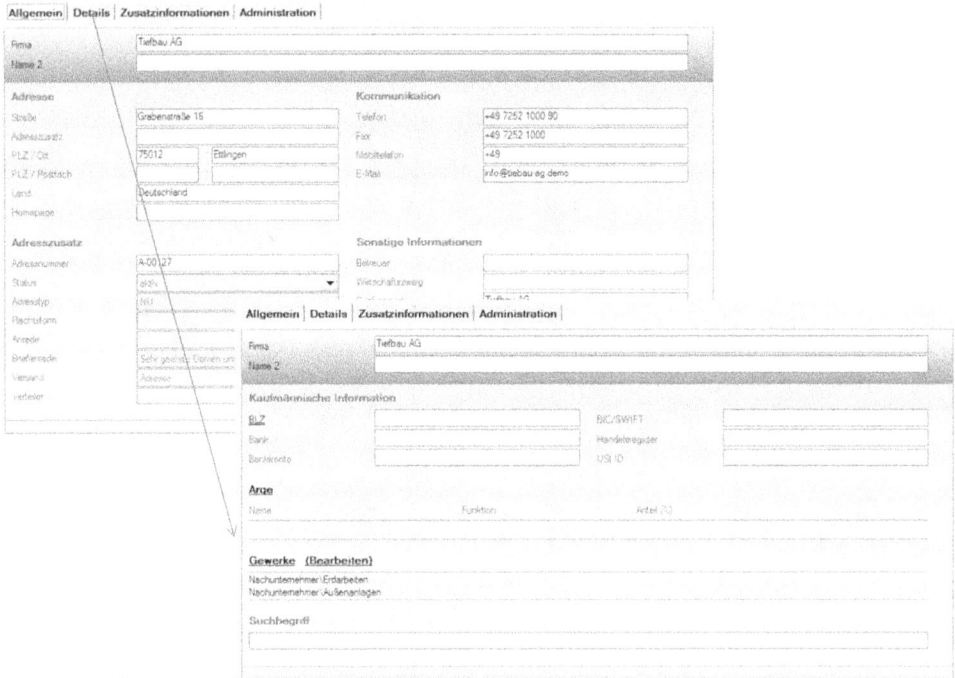

Abb. 5.10:   Charakterisierung der Nachunternehmer nach Gewerken

Die vorherige Eingabe der NU ermöglicht es, zu einem späteren Zeitpunkt diejenigen NU herauszufiltern, die für das jeweilige Gewerk grundsätzlich in Frage kommen. Dabei erfolgt die Zusammenstellung zunächst nicht auf der Basis qualitativer Kriterien.

Bei der Suche nach in Frage kommenden NU wird zum einen auf die Leistungsmerkmale zurückgegriffen, die in der NU-Adresse hinterlegt sind; das sind die Gewerke, die vom jeweiligen NU angeboten werden. Darüber hinaus können weitere Kriterien wie Region (via Vorselektion über Postleitzahlenbereiche) und statistische Daten über die bisherige Zusammenarbeit (qualitative historische Informationen) betrachtet werden. Die Option, projektübergreifende Daten über Anzahl, aber auch über die Qualität der bisherigen Zusammenarbeit zu berücksichtigen, erhöht für den Gewerke-Vergebenden grundsätzlich die Qualität

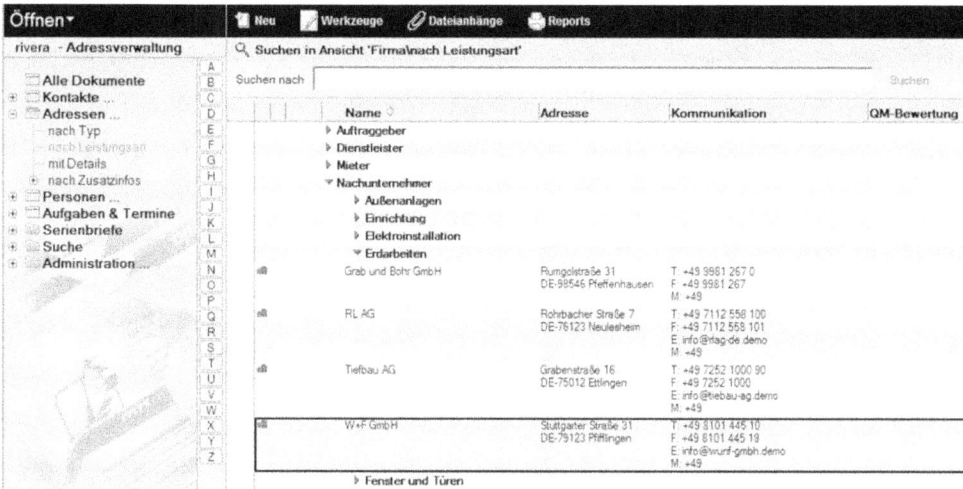

Abb. 5.11: Suchfunktion der Nachunternehmer nach Gewerken

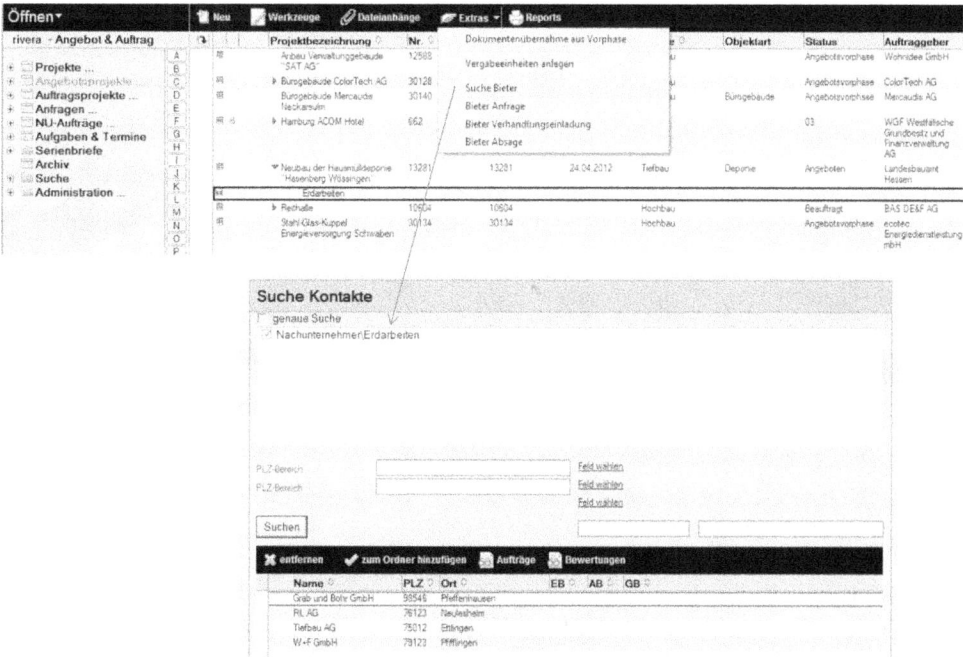

Abb. 5.12: Nachunternehmer-Vergabeselektion nach vorhandenen NU

seiner Entscheidung. Insofern ist die angemessene Betrachtung zahlreicher Kriterien auch ein Teil eines professionellen Risikomanagements.

Zur Angebotserstellung gehört in der Regel eine Referenzliste, aus der hervorgeht, dass der Bauausführende bzw. der sich darum Bewerbende nachgewiesenermaßen über die abgeforderten Kompetenzen verfügt. Die Erstellung einer Referenzliste ist im CRM System relativ einfach zu gestalten: Zunächst werden die Referenzprojekte als solche erfasst. Über die

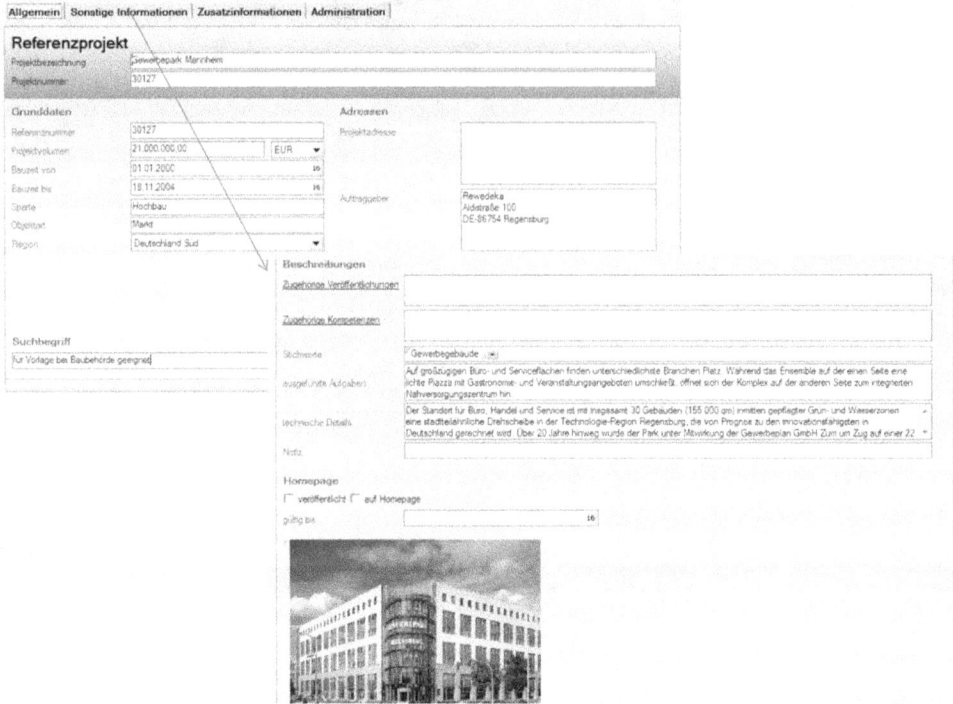

Abb. 5.13:    Anlegen einer Referenzliste

Funktion „Sonstige Informationen" können verschiedene Zusatzinformationen eingestellt werden, beispielsweise technisch wichtige Details oder die ausgeführten Aufgaben, soweit sie für ein Bieterverfahren relevant sein können.

Abb. 5.14:    Selektion von Referenzprojekten nach finanziellen Projektvolumina

Referenzprojekte können nach unterschiedlichen Kriterien zusammengefasst werden, je nachdem, welche für den möglichen Auftraggeber entscheidungsrelevant sind. Diese Referenzen können nach Sparte, nach Bauende, nach Stichwort, nach Region oder nach anderen Merkmalen kategorisiert werden. In Abb. 5.14 wurden die Referenzprojekte nach Projektfinanzgrößenkriterien aufgeführt.

Nach den Vorbereitungen der einzelnen Referenzen können nun Referenzblätter erstellt werden, die die einzelnen Nachweise in einer für den potenziellen Kunden ansprechenden Form aufbereiten.

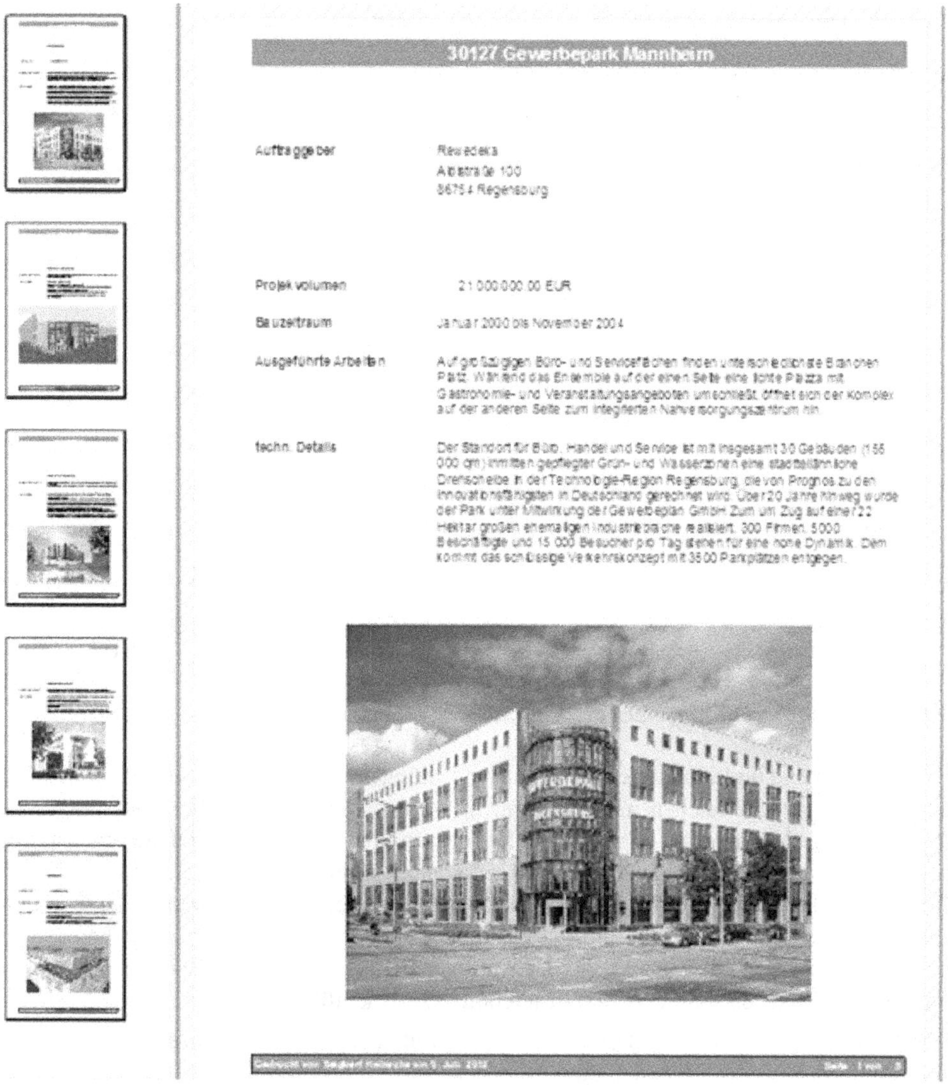

Abb. 5.15:   Ansicht eines Referenzblattes

## 5.4    CRM während der Kundenbetreuung

Auch nach der Kundengewinnung kann das CRM wichtige Funktionen übernehmen. Maßnahmen der Kundenbindung, wie beispielsweise Kundenveranstaltungen oder auch das Beschwerdemanagement, können durch das CRM-System gemanagt werden. Die Kundenveranstaltungen können im Rahmen des bereits hier aufgezeigten Kampagnenmanagements
organisiert und durchgeführt werden.

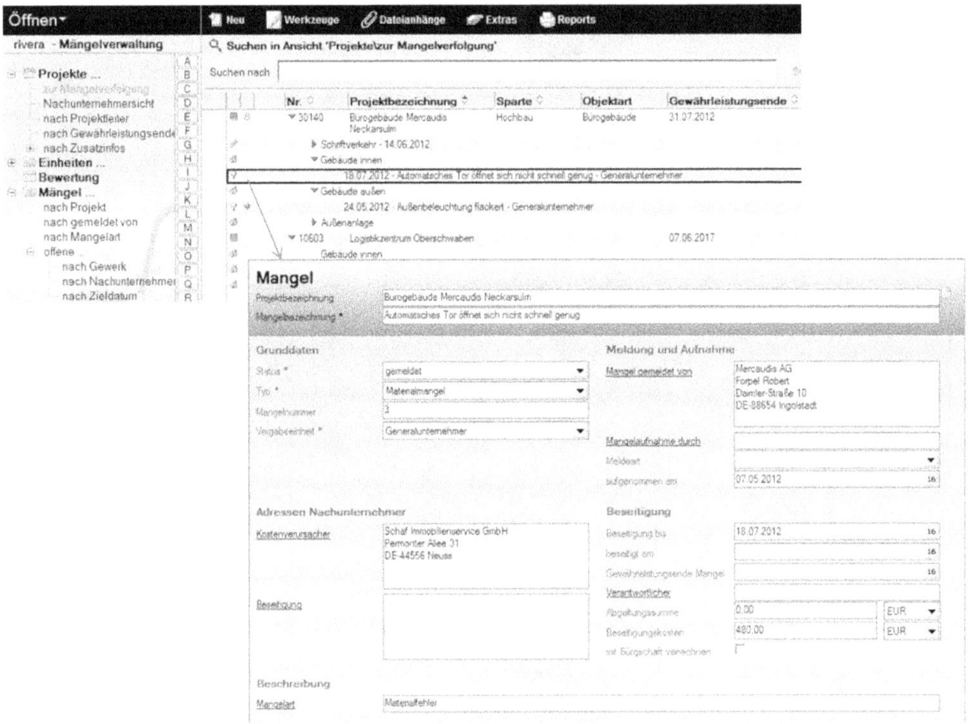

Abb. 5.16:    Mängelverwaltung im Rahmen des Beschwerdemanagements

Der angemessene und strukturierte Umgang mit Mängeln und Beschwerden ist für das Bauunternehmen aus zahlreichen Aspekten sinnvoll und notwendig. Einerseits kann das bauausführende Unternehmen der unmittelbare Kunde sämtlicher NU- und Lieferantenleistungen
sein, andererseits ist es gegenüber dem Auftraggeber in einer klassischen Lieferantenrolle.
Diese Dualität bedeutet für das Beschwerdemanagement des Bauunternehmens, dass es unter
anderem eine entsprechende Informationsfluss- und Zuständigkeitsstruktur bereitstellen
muss. Teilweise sind die Mängel, die der Auftraggeber seinem direkten Bau-Ansprechpartner
mitteilt, auf Ursachen seines NU oder Lieferanten zurückzuführen.

Das Management sämtlicher Beschwerden kann mit Hilfe des CRM-Systems gestaltet werden. Dabei kann es die folgenden Punkte abdecken:

Zum einen kann es einen vollständigen Überblick über sämtliche gemeldeten Mängel sowie
über deren Bearbeitungsstatus liefern. Der Auftraggeber kann dabei eigenständig Web-
basiert das Management seiner gemeldeten Mängel verfolgen. Diese Kommunikationstrans-

parenz kann signifikant zur Vertrauensbildung beitragen und Konflikte grundsätzlich vermeiden oder zumindest reduzieren.

Auch für die Auswertung der Mängel kann das System wertvolle Dienste leisten. So können die entstandenen Mängel (aus der Perspektive des Bauunternehmers als Kunde gegenüber NU und Lieferanten) projektübergreifend, d. h. über sämtliche realisierten und laufenden Projekte ausgewertet werden. Diese Auswertung auch nach Verursacher erlaubt eine fundierte Basis, als Grundlage für die Ansprache mit dem entsprechenden NU. Gleichzeitig können diese Informationen als qualitative Bewertungskriterien in die NU Beurteilung einfließen, auf deren Grundlage die zukünftige NU-Auswahl erfolgen kann.

Ein weiteres nützliches Instrument: Die Datenbank lässt die Identifikation typischer (wiederkehrender) Mängel zu, sodass entsprechende Maßnahmen zur Vermeidung derartiger Mängel ergriffen werden können. Einen Fehler einmal zu machen, ist grundsätzlich nachvollziehbar, eine Endloswiederholung desselben dagegen weniger.

## 5.5 Zusammenfassung

Die hier aufgezeigten CRM-Optionen dienen der Verdeutlichung, welche Möglichkeiten grundsätzlich existieren und wie diese den Vertriebsprozess aktiv unterstützen können. Es ist davon auszugehen, dass andere Bau-CRM-Anbieter andere Features besitzen und ggf. andere Akzentsetzungen vornehmen. Ob und inwieweit ein CRM-System für ein Bauunternehmen sinnvoll ist, ist an dieser Stelle nicht zu entscheiden. Eines ist allerdings klar: Unabhängig davon, für welches CRM-System sich ein Bauunternehmen auch entscheiden mag, es kann die notwendigen Bearbeitungsschritte nicht nur deutlich beschleunigen, sondern auch stark professionalisieren. Unter Wirtschaftlichkeitsaspekten ist eine Investition in ein solches System stets vor dem Hintergrund des potenziellen Nutzens zu bewerten; dieser kann jedoch nicht in jeder der existierenden Möglichkeiten monetär erfasst werden. Die Erfahrung zeigt, dass für Unternehmen ab einer bestimmten Betriebsgröße ein derartiges System grundsätzlich als sinnvoll zu betrachten ist.

# Literaturverzeichnis

Balthaus, H. (2009): Merh Bedeutung für Technik und Innovation durch frühzeitige Projektpartnerschaft, Vortrag auf dem Bautechniktag in Dresden 2009, in: DBV Heft Nr. 15

Bodenmüller, E. (2006): Transparente Unternehmensführung im Innen- und Aussenverhältnis, in: Baumarkt & Bauwirtschaft Nr. 1, S. 27–29

Diller, H./Haas, A./Ivens, B. (2005): Verkauf und Kundenmanagement, Stuttgart, Kohlhammer Verlag

Eschenbruch, K./Racky, P. (Hrsg.) (2008): Partnering in der Bau- und Immobilienwirtschaft, Stuttgart, Kohlhammer

Gluch, E. Bestandsmaßnahmen prägen die mittel- und langfristige Baunachfrage Deutschland, ifo Schnelldienst 60, S. 41–49

Hippner, H./Hubrich/B./Wilde, K.D. (Hrsg.) (2011): Grundlagen des CRM, Wiesbaden, Gabler Verlag

Holstius, K./Malaska, P. (2007): From strategic thinking to a vision for Europe, in: The Future of Europe – Sustainable Development and Economic Growth? Proceedings of the International Symposium in Vienna, September 2007, Polish Academy of Sciences, edited by A.J. Nadolny and T Schauer, S. 117–131

Keitel, H.P. (2006): Bauen, Lust auf Zukunft – Chancen der deutschen Bauwirtschaft, Meine Meinung Nr. 4, Publikation des Hauptverbands der deutschen Bauwirtschaft

Kochendörfer, B./Liebchen, J./Viering, M. (2010): Bauprojektmanagement, Wiesbaden, Vierweg & Teubner

Köster, D. (2007): Marketing und Prozessgestaltung am Baumarkt, Wiesbaden, Deutscher Universitätsverlag

Motzko, C. (2002): Der Hochbau und seine baubetrieblichen Besonderheiten, 2. Architektur Symposium da-vin-ci, Darmstadt

Schmid, R. (2006): „Der Vertriebsarchitekt – Analyse eines Berufsfeldes für Architekten aus Sicht der Bauprodukteindustrie", unveröffentlichte Studie des Autors

Ziouziou, S./Gluch, E. (2010): Die deutschen Bauunternehmen – kein Hang zur Größe? Ifo Schnelldienst 63, S. 16–23

Ziouziou, S. (2010): Bau-Marketing, München, Oldenbourg Verlag

Ziouziou, S./Möhler, R. (2010): Neue Vertriebsstrukturen sind gefordert, in Baumarkt & Bauwirtschaft Nr. 9

# Nützliche Links

**Ausschreibungsdatenbanken**
Alles rund ums Bauen
www.baupartner.de

Auftragsbörse Bau
www.auftragsboerse-bau.de

Ausschreibungs-abc GmbH
www.vergabe24.de

Ausschreibungsplattform der Deutschen Bahn
e-com-bau.bahn.de

BauASS
www.bau.de

Baupilot
www.baupilot.de

Bautreff Internet-Service
www.bautreff.de

bi-AusschreibungsDienste
www.bi-ausschreibungsdienste.de

Build Online
www.build-online.com

Bund Online 2005
www.bescha.bund.de/egovernment

Bundesausschreibungsblatt
www.bundesausschreibungsblatt.de

Camen
www.camen-bau.de

Cosinex
www.cosinex.com

E-Vergabe der Hochbauverwaltung Bayern
www.vergabe.bayern.de

E-Vergabe des Bundes
www.evergabe-online.de

IBau
www.ibau.de

Infodienst Ausschreibungen
www.infodienst-ausschreibungen.de

Media@Komm (Städte und Gemeinden)
www.mediakomm.net

Medien Pool Online
www.medienpool.com

My-Con AG
www.my-con.com

SIMAP
simap.eu.int

Staatsanzeiger Online Logistik GmbH
www.baysol.de

subreport
www.subreport.de

Submissions-Anzeiger
www.submission.de

TIL Tenders Information
www.outlaw.de

WorkXL/Deutscher Auftragsdienst
www.dtad.de

**Bauportale**
Architekten24 – Portal mit Bauobjekten für Architekten, Planer und Fachfirmen
www.architekten24.de

AZ/Architekturzeitung
www.architekturzeitung.com

Bauinfo24 – Portal für Bauherren und Fachfirmen
www.bauinfo24.de

Baulinks
http://www.baulinks.de

Baulogis
www.baulogis.com

BauNetz
www.baunetz.de

bi medien – News für die Bauwirtschaft
www.bi-medien.de

Buildonline
www.buildonline.com

Built-Tec
www.builttec.de

Conetics AG
www.conetics.com

Conject
www.conject.com

DIN-Bauportal GmbH
www.din-bauportal.de

DOKUpool
www.dokupool.de

Einkaufsportal von Bauleistungen der Deutschen Bahn
e-com-bau.bahn.de/emp

Koebcke GmbH
www.edms.de

Meridian Projekt Systems
www.mps.com

my-con AG
www.my-con.com

ÖPP-Plattform
www.oepp-plattform.de

Umwelt und Bauen
www.umwelt-und-bauen.org

**Fachzeitschriften**
Bauhof-online – Infoportal für kommunale Entscheider
www.bauhof-online.de

Bauingenieur
www.bauingenieur.de

tHIS
www.this-magazin.de

Bauverlag
www.bauverlag.de

bi Baumagazin
www.bi-baumagazin.de

Bundesanzeiger Verlag
www.bundesanzeiger-verlag.de

Construction Week
www.itp.com/magazines/mediapacks/construction.php

Der Ingenieur als Manager
www.div-netz.de

ibr Info Baurationalisierung
www.rkw.de/

Immobilien- und Baurecht (IBR)
www.ibr-online.de

Submissions-Anzeiger
www.submission.de

**Messen für die Bauwirtschaft**

acqua alta
www.acqua-alta.de

ACS (Frankfurt)
www.acs-show.de

Bau (München)
www.bau-muenchen.de

Bau-Expo (Giessen)
www.messe-giessen.de/bauexpo

baufach Leipzig
http://www.baufach.de

Bauma (München)
www.bauma.de

Bautec (Berlin)
www.bautec.com

Build-IT (Berlin)
www.build-it.de

Build-IT Virtueller Marktplatz
www.virtualmarket.build-it-berlin.de

CAT Engineering (Stuttgart)
www.messe-stuttgart.de/cat

DEUBAU (Essen)
deubau.messe-essen.de

GalaBau (Nürnberg)
www.galabau.info-web.de

GAS Berlin
www.gas-berlin.de

Kombimesse (Dortmund)
www.kombimesse.de

Nordbau (Neumünster)
www.nordbau.de

Systems (München)
www.systems.de


**Verbände – Organisationen der Bauwirtschaft**

Akkreditierungsverbund für Studiengänge des Bauwesens
www.asbau.org

Betriebswirtschaftliches Institut der Bauwirtschaft
www.bwi-bau.de

Bundesarchitektenkammer
www.bundesarchitektenkammer.de

Bundesingenieurkammer
www.bingk.de

Bundesverband Baustoffe Steine Erden
www.baustoffindustrie.de

Bundesverband Deutscher Baustoff Fachhandel
www.baunetz.de/bauwirt/_fachhandel

Bundesverband Transportbeton
www.transportbeton.org

Bundesvereinigung der Bausoftwarehäuser
www.bvbs.de

Bundesvereinigung Mittelständischer Bauunternehmen
www.bvmb.de

Confederation of International Contractors' Associations
www.cica.net

Deutsche Gesellschaft für Qualifizierung und Bewertung
www.dqb.info

Deutscher Beton- und Bautechnik Verein
www.betonverein.de

Deutsches Verkehrsforum
www.verkehrsforum.de

European International Contractors
www.eicontractors.de

Gütegemeinschaft Leitungsbau
www.kabelleitungstiefbau.de

Gemeinsamer Ausschuss Elektronik im Bauwesen
www.gaeb.de

Hauptverband der Deutschen Bauindustrie
www.bauindustrie.de

Hauptverband Farbe Gestaltung und Bautenschutz
www.farbe.de

Industriegewerkschaft Bauen-Agrar-Umwelt
www.ig-bau.de

RKW Rationalisierungs- und Innovationszentrum der deutschen Wirtschaft e.V.
www.rkw.de

Sozialkassen der Bauwirtschaft
www.zvk.de

TransMIT-Zentrum für integrales Bauen
www.transmit.de/ib

Umweltgremien Hauptverband Bauindustrie und Deutscher Beton- und Bautechnik-Verein
www.bauen-und-umwelt.org

Verband der Deutschen Maschinen- und Anlagebauer
www.vdma.de

Verband der europäischen Bauwirtschaft FIEC
www.fiec.org

Zentralverband Deutsches Baugewerbe
www.zdb.de

ZIOUZIOU Institut für Bau-Marketing
http://www.ziouziou.de/

ZUMBau – Zulassungsausschuss für Prüfungsstätten von Maschinenführern in der Bauwirtschaft
www.zumbau.org

# Stichwortverzeichnis

www.ingramcontent.com/pod-product-compliance
Lightning Source LLC
Chambersburg PA
CBHW081532220326
41598CB00036B/6403